Hildegard Rauschenbach

Von Pillkallen nach Schadrinsk

Gewidmet meinem Sohn Bernd

Hildegard Rauschenbach

Umwelthinweis:
Dieses Buch und der Umschlag wurden auf chlorfrei gebleichtem Papier gedruckt.
Die Einschrumpffolie – zum Schutz vor Verschmutzung – ist aus umweltverträglichem und recyclingfähigem PE-Material.

Printed in Germany
Druck und Verarbeitung: Offizin Andersen Nexö, Leipzig

Rautenberg im Verlagshaus Würzburg

ISBN 3-8003-3063-6

Hildegard Rauschenbach

Von Pillkallen nach Schadrinsk

Vergeben ja
Vergessen nie

Meine Zeit im „Lager 6437“ und
das Wiedersehen nach 43 Jahren

RAUTENBERG
im Verlagshaus Würzburg

Vorbemerkung

Vielleicht fragen sich einige Leser, warum ich dieses Buch erst jetzt, nach mehr als 45 Jahren geschrieben habe. Nach 45 Jahren, wo schon, wie man annehmen sollte, vieles verblaßt oder gar vergessen ist.

Gewiß ist einiges vergessen, verblaßt die innere Not, die wir alle dort im Lager durchgemacht haben; aber–ich habe Abstand zu den Dingen gewonnen und kann jetzt darüber sprechen, ohne meine Gefühle zu strapazieren. Die Träume vom Einmarsch der Russen, Träume, in denen ich wieder nach Rußland muß, sind seltener geworden, ich wache nicht mehr schreiend und weinend auf.

Es war mir ein inneres Bedürfnis, alles niederzuschreiben, ich habe nichts verteufelt, und ich habe nichts beschönigt.

Ich bin keine Schriftstellerin, ich habe alles mit einfachen Worten geschrieben, die jedermann verständlich sind, habe keine tiefschürfenden Betrachtungen angestellt und – ich hoffe – keine tendenziösen Einflüsse erkennen lassen.

Dieses Buch soll seinen Lesern und meinem Sohn, dem ich es widme, zeigen, daß man trotz allem Schweren, was einem widerfahren ist, verzeihen und ein fröhlicher Mensch sein kann.

Ein stiller Dank sei den russischen Menschen gesagt, die für unsere Lage viel Verständnis gezeigt haben und uns halfen, obwohl sie selbst nur das Nötigste zum Leben hatten.

Hildegard Rauschenbach

Der Transport

„Drei Frauen raustreten zum Essenfassen“, ruft die russische Dolmetscherin in unseren Waggon hinein; der russische Posten ist noch dabei, die schwere Holztür beiseite zu schieben, und schon schreit auch er mit heiserer Stimme sein „bisträ-bisträ-dawai“.

Drei Frauen, die der Tür am nächsten stehen, springen schnell hinunter.

„Na, wollt ihr nicht den Eimer mitnehmen“, sagt die Dolmetscherin und deutet auf den großen, schwarzen Blecheimer, der im Waggon steht.

Wir schauen uns ratlos an: „Was, soll in den Eimer das Essen rein?“

„Na, was dachtet ihr? Wollt ihr die Suppe vielleicht in der Mütze tragen?“

„Ja aber — aber —“, sagt Elfriede zögernd, „da haben wir ’reingemacht. Wir dachten, dazu wäre der da!“

Wütend läßt sie erst einen polnischen Wortschwall los, den wir nicht verstehen, und dann schreit sie: „Ihr seid wohl verrückt geworden, was? Dazu ist doch das Rohr im Waggon. Mensch, was machen wir da bloß! Wir können nur sehen, daß wir in der Küche einen anderen Eimer bekommen. Laßt den Eimer hier stehen.“ Die Dolmetscherin spricht fließend deutsch, sie ist eine Deutschpolin, wie überhaupt im ganzen Transport viele Mädels dabei sind, die aus dem früheren Korridor-Gebiet stammen. Sie werden später im Lager sofort als Führungskräfte eingesetzt, sie nennen sich „Starscha“ (Älteste), und können sich, da die polnische Sprache der russischen sehr ähnlich ist, mit den Russen gut verständigen.

Der Posten schiebt die Tür wieder zu, und wir sind gespannt, ob wir Essen bekommen werden.

„Also — ich glaub' nich, daß wir was bekommen werden! Ihr werdet sehn, wir werden zur Strafe drei Tage nuscht bekommen", jammert Ruth. Sie trägt eine Brille mit sehr dicken Gläsern, hat ein langes Gesicht und sieht aus, als wäre sie ewig unzufrieden.

„Na, warten wir erstmal ab", sagt Frau Brinkmann, die wohl mit „Muttchen" die Älteste im Waggon ist. Frau Brinkmann ist uns gleich aufgefallen. Kurz nachdem wir uns unsere Lagerplätze eingerichtet hatten, holte sie schon ihre Karten hervor und legte sich Karten. Wie sie die Karten durch die vielen Gepäckkontrollen durchbekommen hat, ist uns rätselhaft. Frau Brinkmann hat etwas Zigeunerhaftes an sich mit ihren schwarzen, strähnigen Haaren, die ihr stets unordentlich ins Gesicht hängen. Sie kann fließend russisch, was sie aber hier im Waggon noch niemand verrät.

Es dauert nicht lange, da wird die Tür wieder vom Posten aufgeschoben und die zwei Frauen stehen mit dem halbgefüllten Eimer voll Suppe davor. Die dritte, Elfriede, hat einige Päckchen Knäckebrot im Arm und einen kleinen Eimer mit Wasser, das noch dampft.

„Na Gott sei Dank, wir haben also doch etwas bekommen", rufen wir glücklich. „Und sogar Wasser!"

„Soviel Suppe, Brot und Wasser bekommt ihr jetzt jeden Tag einmal. Das Wasser könnt ihr trinken oder euch damit waschen. Also richtet euch ein", ruft die Dolmetscherin uns zu. Von Elfriede erfahren wir, daß sie Lucie heißt.

Nachdem wir den Eimer hochgezogen haben, wird die Tür von außen zugeschoben, und im Halbdunkel des Waggons einigen wir uns, daß Muttchen die Suppe verteilen soll. Jedoch womit? Eine Schöpfkelle haben wir natürlich nicht. Glücklicherweise haben wir uns in Graudenz mit leeren Konservendosen eingedeckt, die auf einem Abfallhaufen lagen; so haben wir etwas, worin wir unsere Suppe empfangen können, und eine Büchse wird von Muttchen dazu benutzt, die Suppe auszuteilen. Muttchen schöpft jedem von uns erst einmal etwas dünne Suppe von oben ein, und dann die übrige, dicke Suppe. Argwöhnisch passen wir auf, daß auch ja alles gleichmäßig verteilt wird. Nicht alle Frauen haben einen Löffel, und so schlürfen mehrere den Inhalt aus der Büchse.

Wir rätseln herum, was man uns da wohl gekocht hat. — „Also, wenn ich nich so'n Hunger hätte — das Zeug würd' ich nich fressen", sagt Edith und verzieht angewidert das Gesicht. „Meint ihr nich auch, daß das jetrocknete Rübenschnitzel sind?"

Ja, sie hatte recht, es waren Rübenschnitzel. Sollten wir diese etwa jeden Tag bekommen? Wir bekamen sie.

Im Anschluß an die Suppe wird das Wasser verteilt. Es ist nicht viel, das wir bekommen, kein Viertelliter. Natürlich haben wir uns nicht damit gewaschen, es wurde getrunken.

„Pfui Deibel — das Wasser schmeckt ja so komisch! Was haben die damit gemacht", meckert Ruth.

„Ist ja auch von der Lokomotive, hab' es ja selbst jesehn, wie es abgefüllt wurde. Sei zufrieden, daß überhaupt was kriegst", erwidert ihr Elfriede und schlürft das Wasser demonstrativ genüßlich in kleinen Schlucken.

„So, jetzt verteile ich das Brot", ruft Muttchen, „also es bekommt jeder drei Scheiben Knäckebrot, ich hab' es durchgezählt. Sechs Scheiben sind noch übrig, die verteile ich dann jeden Tag reihum an andere."

Nachdem wir das Brot in Empfang genommen haben, ziehen wir uns auf unsere Plätze zurück und knabbern unser Knäckebrot.

Wir sind in unserem Waggon (Viehwaggon) vierzig Frauen. In der Mitte ist ein ca. vier qm großer Gang, zu beiden Seiten sind unsere Lagerplätze, in zwei Etagen. Etwa in Brusthöhe ist ein Bretterboden gezogen, und so haben je zehn Frauen oben und zehn Frauen unten Platz. Ich habe mit Hildchen E., mit der ich seit meiner Gefangennahme zusammenhalte, einen Platz auf der oberen Hälfte ergattert. Ich bin in der glücklichen Lage, eine Wolldecke und einen Mantel mitzuhaben. So können wir beide uns zudecken, denn je weiter wir nach Osten kommen, um so kälter wird es.

Auf der gegenüberliegenden Seite gibt es oben ein kleines, vergittertes Fenster, und die Frauen, die dort ihren Platz haben, berichten uns von Zeit zu Zeit, was sie sehen. Oft halten wir an Bahnhöfen, aber wir wissen nicht, wo wir sind. Die kyrillischen Buchstaben kann niemand entziffern. Am Stand der Sonne können wir erkennen, daß wir nach Osten fahren. Langeweile haben wir eigenartigerweise nicht. Es gibt immer etwas zu erzählen, alle haben wir ähnliches erlebt. Ein Thema bleibt tabu: Vergewaltigung. Und doch steht dieses Unaussprechliche wie ein Gespenst in der Enge des Waggons. Niemand rühmt sich, davon verschont geblieben zu sein.

Die meisten von uns wurden aus ihren Quartieren, die sie nach der Flucht gefunden hatten, von Patrouillen geholt. Aber auch Frauen, die dort wohnten, wurden mitgenommen. „Frau arbeiten kommen“, hatte man ihnen gesagt. So gingen sie mit, ohne etwas an Kleidung oder Proviant mitzunehmen. Einige Frauen wurden von der Straße aus mitgenommen, sie hatten sich bereits zu Fuß auf dem Heimweg nach Ostpreußen befunden. Die Pferde waren natürlich längst von den Russen fortgenommen worden, und so hatten sie sich, nur mit dem Notwendigsten an Kleidung und Lebensmittel, auf den langen Weg nach Ostpreußen gemacht. (Unser Transport wurde im Raum Karthaus—Dirschau zusammengestellt.) Muttchen erzählt uns, daß sie ihre drei Kinder, im Alter von vier, sechs und neun Jahren, auf der Straße allein zurücklassen mußte — die Tränen kullern ihr dabei über das Gesicht. Hildchen E. ließ ihre schwer herzkranke Mutter auf der Straße zurück, Edith ihre Mutter mit zwei kleinen Geschwistern. Ich stelle fest, daß ich die einzige bin, der man bei der Gefangennahme gesagt hat, daß ich nach Rußland muß. So bin ich auch die einzige, die am meisten an Kleidungsstücken bei sich hat; ja sogar die einzige mit einem Koffer.

Was erstaunlich ist: wir singen! Meist sind es wehmütige Lieder wie „Liebe Mutter weine nicht“ oder „Mamatschi, schenk mir ein Pferdchen“, aber mit Inbrunst singen wir Choräle. Unvergeßlich ist mir das Bild eines russischen Bahnhofs, als ich einmal zu Gast auf der anderen Seite am Fenster war und nach draußen schauen durfte: Zum erstenmal sehe ich russische Zivilisten. Die Frauen mit ihren großen Dreiecktüchern um Kopf und Schultern, die Männer haben alle eine Pelzmütze auf, die Klappen lose herunterhängend. Fast jeder trägt ein Brot oder ein halbes unter dem Arm, uneingewickelt. Wir lachen darüber; später ist uns dieser Anblick selbstverständlich.

Die Nächte sind qualvoll. Fast jede Nacht steht der Zug auf irgendeinem Nebengleis, und dann ertönt ein durchdringendes Hämmern und Klopfen an den Wagenrädern und -achsen. Wir denken, das sei Schikane, aber Lucie erklärt uns auf unsere Frage nach dem Zweck des Hämmerns, daß diese eine Kontrolle der Räder sei. Das Geklopfe zerrt an den Nerven, es läßt uns nicht schlafen. Wie in einem Kaleidoskop sehe ich in diesen Nächten meine Kindheit, meine Jugend in Ostpreußen vorübergleiten. Das Elternhaus steht greifbar nahe vor meinen Augen ...

Dickschen, Post Ußballen, Kreis Pillkallen

Wir wohnten in einer Ecke Ostpreußens, deren Orte kuriose litauisch klingende Namen hatten, die aber — vielleicht gerade deswegen — so liebenswert, so vertraut klangen. 1938 wurden die Namen alle umbenannt, „eingedeutscht“, wie man sagte, aber mir sind die alten Namen geläufiger, vertrauter. Unser Dorf hieß Dickschen. „Dickschen“, das klingt so gemütlich, behäbig, breit, als säße da eine Henne aufgeplustert auf ihren ausgebrüteten Küken. Und gerade so wie ein Küken habe ich mich in unserem Dorf, in meinem Elternhaus gefühlt: geschützt, geborgen, immer die liebevolle, sorgende Hand meiner Mutter spürend.

„Dickschen, Post Ußballen, Kreis Pillkallen“, so lautete unsere Anschrift. Nur 200 Meter von unserem Hof entfernt floß die Szeszuppe, von Litauen kommend, der Memel zu. Hier traf sich jung und alt aus der ganzen Umgegend im Sommer beim Baden, hier warfen meine Brüder ihre Angeln aus, und mein Opa hatte mit Reusen und Netzen überaus reichen Fischfang. Hechte von einem Meter Länge waren keine Seltenheit. Und im Frühjahr, wenn die Szeszuppe durch die Schneeschmelze Hochwasser führte und beinahe zu einem reißenden Strom geworden war, kamen zu uns die Stintkähne vom Kurischen Haff, ihre bunten geschnitzten Holzwimpel drehten sich knarrend im Wind. Der „Kurschus“ zog durch das Dorf und verkündete mit dröhnender Stimme: „Hoalt Stint — hoalt Stint — hoale, hoale — hoalt Stint, solang noch welche sind!!“

Lasdehnen war zehn Kilometer von uns entfernt und unsere nächst größere Möglichkeit zum Einkaufen. Im Nachbardorf Tuppen holten wir uns die Dinge für den täglichen Bedarf. Von Zucker über Hefe bis hin zum Petroleum, bekam man alles bei Sterkaus oder Link's, die neben dem Lebensmittelladen noch einen Gasthof hatten. Bei Sterkaus stand gleich neben der Tür das Heringsfaß und daneben die Petroleumlampe. Trat man durch die Eingangstür, atmete man Petroleum-Heringsluft, die dann weiter im Laden sich vermischte mit dem Tabaksqualm der Bier und Korn trinkenden Bauern und mit den Gerüchen eines schlecht belüfteten Lebensmittelladens.

Ein Nachbardorf von uns hieß Kackschen. Nach ihm war das große Hochmoor benannt, die „Kacksche Balis“. Der Sage nach sollte dort tief unten im Moor die Riesin „Rana“ schlafen. Es war schon unheimlich, wenn sich das Moor an einer Stelle allmählich wölbte. „Die Rana hat wieder tief Luft geholt", sagte man dann. Das Moor lieferte für die ganze Umgegend den Torf für Herd und Ofen und im Juni, wenn der Torf gestochen wurde, bot sich ein buntes Bild dem Betrachter dar: So weit das Auge reichte, sah man Frauen mit ihren bunten Kopftüchern beim Torfkarren, Kinder stellten die Torfziegel zu kleinen Hocken auf, Männer mit freiem Oberkörper standen an der ca. zwei Meter hohen Torfwand auf einem Gerüst und stachen den Torf mit dem Spaten. Immer brannte die Sonne heiß vom meist wolkenlosen Himmel, und ich kann mich nicht erinnern, daß wir je während des Torfstechens schlechtes Wetter hatten.

Blickte man von unserem Hof aus in die Runde, so sah man sich von drei Seiten her von Wald umgeben. Im Süden war der Ußballer Forst, im Osten der Beinigkehmer Forst und im Norden, hinter der Szeszuppe, lag der Trappöner Forst, der, von schnurgeraden Gestellen durchzogen, bis zur Memel reichte, die sieben Kilometer entfernt war. Vor der Szeszuppe aber lag noch, greifbar nahe, „Pötschats Wäldchen". Es gehörte Fräulein Pötschat, zu deren Hof 180 Morgen Land gehörten. Für mich war sie „Tante Lenchen", sie war meine Patentante, und ich liebte sie sehr. Immer, wenn ich zu ihr kam, hatte sie etwas zum Naschen für mich und — was noch viel schöner war — ich durfte auf ihrem Schaukelstuhl sitzen und schaukeln. Sie hatte auch das erste Radio und das erste Telefon im ganzen Umkreis. Das Radio wurde mit Akku und Anode betrieben — in unserer Gegend war man noch nicht mit den Segnungen der Elektrizität bedacht — und an den Seiten hatte es große, grüne Flügelschrauben. Wenn Tante Lenchen daran drehte, jaulte und knisterte es erst aus dem Kasten, und dann schälte sich eine Melodie heraus. Tante Lenchen trällerte dann fröhlich mit, hob mich aus dem Schaukelstuhl und wirbelte mit mir im Zimmer herum. Am 18. November 1934, ich war gerade acht Jahre alt, da wurde Tante Lenchen ermordet. Es war dies so ein ungeheuerliches Ereignis gewesen, und täglich konnte man seitenlange ausführliche Berichte über das Geschehen und die Ermittlungen in den hiesigen Zeitungen, der „Ostpreußischen Grenzzeitung" und der „Tilsiter Allgemeine", lesen. Der Mörder wurde bald gefaßt und, nachdem er ein Geständnis abgelegt hatte, zum Tode verurteilt. Der Grund für den Mord war, daß Martin E. — so hieß der Mörder — zuvor von Fräulein Pötschats Speicher mehrere Säcke Getreide gestohlen und diese verkauft hatte. Tante Lenchen hatte geäußert, daß sie ihr Getreide sofort wiedererkennen würde, wenn sie zur Mühle gehen würde. Um dieses zu verhindern, mußte sie so unsinnig sterben.

Der Hof wurde dann später verkauft, aber das Wäldchen hieß bei uns allen weiterhin „Pötschats Wäldchen“, und hier war ich oft zu finden. Schon früh im Frühjahr holte ich hier die ersten Leberblümchen, später Buschwindröschen, Maiglöckchen, Erdbeeren und Himbeeren. Im Winter durften wir uns jede Woche neue Tannenäste holen, die als Schmutzabstreifer vor die Tür gelegt wurden, und natürlich stammte auch immer unser Weihnachtsbaum aus „Pötschats Wäldchen“.

Zu unserem Hof gehörten vierzig Morgen Land. Gewiß war es ein kleines Anwesen, aber meine Eltern verstanden zu wirtschaften, und der Hof ernährte uns alle: Vater, Mutter, die Großeltern, die bis zu ihrem Tod bei uns auf „Altenteil“ lebten, meine Brüder Werner und Alfred und ich. Werner war sieben Jahre älter als ich, Alfred fünf Jahre älter. Meine Tante, Mutters Schwester, lebte auch bei uns, sie war Schneiderin. Sie war für uns einfach „die“ Tante. Alle anderen Tanten bekamen ihren Vornamen angehängt, nicht so „unsere“ Tante. Bis zu ihrer Heirat, 1944, hat sie uns Kinder oft mit Dingen verwöhnt, die uns unsere Eltern nicht hätten kaufen können. Nicht nur, daß sie mich immer wieder mit den zauberhaftesten Kleidchen überraschte, die sie mir nähte, sie erfüllte mir auch einen Wunsch, von dem ich nur zu träumen wagte: Ein Akkordeon! Ich war zwölf Jahre alt, als sie es mir von Tilsit mitbrachte. Ganz ratlos schaute ich auf den Kasten, den Tante mir übergab, der so aussah wie eine Schreibmaschine! Mein Gott, was sollte ich denn mit einer Schreibmaschine! „Mach nur auf“, lächelte Tante. Ja, und dann lag da ein funkelnagelneues Akkordeon in dem schwarzen Kasten! Musik war für mich das Schönste, das es gab, und lange schon versuchte ich auf jedem Instrument, an das ich herankam, Melodien zu spielen. Unterricht konnte ich natürlich keinen bekommen, aber mein Lehrer zeigte mir die Grundbegriffe, und bald spielte ich alle Lieder, die ich kannte, ohne Noten nach dem Gehör. Auf alle Fälle muß wohl unseren Gänsen mein Spiel gefallen haben: Saß ich abends im Sommer auf der Bank vor dem Haus und spielte, so dauerte es gar nicht lange, da kamen sie von der Weide her mit ihren vollen Kröpfen angewatschelt und ließen sich zu meinen Füßen nieder. Selbst „Rino“, unser Hund, unterbrach sein

Hin- und Herlaufen an der Kette, ringelte sich zusammen, legte den Kopf auf die Vorderpfoten und ließ kein Auge von mir.

Ich war immer sehr traurig gewesen, daß ich nicht die höhere Schule besuchen durfte, obwohl die verschiedensten Lehrer aus der hiesigen Dorfschule meinen Eltern dringend dazu rieten. Ich wäre so gern nach Tilsit zur „Luisen-Schule", dem Lyzeum, gegangen. Allein die Pension dort hätte aber monatlich vierzig RM gekostet, und dieses konnten meine Eltern nicht bezahlen. Jeden Tag nach Tilsit hinzufahren, war auch unmöglich. Bis Tilsit waren es vierzig Kilometer, und morgens fuhr ein Bus hin, der abends erst zurückkam. Im Krieg gar wurde der Busverkehr ganz eingestellt, und unsere nächste Bahnstation war fünfzehn Kilometer von uns entfernt, in Naujeningken.

So war ich dann auch überglücklich, als ich mit fünfzehn Jahren nach Königsberg durfte, um an einem halbjährigen Steno- und Schreibmaschinenkurs teilzunehmen. Und nicht nur, daß ich an diesem Kursus teilnahm, meine Tante Frida meldete mich gleich an einer Musikschule zum Klavierunterricht an!

Als das halbe Jahr an der Stenoschule um war und ich nun eigentlich eine Stelle als Stenotypistin hätte annehmen können, riet mir der Leiter der Musikschule zu einer musikalischen Berufsausbildung. Ich sollte Musiklehrerin an einer Musikschule des Volksbildungswerkes werden. Auf meinen Einwand hin, daß doch so ein Studium sehr teuer sei, sagte er, daß ich außer den Klavierstunden nichts zu bezahlen hätte, ich bekäme alles frei. Ich könnte seine Seminare besuchen, Harmonielehre gäbe er mir privat und Lehrbücher bekäme ich alle von ihm zur Verfügung gestellt.

Ich schaffte es tatsächlich, meine Eltern für dieses neue Vorhaben zu gewinnen, und von nun an sah mein Tagesablauf anders aus. Ich war mit Begeisterung dabei, und Königsberg war so eine reizvolle Stadt, immer gab es etwas Neues zu entdecken.

Alles war dann im Januar 1944 zu Ende, als die Nachricht vom Tod meines Bruders Werner kam. Er war in Rußland gefallen. „Für Führer, Volk und Vaterland, im Glauben an den deutschen Endsieg", konnte man im offiziellen Schreiben lesen. Werner glaubte schon lange nicht mehr an den „deutschen Endsieg". „Ich wünsche mir nur einen anständigen Kopfschuß", hatte er zu mir gesagt, als er Weihnachten zu Hause auf Urlaub war. Sein Kompanieführer schrieb, daß er einen Bauchschuß erhalten hatte und noch drei Tage gelebt hat.

Auch mein anderer Bruder Alfred war schon seit zwei Jahren beim Militär, unser Gehilfe hatte schon seinen Gestellungsbefehl bekommen, so brach ich meinen Aufenthalt in Königsberg ab, um meinen Eltern beizustehen.

Im Frühjahr brachten wir noch die Saat in die Erde, pflanzten die Kartoffeln, Rüben, waren aber nicht mehr dessen sicher, ob wir noch ernten würden. Die Front rückte von Tag zu Tag näher. Russische Gefangene wurden auf Lkw's hergebracht, sie mußten Schützen- und Panzergräben ausheben. Getreidefelder, Wiesen, Kartoffeläcker waren von tiefen Gräben durchzogen, es sah unheimlich, fremd aus.

Im Juni war der erste Geschützdonner zu hören und die ersten Flüchtlinge kamen aus Litauen und den nahen Grenzgebieten. Zwei Familien, die wir aufgenommen hatten, halfen uns noch die Getreideernte einzubringen. Alle Arbeiten, die ein Bauernhof erfordert, wurden bis in den Oktober hinein verrichtet und ich frage mich, warum wir dieses noch alles taten, es war doch abzusehen, daß es nur noch eine Frage von Wochen sein konnte, daß wir den Befehl zur Flucht bekommen würden. Vielleicht hoffte man, daß der Russe noch aufgehalten werden könnte, immer noch wurde von der „Geheimwaffe" gesprochen, die bald zum Einsatz kommen sollte. „Unser Führer wird doch nicht die Russen in unser schönes Ostpreußen hineinlassen", höre ich noch die Frau unseres Bürgermeisters sagen.

Unser Führer. — „Unserem Führer ein dreifaches Sieg heil — Sieg heil — Sieg heil —", „Heil mein Führer!", „Heil Hitler!" Immer „heil — heil" — mitten im Chaos, im Leiden, im Bombenhagel, im Sterben.

Wann war das, als wir begannen, „Heil Hitler" zu sagen? Wann begannen wir das „Guten Tag", das von uns Mädchen stets mit einem Knicks begleitet wurde, zu vergessen? Stattdessen ausgestreckter Arm: „Heil Hitler!" Ich höre noch die Worte unseres Lehrers: „Der deutsche Gruß ist jetzt Heil Hitler. Ihr werdet von nun an nicht mehr Guten Tag sagen, es heißt Heil Hitler!" Und folgsam grüßten wir jeden, ob er auf dem Fahrrad saß, auf dem Pferdewagen, ob wir in ein Zimmer traten, ja, wir Kinder begrüßten uns untereinander mit „Heil Hitler".

Zum Tagesbeginn in der Schule gab es kein „Guten Morgen, Herr Lehrer" mehr. „Heil Hitler, Herr Lehrer", plapperten wir im Chor. Und wir traten den Jungmädeln, den Pimpfen, der

HJ, dem BdM bei, marschierten, exerzierten, nahmen an Zeltlager teil, gingen zum Dienst. Es war auch durchaus angenehm, einmal in der Woche sich vor dem allabendlichen „Beschicken" (Versorgen der Tiere) zu drücken und sagen zu können: „Ich kann heute nicht Beschicken helfen, ich muß zum Dienst." Niemand wurde gezwungen, den Verbänden beizutreten; aber wer wollte denn abseits stehen und von den anderen vielleicht über die Schulter angesehen werden? Hinzu kam noch, daß wir auf dem Land wenig an Abwechslung geboten bekamen und durch den Dienst mit der Jugend aus den umliegenden Dörfern zusammenkamen. Wir sangen gemeinsam, übten für Dorfgemeinschaftsabende, nahmen an Sportwettkämpfen teil, und niemand dachte daran, daß er vielleicht einer schlechten Sache diente.

Bis dann der Krieg mit Rußland begann. —

Krieg mit Rußland

Am 22. Juni frühmorgens um drei Uhr wurden wir von Geschützdonner und vom Lärm der Flugzeugmotoren wach. Meine Eltern, Tante, Alfred und ich liefen auf den Hof, sahen noch gegen Osten, fern über dem Beinigkehmer Forst, eine Flugzeugformation in der Morgendämmerung verschwinden. „Hitler ist wahnsinnig", sagte meine Mutter leise, und ihr Gesicht war ganz blaß. „Und unser Werner ist jetzt irgendwo dort vorne mit dabei." Ihr Blick war starr nach Osten gerichtet.

In mir stieg Angst auf, große Angst. Ich wußte nicht wovor, ich hatte einfach Angst. Große Angst.

In den nächsten Tagen und Monaten kamen laufend Sondermeldungen, wurden angekündigt durch die wuchtigen Melodientakte aus „Les preludes". Ich fand diese Klänge mehr unheilverkündend, drohend, als — was sie wohl darstellen sollten — strahlende Siegeskunde.

Vormarsch — Vormarsch — Russen eingekesselt am Don, im Donezbecken, am Bug, Minsk gefallen — Deutsche Truppen vor Leningrad — Deutsche Truppen vor Moskau.

Zwei Jahre später gab es keine Sondermeldungen mehr. — Dafür gibt es „Stalingrad". „Begradigung der Front" hieß der Rückzug in den Nachrichten, in den Wochenschauen.

Am 12. Oktober 1944 mußten wir alle aus unserem Dorf unsere Höfe verlassen. Der Befehl zur Flucht war von der Kreisleitung gekommen. In den Tagen zuvor mußten Schafe und Schweine abgeliefert werden, die Kühe wurden einer Soldateneinheit übergeben, die schon Vieh aus Litauen vor sich hertrieb. Vater machte den Wagen für die Flucht bereit, Mutter und ich packten Koffer und Kisten, Körbe und Taschen mit Kleidung, Wäsche, Lebensmittel, eben alles, was unserer Meinung nach wichtig war. Wieviel an unwichtigen Dingen man eingepackt und wieviel wichtige Dinge man dagelassen hatte, merkte man hinterher.

Unsere beiden halbjährigen Fohlen, Papas ganzer Stolz, konnten wir nicht mitnehmen. Mein Vater bat die Soldaten, die bei uns auf dem Hof einquartiert waren, sie nach unserer Abfahrt zu erschießen. Die gleiche Bitte hatte ich, unseren Hund betreffend: „Bitte, versprecht mir, Rino zu erschießen. Er soll nicht leiden." Der Feldwebel versprach es.

Die Wagen unseres Dorfes und die des Nachbardorfes Groß-Rudminnen sammelten sich am Nachmittag an der Auffahrt der Chaussee, die nach Tilsit führte. Es müssen so an 80 Wagen gewesen sein. Niemand weinte, niemand klagte, niemand rang verzweifelt die Hände. Meist wurden die Wagen von Frauen gelenkt, die Männer waren Soldat oder zum Volkssturm eingezogen worden.

Wir waren vier Tage unterwegs, alles war gut organisiert, im Kreis Wehlau wurden uns Quartiere zugewiesen. Wir hatten das Glück, bei einem großen Bauern in Imten ein nettes Zimmer zu erhalten, das sogar einen Kochherd drin zu stehen hatte. Mein Vater half viel beim Bauer, uns so bekamen wir manche Lebensmittel zusätzlich zu unseren Lebensmittelkarten. Weiter nach Westen zu fahren, bis hinein ins Reich, war streng verboten. Die Feldgendarmerie hat alle Straßen überwacht. Sogar, wenn man mit dem Zug aus Ostpreußen fahren wollte, brauchte man eine Sondergenehmigung.

So begann dann um den 20. Januar herum das große Chaos: Die Offensive des Russen hatte begonnen, die Front war in Bewegung geraten. Zurückflutende Militäreinheiten und Flüchtlingstrecks verstopften die dick verschneiten Straßen, Panzer bahnten sich rücksichtslos ihren Weg. Am 22. Januar erhielten wir endlich die Genehmigung, mit unseren Wagen weiterzufahren. Lange warteten wir an der Straße, bis sich endlich eine kleine Lücke zwischen den Flüchtlingswagen bot, in die wir uns einreihen konnten. Bei schneidender Kälte und Schneetreiben fuhren wir von Imten fort. Zwei Tage später wurde durch den Rundfunk bekanntgegeben, daß alle Trecks, dort, wo sie sich gerade befanden, Quartier beziehen sollten, der Russe ist bei Elbing bis zum Frischen Haff durchgebrochen und hat Ostpreußen vom Reich getrennt. Es würde bekanntgegeben werden, wenn das Haff zugefroren ist, dann könnten die Trecks über das Eis weiterfahren.

Es ging dann auch nach einer Woche weiter. Wir hatten inzwischen im Insthaus eines Gutes bei Preußisch Eylau Quartier gefunden gehabt. Über schwer passierbare Nebenwege leitete uns die Feldgendarmerie weiter, die Hauptstraßen blieben dem Militär vorbehalten. Unsere Pferde mußten die schweren Wagen oft durch hohe Schneewehen ziehen, oftmals sahen wir Wagen abseits am Weg stehen, deren Achse oder Rad gebrochen war. Wir waren mitunter der Front so nahe, daß die deutsche Artillerie über unsere Köpfe hinweg die feindlichen Linien beschoß, einmal schaute ich dem Abschuß der Granatwerfer zu.

Wir waren bis in das Gebiet des Truppenübungsplatzes Zinten gekommen. Die Straßen waren durch Flüchtlingstrecks total verstopft, schon mehrere Stunden standen wir auf einem Fleck, Schneetreiben hatte eingesetzt. Mein Vater beschloß, den Wagen von der Straße zu fahren und hielt an einem anscheinend von Übungsgeschossen zerschossenen Haus. Neben dem Haus bedienten mehrere Soldaten zwei Granatwerfer. In dem Haus, das weder Fensterscheiben noch Türen hatte, saßen Soldaten und Flüchtlinge um ein kümmerliches Feuer. Manche hatten sich in Decken gehüllt.

Ich hatte mir auch eine Wolldecke vom Wagen geholt und setzte mich, etwas abseits von den anderen Leuten, auf einen Mauervorsprung, legte mir die Decke um die Schultern. In kurzen Abständen hörte ich das dumpfe „plopp", wenn ein Geschoß den Granatwerfer verließ.

Ein junger Leutnant setzte sich zu mir.

„Mädchen, laß mich auch unter deine Decke, sie reicht für uns beide."

Bereitwillig breitete ich meine Decke aus und legte ihm das eine Ende um die Schulter. Schweigend saßen wir, nahe beieinandergerückt, da. Plötzlich faßte der junge Leutnant mich hart am Arm, starrte mich, sein Gesicht dem meinem nahebringend, zwingend an: „Mädchen, gib mir einen Kuß!"

Überrascht und auch etwas erschreckt schob ich ihn energisch von mir. Ich wußte nicht, was ich ihm sagen sollte, wollte ihn auch nicht verletzen, weil er mir leidtat. Ich schüttelte nur den Kopf und sagte ein knappes „nein". „Mädchen — Mädchen, was bist du dumm! Du willst mir keinen Kuß geben — und weißt du, was vielleicht schon morgen los ist? Der Russe ist keine fünf Kilometer mehr von hier entfernt." Er sprach nicht weiter. Langsam stand er auf, legte mir das freigewordene Ende der Decke sorgsam um die Schultern und strich mir über das Haar: „Sei weiterhin so tapfer — Mädchen", murmelte er.

Ich versuchte mir vorzustellen, wenn anstelle der vertrauten graugrünen Uniformen unserer Soldaten hier die erdbraunen Uniformen der Russen um uns wären. Versuchte mir vorzustellen. Da war eine graue undurchdringliche Wand — ich hatte keine Vorstellung. O ja, wir hatten sie gelesen, die Berichte über Nemmersdorf, gesehen die Bilder, — ermordete Frauen, Kinder, Männer, in einer Reihe lagen sie da, ohne Schuhe, teilweise entkleidet. Was war davon wahr? Was war Propaganda? Schon längst nicht mehr glaubten wir den Wehrmachtsberichten, den Nachrichten, Kommentaren („es spricht Hans Fritsche“).

Wenn es ganz schlimm kommt, habe ich noch meine Pistole, dachte ich. Wenn du noch dazu kommst, widersprach ich meinem Gedanken.

Mein Bruder Werner, der 1944 im Dezember von der Ostfront Urlaub erhalten hatte und kurz nach seiner Rückkehr an die Front gefallen war, hatte mir einen russischen Trommelrevolver dagelassen. „Für alle Fälle“, hatte er gesagt und mir den Umgang mit dem Ding erklärt. Sorgsam hatte ich die Pistole im Wagen versteckt gehalten, in einem Hafersack, der für die Pferde bestimmt war. Mein Vater wußte davon, nicht so meine Mutter, die mich schon wiederholt gefragt hatte, wo ich die Pistole versteckt halte. „Wirf sie nur endlich fort, es geschieht noch mal ein Unglück damit!“

„Es könnte ja mal ein Pferd verunglücken, das dann erschossen werden müßte“, verteidigte ich das Behalten der Waffe. Im Stillen aber dachte ich: „Für alle Fälle“, wie Werner es zu mir gesagt hatte.

Als der Morgen graute, hatte sich nichts verändert, die Granatwerfer standen noch da, einige Soldaten schliefen an dem inzwischen fast erloschenen Feuer. An der kurz neben dem Haus vorbeiführenden Straße stand weiterhin Wagen an Wagen, nur schrittweise ging es vorwärts. Mein Vater schaffte es schließlich, unseren Wagen in eine Lücke zu bugsieren. Dieses war jedesmal ein Problem, wenn man Rast gemacht hatte, sich wieder in die Wagenkolonne einzureihen. Es schien ein ungeschriebenes Gesetz zu sein, nur ja nicht einen Wagen vorzulassen. Entstand zufällig mal eine Lücke, so mußten die Pferde die Peitsche zu spüren bekommen, damit sie den Wagen blitzschnell anzogen und im Trab in die Lücke breschten. Bei so einem Manöver rutschte einmal unser Wagen mit dem Hinterrad in den Graben und wir standen beinahe einen halben Tag, bis uns ein freundlicher Mensch dadurch half, daß er einfach den Pferden eines Wagens in die Zügel faßte und so diesen anhielt. Mit vereinten Kräften schoben wir dann unseren vollbepackten Wagen aus dem Graben.

Langsam, langsam fuhren wir weiter, standen, fuhren ein Stückchen, standen wieder. Mühsam mahlten die Räder durch die durch das Schneetreiben angehäuften Schneewälle. Vier Tage brauchten wir, um Heiligenbeil, das knapp fünfzig Kilometer entfernt lag, zu erreichen.

Kurz hinter Heiligenbeil mußten wir alles überflüssige Gepäck abladen, nur Handgepäck sollte auf dem Wagen bleiben. Es hieß, wir müßten bis Pillau fahren und würden von dort mit dem Schiff weiter transportiert. Die Dinge, die sich bei Heiligenbeil am Straßenrand kilometerweit stapelten — unvorstellbar! Nähmaschinen, Fahrräder, Radios, Betten, Geschirr, diverse Kleidung, Weckgläser, ja sogar halbe Schweine oder geräucherte Schweineschinken — alles lag durcheinander, übereinander.

In der Nacht wurden wir dann über schwankende Bohlen von Soldaten auf das Haff gelotst, bis wir auf festes Eis kamen. Es war finster und man mußte aufpassen, daß man nicht seinen Vordermann, d. h. den vorderen Wagen, aus den Augen verlor. Gegen das heller schimmernde Eis konnten wir ein paarmal sehen, daß rechts oder links vom Weg Wagendeichseln oder halbe Wagen aus dem Eis steckten. In der Morgendämmerung bot sich ein gespenstisches Bild dar, das ich wohl nie vergessen werde: So weit man sehen konnte, rollten Wagen dicht bei dicht in schier endloser Reihe auf der, mit einer dünnen Schneeschicht bedeckten, Eisfläche des Haffes. Sie glitten fast lautlos, nur das leise Knirschen der Räder auf dem Eis durchbrach die Stille, und manchmal schnaubten die Pferde, der Atemdampf aus ihren Nüstern vermischte sich mit der eisigen Winterluft.

Etwa fünfhundert Meter entfernt sahen wir den schmalen Küstenstreifen und wunderten uns: dort sollte Pillau liegen? Bald merkten wir, daß wir uns dem Land näherten und dann fuhren wir, immer den Wagen vor uns folgend, direkt darauf zu. Gleich am Ufer lagen mehrere Leichen, anscheinend steifgefroren, die Hand einer alten Frau ragte zusammengekrallt zum Himmel.

Wir erfuhren, daß wir in Kahlberg sind, auf der „Frischen Nehrung", Feldgendarmerie leitete uns auch hier weiter. Über sandige, ausgefahrene Wege fuhren wir bergauf, bergab, mehrere Male detonierten, gar nicht weit von unserem Wagen entfernt, feindliche Artillerie-Einschläge. Ein Wagen lag total zerfetzt am Wegrand, die toten Pferde lagen daneben. Schließlich gelangten wir nach Stutthof, nachdem wir noch einmal kurz das Eis überquert hatten. Auf dem Lagerhof des KZ, das anscheinend schon geräumt war, wurde warmes Essen für die Flüchtlinge ausgegeben, und hier traf ich meine langjährige Freundin Irmchen wieder; denn längst waren wir von allen Bekannten getrennt. Fortan blieben wir zusammen. Auf großen

Umwegen, über Dirschau, kamen wir am 1. März nach Karthaus, 40 km westlich von Danzig. Hier bekamen wir wieder alle Quartiere zugewiesen, der Russe war in Pommern bis zur Ostsee vorgestoßen. Wir kamen bei einer netten Polenfamilie unter, die eine kleine Landwirtschaft hatten. Eine Woche lang, bis zum sechsten März sahen wir noch deutsche Soldaten.

Am Nachmittag des 6. März sah ich in der Nähe unseres Hauses zwei deutsche Soldaten, die dabei waren, Löcher in den gefrorenen Boden zu hacken und zu graben. Ich ging zu ihnen hin.

"Grabt ihr hier etwa Schützenlöcher?", fragte ich sie. „Nee, Meechen, wir buddeln nach Würma", antwortete mufflig der eine von ihnen im schönsten Berliner Dialekt. „Wo ist denn die Front", wollte ich wissen.

„Front? Wat heeßt hier Front — wir sinn de letzten, morjen is der Iwan hier."

Der zweite Soldat schaute mich, auf seinen Spaten gestützt, vielsagend an, nickte bedächtig mit den Kopf: „Armes Mädchen."

Die russischen Soldaten sind da

Am 7. März lernten wir die ersten Sowjet-Soldaten kennen. Es war Sonntag, herrlicher Sonnenschein, auf den Feldern lag noch dick der Schnee. Wir saßen mit unseren Wirtsleuten gerade beim Frühstück, als ich zwei Reiter in erdbraunen Uniformen, mit Fellmützen auf dem Kopf, in scharfem Galopp ankommen sehe. Der Pulverschnee spritzte hoch auf unter den Pferdehufen.

„Da kommen zwei Russen", schrie ich.

„Tatsächlich, — ja — das sind keine deutschen Soldaten", sagte erschrocken mein Vater.

Das junge polnische Ehepaar lief erfreut hinaus, um die Befreier zu begrüßen, aber ihre Freude wurde sehr schnell gedämpft: Ein Soldat stieg vom Pferd, ging, ohne ein Wort zu sagen, zum Stall und holte das einzige Pferd der Leute heraus. Sein anderes Pferd ließ er einfach stehen und beide ritten, wieder in scharfem Galopp, davon. Unsere beiden Pferde, die in der Scheune standen, verließen uns am anderen Tag auf die gleiche Art. Noch heute höre ich das protestierende Wiehern unserer „Biene", einer braunen Trakehner-Stute. Wie oft hatte ich zu Hause vor ihr gestanden und streichelte ihren Hals. Dann legte sie ihren Kopf auf meine Schulter, als wäre der Kopf für den schlanken Hals zu schwer.

Kurz nachdem die beiden Russen fortgeritten ware, kam ein russischer Soldat mit zwei Kameraden, die bis vor kurzem noch in deutscher Kriegsgefangenschaft gewesen waren. Die beiden strahlten vor Freude: „Chitler kapuut — Chitler kapuut!"

Vom Dachboden war plötzlich Poltern und Schreien zu hören. Nichtsahnend sagte ich zu meiner Mutter: „Woher kommt denn das Geschrei, sind da Kinder auf dem Dachboden?" Meine Mutter sah mich nur vielsagend an. Der Ehemann der jungen Frau Riedel kam ins Zimmer und rang die Hände: „Jessas, Maria e Joseph — Jessas, Jessus!" Die Tränen standen ihm in den Augen. Ich hatte begriffen. Der dritte Russe war ja auch gar nicht im Zimmer. Von nun an hatte Frau Riedel stets ihr kleines Kind auf dem Arm, wenn russische Soldaten auf den Hof kamen, und sie wurde in Ruhe gelassen.

Dafür begann für mich eine schreckliche Woche, eine Woche voller Furcht, Verzweiflung, Bangen und Hoffen. Hoffen darauf, daß die nächsten Rotarmisten nicht zu unserem

Haus kommen, nicht mein Versteck finden. Jeden Abend feststellen, daß man vergeblich gehofft hatte. In der ersten Nacht war ich fest entschlossen, mir das Leben zu nehmen.

Gegen Abend des 7. März quartierten sich bei uns, d. h. in Riedels Haus, vier sowjetische Soldaten ein, sie gehörten, den mitgeführten Geräten nach zu urteilen, anscheinend einer Nachrichtenabteilung an.

Als erstes durchwühlten sie unser Zimmer, das uns Riedels zur Verfügung gestellt hatten, nahmen, was ihnen gefiel an Kleidung, meine Mutter mußte ihren Ehering hergeben, mein Vater seine Taschenuhr. Sie lachten, alberten herum, tänzelten im Zimmer umher, sich meine erbeuteten Kleider vor der Brust haltend. Niemand von ihnen hielt uns eine Pistole vor, niemand brüllte oder drohte, wir wußten trotzdem, daß es zwecklos war, zu protestieren oder zu bitten.

Als meine Eltern und ich zu Bett gegangen waren und das Licht gelöscht (Petroleumlampe) hatten, hörten wir ängstlich auf die Geräusche, die aus dem Nebenzimmer kamen. Lachen vermischte sich mit Worte, deren Sinn wir nicht verstanden, unheimlich drangen die kehligen Stimmen an unsere Ohren.

Da — die Tür war aufgegangen, ein Soldat war in unser Zimmer gekommen. Der grelle Lichtschein einer Taschenlampe traf unsere Gesichter. Der Soldat setzte sich an mein Bett, knipste die Lampe aus, tastete mich ab, legte sich zu mir.

Mein Vater, der mit meiner Mutter im Nebenbett lag, redete mit bettelnder Stimme auf ihn ein, meine Mutter weinte, ich klammerte mich an die Worte meines Burders. „Für alle Fälle - für alle Fälle." Der Gedanke ließ mich alles überstehen, gab mir Kraft. Der erste ging, der zweite kam, der dritte und vierte. Alle nahmen sie ihre Rechte als Sieger wahr, getreu den Parolen Ilja Ehrenburgs.

Meine Mutter schluchzte laut auf, als ich leise sagte: „Mamachen, die nächste Nacht erlebe ich nicht mehr." Morgens ging ich zu meinem Revolver. Ich hatte ihn, als wir bei Riedels angekommen waren, unter einen Steinhaufen gelegt, der am Haus aufgeschichtet war. Nun sah ich, der Länge nach über den Steinhaufen gelegt, einen Draht gespannt, der mit einem Stein beschwert war. Ach ja, wir hatten ja eine Nachrichtenabteilung zur Einquartierung. Unter welchem Stein der Revolver lag, wußte ich nicht genau und hob einen Stein nach dem anderen an. Unter dem vierten Stein lag die Waffe, mit dem Stein daneben war die Leitung beschwert. Wie leicht hätten die Russen beim Spannen der Leitung die Waffe finden können. Da wäre jetzt von uns wohl niemand mehr am Leben. Nun erst wurde mir bewußt, was geschehen könnte, wenn ich mich erschieße! Woher hatte ich den russischen Revolver? Nein, — ich konnte das Leben meiner Eltern und das der Familie Riedel nicht aufs Spiel setzen. Ich war gezwungen, weiterzuleben.

Ich bat meinen Vater, im Flur aufzupassen, ob niemand von den Soldaten den Flur betritt, wenn ich die Waffe hervorhole. Sodann steckte ich sie unter die Schürze und verbuddelte sie im Schuppen tief unter dem Holz.

Die folgenden Tage waren voller Qual — Verzweiflung. Immer wieder kamen Soldaten auf den Hof, durchwühlten erst unsere Sachen, nahmen mich mit ins Nebenzimmer. Einmal lag ich im Bett und stellte mich krank, tat, als müsse ich mich übergeben. Drei Soldaten standen vor meinem Bett, der eine von ihnen hielt mir eine Pistole vor, ich sollte ins andere Zimmer mitkommen.

„Schieß doch — schieß doch — na schieß doch endlich“, schrie ich ihn an, und ich deutete auf meinen Kopf. Bestimmt hatte er mich verstanden. Sein Kamerad lachte und sagte etwas zu ihm, worauf der erste noch eine Waffe aus der Tasche zog, sie triumphierend seinem Kameraden zeigte und mir nun mit zwei Pistolen drohte.

Mit geschlossenen Augen sagte ich, jetzt leise: „Ja — so schieß doch endlich!“

Meine Mutter fiel vor den Soldaten auf die Knie, rang bettelnd die Hände, flehte um Gnade, — die Soldaten lachten.

„Hildchen! Hildchen!“, rief sie, „mach uns nicht noch mehr unglücklich, einmal wird alles vorbei sein, wenn es noch einen Gott gibt. Bitte, bitte, geh!“

Ich ging.

Hatten die Sowjet-Soldaten von den Polen erfahren, daß hier auf dem Hof ein deutsches Mädchen war? Sagte es einer dem anderen? Ich konnte mich verstecken, wo ich wollte, die Soldaten fanden mich. Selbst, als ich mich einmal tief in das Stroh gebuddelt hatte, durchstocherten sie mit Mistgabeln das Stroh, und ich mußte vorkommen, wollte ich nicht zerstochen werden. Um mich zu schützen, hatte ich mir das Gesicht mit Schmutz beschmiert, mir alte Sachen angezogen, ich markierte die Verrückte, — nichts half. Einmal beschenkte mich ein Soldat hinterher mit Uhren, wischte mir immer wieder die Tränen vom Gesicht und sagte mit mitleidiger Stimme: „Nje platje —

nje platje." Die Worte hatte ich behalten, weil ich annahm, daß sie „nicht weinen" bedeuteten. Es stimmte.

Nach einer Woche quartierten sich eines Morgens drei Sowjet-Offiziere ein.

Kurz vor Mittag kam der eine von ihnen zu meiner Mutter in die Küche, in der Hand hielt er eine tote Gans. Das Blut tropfte noch aus der Brust, er hatte sie einfach beim Nachbarn geschossen. Meine Mutter mußte die Gans braten, und ich wurde von den Offizieren zum Essen eingeladen. Mißtrauisch beobachtete ich beim Essen ihr Herumalbern und Lachen. Sie benahmen sich wie ausgelassene große Jungs. Zum Fleisch aßen sie Brot, und ich machte Bekanntschaft mit dem schweren, nassen russischen Schwarzbrot.

Die drei erzählten mir viel, stellten Fragen an mich, aber ich verstand natürlich nichts. Nach dem Essen (mir war sehr bange vor dem „danach") bedeutete der eine Offizier mir mit Gesten, ich solle Papier und Bleistift holen. Dieser Offizier hatte mir schon gesagt, daß er ein Student aus Moskau war. Ich begriff: Ich sollte Worte aus der russischen Sprache, die Offiziere Worte aus der deutschen Sprache aufschreiben. Ich rätselte schon herum, was wohl das so häufig fallende Wort „kak" bedeuten sollte. Als sie mich dann fragten: „Kak Familie?" da wußte ich es. „Wie" — hieß dafür wohl die richtige Übersetzung.

Als ich sagte, daß ich Hilde hieße, wurde ich sofort in „Galia" umbenannt. „Childe pa ruskia Gallia, i fse", sagte der eine Offizier, den ich im Stillen „den Franzosen" nannte, er hatte ein schmales Bärtchen auf der Oberlippe.

Bis zum Abend waren wir damit beschäftigt zu erklären, zu fragen, aufzuschreiben. Die drei konnten sich ausschütten vor Lachen, wenn es ein Mißverständnis gegeben hatte, und sie hauten sich vergnügt auf die Schenkel. Wir hatten in unseren Notizbüchern etliche Seiten vollgeschrieben, und stolz sagte der kleine Leutnant, nachdem er zuvor in sein Notizbuch geschaut hatte: „Galia, du gehen schlafen."

In dieser Nacht konnten wir ohne Furcht zu Bett gehen, wir hatten Vertrauen zu den Offizieren.

Im Laufe der nächsten Tage kamen mehrmals Soldaten ins Haus, die Offiziere jagten sie, böse fluchend, davon. Dreimal kamen auch Patrouillen, die, wie sie sagten, Leute zur Arbeit holen wollten, aber die Offiziere nahmen mich jedesmal in Schutz und erklärten den Leuten, daß ich ihr Mädchen sei. Jedenfalls verstand ich das so, weil sie dabei den Arm um mich legten.

Leider mußten dann die drei nach Ablauf einer Woche zur Front, und es quartierte sich ein Kapitan ein. Gleich am ersten Tag sollte ich ihm einen Knopf annähen, am Hosenschlitz. Die Hose behielt er an. Böses ahnend, nahm ich Zwirn und Nadel und nähte den Knopf an. Als ich mit dem Annähen fertig war, wollte mich der Kapitan auf das Bett ziehen. Mutig geworden durch das Verhalten seiner Vorgänger, gab ich ihm einen kräftigen Stoß vor die Brust, und er fiel auf das Bett. Vor Wut wurde er ganz rot im Gesicht und seine Augen glitzerten bösartig. Von dem, was er schrie, verstand ich nur drei Worte: "... Patroullie... ti Sibir..."

Als dann die nächste Patrouille kam, stand der Mensch mit verschränkten Armen, auf den Füßen wippend, in der Tür und lachte mich hämisch an.

Ich wurde, nachdem ich ein paar Sachen zusammenpacken durfte, zusammen mit meinen Eltern zu einem Gehöft in der Nachbarschaft gebracht, wo schon ein paar Mädels und auch Männer zusammengetrieben waren. Meine Eltern wurden nach kurzem Verhör durch einen anwesenden Dolmetscher wieder zurückgeschickt: „Ihr gehen nach Chause, wo ihr chergekommen seid — Ostpreußen“, sagte der Dolmetscher. Ich mußte dableiben.

Der Dolmetscher war ein kleiner Mann mit listigen Augen, einer riesigen roten Nase und krummen Beinen, die auch die plumpen Militärstiefel nicht verstecken konnten. Während der Dolmetscher, in Anwesenheit eines Offizieres mit uns sprach, durchwühlten einige Soldaten unser dürftiges Gepäck. Ein Stück nach dem anderen wanderte durch die Hände der Soldaten, jeder nahm, was ihm gefiel, Kleidung, Wäsche, Handtücher. Um meinen Schmuck gab es Streit. Den Schmuck — vier Halsketten und eine Uhr — hatte ich, gleich nachdem die ersten Soldaten nach dem Einmarsch unsere Zimmer durchwühlt hatten, hinter den Holzbalken der Zimmerdecke gesteckt. Als ich nun mit der Patrouille mitgehen mußte und sie sagten mir, daß ich nach Sibirien hinkomme, steckte ich den Schmuck in meinen Koffer. Das war töricht gewesen.

Nach drei Tagen wurde ich vor eine Entscheidung gestellt: „Leitnant fragt, ob du wollen bleiben bei ihm und wenn Truppe weg von hier, du gehen wieder zurück zu Mama und Papa.

Oder du wollen mit nach Sibirien“, hatte mich der Dolmetscher gefragt.

Ohne zu zögern antwortete ich ihm: „Ich will nach Sibirien.“

Nach Sibirien

Zu deutlich standen noch die Geschehnisse der letzten Wochen vor meinen Augen! Es würde ja doch wieder alles von vorn anfangen, Sowjet-Soldaten würden nach Frauen suchen, Patrouillen würden kommen — Endstation wäre Sibirien.

Die ca. dreißig Männer, die auch auf dem Hof zusammengetrieben waren, waren am Tag zuvor schon auf Lkw abtransportiert worden. Und wir neun Mädels sollten nach dem 90 Kilometer entfernten Bütow gehen, ohne Bewachung. Der Dolmetscher übergab mir einen Zettel, den sollte ich in Bütow auf der Kommandantur abgeben. Wir schauten uns ratlos an, aber der Leutnant scheuchte uns mit einer Handbewegung vom Hof: „Dawai — dawai!" Wir gingen zum nahe gelegenen Wald, setzten uns hin und beratschlagten, was wir machen sollen.

„Also, ich könnte zurückgehen", meinte die große Eva Kiupel, „meine Eltern sind hier ganz in der Nähe bei einem Bauern."

„Ja, ich könnte auch zurück", sagte ich zögernd, „aber was dann wieder ist, weißt du ja."

„Ja, das ist wahr. Also ich bin dafür, wir gehen nach Bütow", sagte Eva entschlossen. (Eva starb später in Sibirien.)

Die übrigen Mädels wußten nicht, wohin sie zurückgehen sollten, sie waren von ihren Eltern getrennt worden, als sie zu Fuß auf dem Heimweg nach Ostpreußen waren. So waren sie auch dafür, gemeinsam weiter Richtung Bütow zu gehen. Wir hatten große Angst, unterwegs Soldaten zu begegnen, dennoch war die Hoffnung in uns, endlich Ruhe zu haben, waren wir erst in Gefangenschaft.

Gerade als wir losgehen wollten, sah ich meine Eltern kommen, die mich besuchen wollten. Sie versuchten erst gar nicht, mich dazu zu überreden, wieder mit ihnen zu kommen. Sie gaben mir noch etwas Speck und Brot — und wir nahmen Abschied voneinander. Hilflos weinend blieben sie am Waldrand zurück.

Kurz vor Karthaus wurden wir von einer Militärstreife aufgegriffen. Ich übergab ihnen den Zettel. Der eine Soldat las den Zettel vor, sie grinsten sich an, palaverten und forderten uns auf, mit ihnen zu kommen. Was „dawai" bedeutete, verstanden wir schon.

In Karthaus lieferten uns die Soldaten auf der Kommandantur ab, die in einer Schule untergebracht war. Wir wurden in einen Raum eingesperrt, der bis zum Abend so voll wurde, daß wir kaum Platz hatten, mit angezogenen Beinen auf dem Fußboden zu sitzen. In den folgenden Tagen wurden wir einzeln zum Verhör gebracht, Gepäck wurde durchsucht. Es wurde eine Akte angelegt, zu der auch meine Bilder wandern, auf denen meine Brüder und mein Freund in Soldatenuniform zu sehen sind. Ein Offizier, ein Dolmetscher und eine Frau in Uniform, die die Protokolle schreibt, saßen am Tisch und fragten — fragten. Nachdem ich Angaben zur Person machen mußte, wollten sie wisen, ob ich selbst oder ein Familienmitglied in der Partei waren, ob Familienangehörige Soldat waren, ob ich im BdM war, wie lange, was wir im Dienst gemacht haben, ob die Eltern Kriegsgefangene auf dem Hof beschäftigt hatten, schließlich wurde sogar die Frage gestellt, ob ich vergewaltigt worden bin.

Am nächsten Tag mußten wir dann alle, die wir schon beim Verhör gewesen waren, antreten. Ein Posten zählte uns peinlich genau, andere Soldaten durchwühlten derweil wieder das Gepäck und nahmen sich, was ihnen gefiel. Messer und alle spitzen Gegenstände wurden auf einen Haufen geworfen.

Zu Fuß mußten wir von Karthaus weiter, vier Posten begleiteten uns. Sie trieben uns zwar zur Eile an, waren aber durchaus freundlich. Wir waren etwa dreißig Frauen und zehn Männer. Die Mädels, mit denen ich nach Karthaus gegangen war, waren auch mit dabei. Da waren die schon erwähnte Eva, dann Elfriede, Erna, Gerda und Hildchen Esch, mit der ich mich schon angefreundet hatte. Leider ist Irmchen, meine Freundin von zu Haus nicht mit dabei. Wie mir meine Eltern erzählt hatten, war sie, als die Patrouille kam, gerade zum Kartoffelschälen in die russische Feldküche geholt worden.

Die meisten von uns hatten großen Hunger, in den zwei Tagen hatte es nichts zu essen gegeben. Ich hatte ja noch das Brot und den Speck, das ich alles unter uns neun aufgeteilt habe. In einem Dorf ließen uns die Posten an einer Pumpe Wasser trinken. Polenkinder gafften uns an und schrien: „Hitler kapuut — Hitler kapuut." Sie freuten sich und lachten.

Gegen Abend hatten wir unser Ziel erreicht, ein Gutshof in Strippau. Hier hatten wir auf der Flucht eine Nacht verbracht. Aber wie hatte sich hier alles verändert! Nicht ein Tier war auf dem ganzen Hof zu sehen. Bis auf die russischen Posten war alles wie ausgestorben. Wir wurden zum Stall gebracht, der schon mit Frauen angefüllt war. Müde ließen wir uns auf das schon etwas muffig riechende Stroh fallen. Am anderen Morgen wurden wir schon früh geweckt und auf den Hof getrieben. Ein Russe machte uns in gebrochenem Deutsch klar, daß wir alle in den Weidegarten gehen sollten, der am Hof angrenzte. Wir dachten, unsere letzte Stunde sei gekommen, im Weidegarten empfingen uns Posten mit schußbereitem Gewehr. Vor jedem Pfahl stand ein Posten. Aber nein — wir sollen unsere Notdurft verrichten!

„Dawai schaißen — dawai schaißen", rief ein Posten. Es war schon eine verrückte Situation, — wir konnten darüber sogar lachen. Wir gewöhnten uns bald daran, diese Verrichtung unter Bewachung und auf Geheiß zu tun.

Hinterher machten wir Bekanntschaft mit der „Prowerka", was soviel wie „Prüfung, Kontrolle", heißt. So eine Prowerka konnte stundenlang dauern. In Dreierreihen mußten wir antreten, und dann wurde gezählt — gezählt, verzählt, wieder gezählt. Gepäck wurde durchsucht, immer und immer wieder.

Im Stall machten wir auch Bekanntschaft mit den ersten Läusen. Eva, der es an einer Stelle immer wieder juckte, legte kurzerhand ihre Kleider ab und suchte das Hemd ab.

„Da — da ist das Biest!" schrie sie auf und knackte mit triumphierendem Blick die Laus.

Im Handumdrehen zogen wir uns auch aus: Erst diejenigen, die Eva am nächsten saßen, und bald lausten sich alle im Stall, mit mehr oder weniger großem Erfolg.

Am nächsten Morgen dann, nach der Prowerka, bekamen wir endlich etwas zu essen, ein paar kalte Pellkartoffeln. Dann durften wir zur Pumpe und Wasser trinken. Danach mußten wir unser Gepäck holen und uns zum Abmarsch aufstellen, ca. 200 Frauen und eine Gruppe von Männern. Was unser nächstes Ziel sein sollte, wußten wir nicht. Von morgens bis abends begleitete uns das ständige „dawai bisträ" der Posten, dreieinhalb Tage lang. Zur Nacht fanden wir Unterkünfte in Scheunen, bekamen auch einmal abends eine warme Suppe.

Am vierten Tag waren wir am Ziel angelangt, es war die ehemalige Festung in Graudenz. Innerhalb der Festung konnten wir uns frei bewegen, bekamen Kontakt mit Frauen, die schon vor uns hergebracht worden waren. Wir wurden registriert, entlaust, erhielten jeder ein Päckchen Knäckebrot.

Ostern, am Erstfeiertag, zogen wir in langer Kolonne zum Bahnhof, wo uns schon das dumpfe Heulen der russischen Lokomotiven empfing...

Obwohl wir am 29. März bei herrlichstem Sonnenschein und warmem Wetter von Graudenz abgefahren sind, sehen wir am fünften Tag schon draußen Schnee liegen. Im Waggon wird es immer kälter, die Wände beziehen sich mit dickem Reif. Groteskerweise steht ein kleiner Kanonenofen in der Mitte, jedoch bekommen wir kein Heizmaterial. Der Durst wird immer quälender, kaum daß wir noch genug Speichel haben, das trockene Knäckebrot zu essen — und nur dieses gibt es jeden Tag.

Eines Tages hören wir vom Nachbarwaggon während eines Aufenthaltes lautes Rufen und Klopfen: „Aufmachen — aufmachen! Macht doch auf!“ Wir hören, wie die Tür geöffnet wird und die Dolmetscherin fragt: „Was ist denn los? Was macht ihr denn für ’n Krach?“ „Bei uns sind zwei Frauen gestorben, was sollen wir mit denen machen?“

Gespannt warten wir, was geschieht. Unsere „Fensterfrauen“ berichten: „Da — jetzt kommt ein Offizier und die palavern alle zusammen.“

Wir hören die Stimme der Dolmetscherin: „Bringt die Frauen raus und legt sie hier auf den Schneehaufen.“

„Da — jetzt bringen se die Frauen raus“, wispert Frau Brinkmann aufgeregt und wischt sich eine Haarsträhne aus dem Gesicht. Sie hatte sich, obwohl sie unten ihren Platz hat, schnell an’s Fenster gedrängt.

„An der Seite vom Bahngleis ist ein großer Schneehaufen, da legen sie eine Frau rauf. Und jetzt bringen se die andere. Ach Gottchen — die eine is noch ganz jung!“ So hören wir die Frauen von oben her durcheinanderreden. Nun wird auch unsere Tür aufgeschoben: „Sind bei euch auch Tote drin, oder ist vielleicht jemand schwer krank?“ fragt Lucie, die Dolmetscherin.

„Nein“, antworten wir zögernd. „Noch nicht“, ruft Elfriede dreist.

Viele von uns drängen sich an die offene Tür, um zu sehen, was draußen los ist. Ich kann von meinem Platz aus sehen, wie die beiden Toten auf dem Schneewall liegen. Einige Russen gehen vorbei, bleiben kurz stehen, ein Posten scheucht sie weiter. Dann wird die Tür wieder zugeschoben und alle gehen auf ihren Platz zurück: Nachdenklich, betroffen, Ruth jammert: „Ihr werdet sehen, so geht uns auch, wenn wir noch lange unterwegs sind, die Kälte — das bißchen Wasser, das hält doch kein Mensch aus!“

Am zwölften Tag gibt es eine kleine Sensation. Der Zug hält auf freier Strecke, und wir müssen alle aussteigen. Wir werden, die Frauen jedes Waggons einzeln, von einem Posten zu einem kleinen Bach geführt, der inmitten einer, noch mit dünnem Schnee bedeckten Wiese fließt. Der Posten bedeutet uns mit Handbewegungen, daß wir uns waschen sollen. Jedoch zunächst trinken wir alle, das Wasser gierig mit der Hand schöpfend. Ah — ist das eine Wohltat.

In der folgenden Nacht passiert etwas, was uns alle in helle Aufregung versetzt: unser Eimer, in dem wir des Nachts unsere Notdurft verrichten und am Morgen durch das Rohr schütten, ist umgekippt! Der Zug ruckte so stark, und schon war es passiert. Und nicht nur der Eimer, sondern auch der unnütze eiserne Ofen ist umgekippt. Im Dunkel des Waggons schreit alles durcheinander. „Alles schwimmt hier — Pfui Deibel!", „Bei mir ist auch alles naß", und Ruth zetert: „Natürlich — das muß mir ja auch passieren. So 'ne Schweinerei!" „Hat nicht jemand was, womit wir das aufwischen können?" ruft eine Stimme.

Ich opfere ein Hemd und Ruth wischt den Urin auf, den Lappen über den Eimer auswringend. Sie schimpft weiter: „Nu waren wir alle so schön sauber, und jetzt werden wir stinken wie de Iltskes. Womit mach ich mir nu de Hände sauber?" Ich opfere noch ein Taschentuch, froh darüber, daß ich nicht unten liege.

Frau Brinkmann macht uns mit einem neuen Orakel bekannt: sie pendelt. Natürlich geht das nur, wenn der Zug hält, und dies tut er recht oft. Sie zieht sich eins ihrer langen Haare aus und bindet ihren Ehering daran fest. (Wo sie den nur wieder versteckt hatte!) „Was soll ich das Pendel fragen", ruft sie. „Ob mein Mann noch lebt", will Frau Schwarz wissen. „Also, wenn der Ring still hängt, is er tot. Wenn er pendelt oder kreist, lebt er", erläutert Frau Brinkmann. „Besser wäre, wenn wir noch ein Bild von ihrem Mann unterlegen könnten. Haben Sie eins?" Frau Schwarz verneint.

„Na, dann muß es auch so jehen." Sie schlingt das Haar um ihren Zeigefinger, stützt den Ellenbogen auf die Knie und wartet, bis der Ring ganz still hängt. „Nu paßt auf!" Nach kurzer Zeit schon fängt der Ring an zu pendeln, schwingt Kreise, immer größere, — wir schauen alle wie gebannt auf den Ring.

Frau Schwarz jubelt: „Mein Mann lebt — er lebt, Gott sei Dank!" Vielleicht lebte er. Frau Schwarz ist jedoch nach ein paar Wochen an Typhus gestorben.

Am einundzwanzigsten Tag unserer Fahrt hält der Zug, die Türen werden aufgeschoben.

„Alles mit Gepäck raustreten und in Dreierreihen aufstellen“, hören wir schon von weitem Lucie rufen. Sie geht von Waggon zu Waggon, von einem russischen Offizier begleitet.

Sollten wir etwa am Ziel sein? Der Zug hält dicht am Wald. Wir nehmen unser Gepäck, das „Gepäck“ von einigen Frauen besteht nur aus der Blechbüchse, die sie zum Suppenempfang haben, und steigen aus. In Dreierreihen aufgestellt, werden wir gezählt, das heißt, wir müssen die fortlaufenden Zahlen, einer nach dem anderen sagen. Unser Waggon ist vollzählig, es ist niemand unterwegs verstorben.

Dann heißt es tatsächlich: „Los, geht!“

Eine dreiviertel Stunde etwa gehen wir durch den Wald. Es liegt kein Schnee hier, auf dem ausgefahrenen Weg stehen Wasserpfützen. Schnell versuche ich beim Gehen etwas Wasser aus den Pfützen zu schöpfen, aber es ist zu moddrig, um es zu trinken.

Plötzlich kommen wir an einem Bretterzaun entlang. An der Ecke ist ein Wachturm, von wo aus uns ein Posten neugierig anglotzt. Da — das Lagertor! Über ihm prangt ein riesiger Sowjetstern. Das Tor wird geöffnet und wir gehen hindurch, vorbei an der Kommandantur. Auch hier starren uns zwei Posten und ein Offizier an. Durch das Lager führt ein breiter Weg, zu beiden Seiten stehen langgestreckte, bunkerähnliche Baracken. Das Dach beginnt kurz über dem Erdboden und ist mit grasbewachsener Erde abgedeckt.

Im großen Waldlager

Als auch die letzten das Lagertor passiert haben, stehen wir, uns neugierig umsehend, auf dem Lagergelände herum. Da — was ist das? Plötzlich laufen mehrere Frauen in eine Richtung, die anderen hinterher. „Wasser — Wasser" höre ich rufen. Und tatsächlich, im hinteren Teil des Lagers befindet sich ein kleiner Teich. Das Wasser schimmert moderig-grün. Wir stürzen alle ans Wasser, knien uns hin und schlürfen das faulig schmeckende Wasser. Ein Posten kommt und jagt uns fluchend davon.

Wieder müssen wir antreten und werden gezählt. Dies scheint überhaupt ein „Tick" der Russen zu sein, das Zählen, oder wie es eigentlich heißt: die „Prowerka", das „Antreten". Wir bekommen nun unsere Bunker zugewiesen, die Bunker sind numeriert. Hildchen, Elfriede, Edith und Ruth, wir kommen in den Bunker, d. h. Baracke Nummer 3. Je hundert Frauen werden in eine Baracke gelegt.

„Mein Gott, hier drin sollen wir hausen?" sage ich zu Hildchen, als wir die Stufen hinabsteigen und gebückt durch die kleine Tür gehen. Gleich vorn brennt eine trübe Kerosinlampe, in der Baracke ist es fast dunkel. Nur an der gegenüberliegenden Giebelseite schimmert etwas Licht durch ein ganz kleines Fensterloch. Kaum, daß wir zu beiden Seiten des Ganges unsere Lagerstätten erkennen können. Eine durchgehende Holzpritsche in Kniehöhe besteht aus rohen, halbierten Holzstämmen, die kantige Schnittfläche nach oben gerichtet. In Brusthöhe darüber ist die zweite Lagerfläche errichtet. In ziemlich dichten Abständen ist alles mit armdicken Holzstreifen abgesichert.

Wir beide mit Hildchen sind froh, noch einen oberen Platz belegen zu können. Durch meine Wolldecke, die ich auf unseren Platz lege, sind die scharfen Kanten der Holzbohlen zwar etwas weniger zu spüren, aber drücken dennoch ganz gemein. Am Nachmittag bekommen wir Brot, — richtiges Schwarzbrot! Es ist ganz naß und schwer, aber eine Köstlichkeit nach dem Knäckebrot. Unsere Starscha (Barackenälteste), Jadwiga, macht uns nun mit der Lagerordnung bekannt: Wir dürfen uns im Lagergelände frei bewegen, morgens und mittags bekommen wir Suppe, am Nachmittag Brot und heißes Wasser. Es werden jeden Tag Arbeitskommandos eingeteilt werden, die Wasser aus dem Fluß holen müssen. Der Fluß liegt etwa eine halbe Stunde Fußweg entfernt außerhalb des Lagers. Die Baracke muß saubergehalten werden sowie der Vorplatz an den Baracken. Wir müssen uns „lausen". (Schon auf der Fahrt haben wir des öfteren unsere Kleider nach „Bewohnern" durchgesehen gehabt und auch einige „Abschüsse" erzielt.)

Am anderen Morgen gibt es Suppe, und sie schmeckt, nach der Rübenschnitzel-Suppe hervorragend! Es ist Kohlsuppe, nicht sehr dick, aber wer Glück hat, findet sogar einige Fleischstückchen darin.

Nach ein paar Tagen fängt es an zu regnen. Regen, Regen, tagelang ohne Unterlaß. Unsere oberen Plätze in der Baracke sind schon nach ein paar Stunden vom durchsickernden Regenwasser total naß, bald auch die unteren. So finden wir keinen Schlaf, wischen nur das Wasser fort und wandern Tag und Nacht den Barackengang entlang. Es stinkt fürchterlich: Die Körperausdunstung von hundert Frauen, deren Sachen nicht mehr trocknen, vermischt sich mit dem Kohlgeruch der Suppe, die wir in der Baracke erhalten. Hinzu kommt bald Uringestank, denn viele von uns sind blasenkrank geworden und schaffen es nicht schnell genug, den langen Weg zum Abort zu laufen. Der Abort besteht aus einer großen Grube, die oben mit Brettern abgedeckt ist, zwischen zwei Brettern ist jeweils ein breiter Spalt. Ständig ist in diesen Regentagen eine Menschenschlange dahin unterwegs, und in der Dunkelheit rutscht manch einer mit dem Fuß in die Grube. Was sind wir froh, als der Regen endlich aufhört, und nun meint es die Sonne doppelt gut.

Wir beide mit Hildchen suchen uns in einem abgelegenen Teil des Lagergeländes wilde Wermut- und Erdbeerblätter und hängen diese in unser heißes Teewasser, um ein wenig Geschmack zu erhalten.

„Weißt du", sage ich eines Tages zu Hildchen, „du mußt zugeben, bis jetzt sind wir doch immer zwischendurch noch mal satt geworden. Ich glaube, das bleibt nicht so. Wir haben immer wieder Hunger, aber wir mußten noch nicht hungern."

„Ja", nickt sie, „du hast recht. Wer weiß, was uns noch so alles blüht."

Typhus

Im Lager ist Typhus ausgebrochen! Das faulige Wasser, das wir am Tag unserer Ankunft tranken, ist nicht ohne Folgen geblieben. Täglich werden Frauen zum Lagerlazarett gebracht, viele sterben nach wenigen Tagen. Jeden Morgen sehen wir, wie ihre Leichen, nackend, auf einem Wagen, von mehreren Männern gezogen, aus dem Lager gefahren werden. Von den Männern erfahren wir, daß im Wald unweit des Lagers eine große Grube ausgehoben worden ist, in die die Leichen hineingelegt werden. Mit einer dünnen Schicht Erde und Chlor werden sie bedeckt, und am anderen Tag werden die nächsten Leichen dazugepackt.

Jeden Morgen ist Prowerka, am Platz vor dem ehemaligen Brunnen. Wir werden gezählt, gezählt, — so eine Prowerka konnte bis zu zwei Stunden dauern. Wir wissen nun auch, wieviel sich im Lager befinden. Es sind um 1200 Frauen und 60 Männer. Lucie, die Dolmetscherin während des Transports, ist unsere deutsche Lagerkommandantin. Jede Baracke hat ihre „Starscha“, die Barackenälteste. Immer ist es eine Polin, sie tragen weiße Armbinden.

„Chitler kapuut!“

Am Nachmittag des achten Mai werden wir durch die Starschas zum Brunnen beordert. Alle Lagerinsassen versammeln sich auf dem Platz davor, ohne in Reih und Glied anzutreten.

„Der russische Lagerkommandant hat eine Mitteilung zu machen“, heißt es. Viele jubeln schon: „Wir fahren bestimmt nach Hause, wir werden nach Hause fahren!“

Ja, so naiv waren manche, zu denken, daß die Russen uns erst drei Wochen mit dem Zug durch die Gegend fahren, um uns dann gleich wieder nach Hause zu schicken!

Der Lagerkommandant erscheint, und mit ihm der Dolmetscher, ein russischer Offizier. Er hat von uns schon seinen Namen erhalten: wir nennen ihn, seiner langen, dünnen Beine wegen, den „Fieseler Storch“. Beide steigen auf den abgedeckten Brunnen. Erst sagt der Kommandant mit sehr gewichtiger Stimme etwas in russischer Sprache. Der „Fieseler Storch“ übersetzt: „Frauen und Männer! Der Krieg ist aus, Hitler ist von der ruhmreichen Roten Armee vernichtet. Berlin ist gefallen!“

Die Polenmädchen klatschen begeistert Beifall und, da sie alle etwas von uns abgesondert stehen, stimmen sie ihre Nationalhymne an: „Noch ist Polen nicht verloren.“

Wir alle wußten, daß der Krieg für uns längst verloren war, aber jetzt beschleicht uns doch ein niederdrückendes Gefühl. Vor allen Dingen die bange Ungewißheit: Wie lange werden wir unsere Heimat nicht wiedersehen, ob überhaupt — und wie werden unsere Angehörigen zu Hause überleben können? Alles Fragen, die uns niemand beantworten kann.

Jede Woche einmal müssen wir in die Banja. Mit dem Banja-Besuch ist auch immer eine Entlausung verbunden. Kleider müssen abgegeben werden und wandern in eine große, beheizte Kammer, während wir unter die Dusche gehen. Wer keine Läuse gehabt hat, hat bestimmt welche, wenn er seine noch heißen Kleider in Empfang nimmt; denn leider werden die Biester von der Hitze nicht alle abgetötet und marschieren in Nachbars Kleider. Für die Dusche erhalten wir jeder ein kleines Stück dunkelbraune Seife. Sie stinkt.

Unsere Morgenwäsche erledigen wir — oder manche auch nicht — an dem kleinen Teich, dessen Wasser immer grüner und trüber wird. Auch Wäsche wird hier gewaschen, mit dem Rest der braunen Seife oder ohne. Die meisten Frauen haben ohnehin nur das an Kleider, was sie auf dem Leib haben.

Es ist ein wahrer Segen, daß bei allen Frauen die Menstruation ausbleibt und wir in dieser Hinsicht keine Probleme haben.

Ich muß in's Lazarett. Ich habe plötzlich große Schmerzen in der rechten Seite des Oberbauches bekommen und werde von zwei Frauen nach dort hingetragen. Der russische Arzt, der auch Chef des Lazarettes ist, untersucht mich. Von alledem, was er sagt, verstehe ich nur das Wort „Diät". Na, da bin ich aber mal gespannt, was es als Diät gibt!

Hier im Lazarett ist es wesentlich heller als in unserem Bunker, die Baracke ist über der Erde und hat an jeder Giebelseite ein Fenster. Ich bekomme mein Bett, d. h. meine Lagerstatt, zugewiesen und bin überrascht, darauf einen Strohsack und eine Decke zu finden. Die Schmerzen sind zwar unangenehm, — aber ich fühle mich glücklich!

Rechts und links von mir liegen Typhuskranke, die Frau zu meiner Linken fantasiert. Am anderen Morgen liegt sie tot neben mir. Ihr abgemagertes Gesicht hat sich eigenartig braungelb verfärbt, und aus dem geöffneten Mund ragen die gelben Zähne hervor.

Ein gräßlicher Anblick — ich werde ihn lange nicht los. Nach dem Fiebermessen bekommen wir Frühstück. Die anderen bekommen ihre tägliche Brotration und Tee, fünfhundert Gramm, ich bekomme eine undefinierbare Schleimsuppe.

Mittags bin ich wütend über meine Diät! Bis auf die Typhuskranken, bekommen alle Erbsensuppe. Erbsensuppe! Und ich muß meine Schleimsuppe schlürfen. Meine Schmerzen haben aber schon nachgelassen. Ich habe nie erfahren, was für eine Krankheit ich hatte.

Jeden Tag kommt mich Hildchen E. besuchen, und ich kann ihr etwas Brot geben. Die Typhuskranken, die nichts essen können, geben uns ihr Brot. Niemand denkt an Ansteckungsgefahr. Am zehnten Tag werde ich entlassen.

Noch immer wissen wir nicht, in welcher Ecke Rußlands wir uns befinden. Wir vermuten in Sibirien, aber genau wissen wir es nicht.

Wir erfahren es, als Hildchen E. und ich zum Reinemachen der Offiziers- und Wachpersonalunterkünfte, die sich außerhalb des Lagers befinden, von einem Posten hingebracht werden. In einem Raum hängt eine große Karte, und ich fasse mir ein Herz und frage den anwesenden Offizier, wo wir hier sind.

Er spricht nicht deutsch. So deute ich dann zuerst auf die Karte, dann auf uns und wieder auf die Karte. Er hat begriffen. Freundlich zeigt er uns auf der Karte, wo wir uns befinden.

Die kyrillische Schrift können wir natürlich nicht entziffern. „Schadrinsk“, sagt er. „Eto Schadrinsk“, und er weist auf eine Stadt. Dann zeigt er mit dem Finger kurz neben den Punkt, der Schadrinsk sein soll.

Aha — unser Lager ist also in der Nähe von Schadrinsk. Der Name sagt uns nichts, wir haben ihn noch nie gehört. Aber wir sehen, daß die Stadt hinter dem Ural liegt. „Sjes Sibir“, sagt der Offizier und nickt vielsagend mit dem Kopf. Wir bedanken uns bei ihm.

Dann lernen wir, wie man saubermacht!

Eine Russenfrau drückt uns einen Strauchbesen und eine Flasche mit Wasser in die Hand. Verständnislos deuten wir auf die Flasche. „Was soll das?“ Ein unverständlicher Wortschwall ergießt sich über uns, dann zeigt sie uns, was man mit dem Wasser macht. Sie nimmt einen Schluck Wasser und versprüht es prustend auf dem Holzfußboden, nimmt den nächsten Schluck, prustet, — kleine Staubkügelchen kullern über den Boden. Mit dem Besen fegt sie über den besprühten Boden: „Wodd, tak“, nickt sie uns aufmunternd zu.

Hildchen nimmt den Besen, ich nehme die Flasche, und wir fangen an. Ich nehme einen Schluck, versprühe prustend das Wasser, aber gleichzeitig pruste ich auch los vor Lachen. Nein — ist das komisch! Die Russenfrau geht kopfschüttelnd hinaus. Sie wird sich über so viel Unverstand wohl sehr gewundert haben.

Wir werden verhört

Nacheinander müssen wir alle zur Kommandantur. Schon nach einigen Tagen unserer Ankunft ging es los mit den Verhören, wie wir es von anderen Frauen erfuhren. Jetzt ist unsere Baracke dran.

Ein wenig ängstlich gehe ich zur Kommandantur, trete ein. Ein Offizier, der „Fieseler Storch" und eine Schreibkraft sitzen hinter dem Tisch. Sieh da — meine Akte, die man in Karthaus bei meiner Gefangennahme angefertigt hat, liegt aufgeschlagen auf dem Tisch. Ich erkenne die Akte an den Fotos meiner Brüder, die man mir abgenommen hat, wohl weil sie in Soldatenuniform sind.

Fragen werden vom Dolmetscher gestellt. Fragen zur Herkunft, Beruf, wie groß der Bauernhof meiner Eltern war, ob wir Fremdarbeiter beschäftigt haben, Parteizugehörigkeit, auch die der Familienangehörigen, — alles Fragen, die ich schon in Karthaus beantwortet habe. Schließlich werde ich sogar gefragt, ob ich von Sowjetsoldaten vergewaltigt worden bin.

Dann bin ich entlassen.

Eine kleine Sensation gibt es eines Morgens bei der Prowerka: wir bekommen Postkarten in die Hand gedrückt, wir dürfen nach Hause schreiben. Was sind wir alle aufgeregt! Schreiben — aber wohin? Wir haben ja keine Anschrift von unseren Angehörigen, wir wissen nicht, wo sie sich befinden. Wir schreiben an Verwandte, von denen wir annehmen, daß sie nicht geflüchtet sind.

Alle Aufregung war umsonst: Nach etlichen Tagen werden die Karten zerrissen, auf einem Abfallhaufen gesichtet.

In den folgenden Tagen verlassen mehrere Lastwagen, voll mit Frauen beladen, das Lager. Es heißt, sie werden auf Kolchosen zur Feldarbeit gebracht.

Nun ist anscheinend auch für unsere Baracke der Zeitpunkt dafür gekommen: Wir müssen zur ärztlichen Untersuchung und werden zur Banja hinbeordert. Nackt müssen wir in einen Nebenraum hineinmarschieren, vorbei an einen Tisch, an dem mehrere Offiziere sitzen. Jeder muß seinen Namen sagen, wird kurz vom Arzt gemustert. Der gibt den Offizieren die Gruppe an, zu dem der Gemusterte gehört. „Dwa — tri — schetiri —" zwei, drei, vier. Zur Gruppe vier gehören die 50- bis 60jährigen Frauen oder ganz schwache. Ich komme zur

Gruppe drei. Jeder von uns erhält noch eine Spritze zwischen die Schulterblätter, dann dürfen wir uns anziehen.

Am anderen Tag müssen alle aus unserer Baracke, die zur Gruppe zwei und drei gehören, mit ihrem Gepäck — soweit vorhanden — antreten. Namen werden aufgerufen, das Gepäck durchwühlt. Wonach die wohl immer noch suchen? Unser Gepäck ist seit der Gefangennahme schon mindestens zehnmal durchsucht. Alle scharfen Gegenstände wurden fortgenommen, auch so manches, was einem Posten für sich nützlich erschien, verschwand auf Nimmerwiedersehen.

Es geht weiter!

Vor dem Lagertor stehen vier Lkw, wir steigen auf. Dicht gedrängt sitzen wir auf der Ladefläche. Gott sei Dank ist Hildchen E. bei mir und noch einige Mädels, die wir schon sehr gut kennen. Wir fahren los, den Weg zurück durch den Wald, den wir bei unserer Ankunft gegangen sind, kommen zur Stadt Schadrinsk. Das ist also eine russische Stadt! Etliche Kilometer fahren wir auf schnurgeraden, unbefestigten Straßen, nur an kleine Holzhäuschen vorbei. Russen bleiben stehen und sehen uns staunend nach. Dann kommmen wir zur Stadtmitte, hier gibt es einige zweistöckige Häuser, aber nirgends sehen wir auch nur ein Schaufenster! In der Stadt müßten doch Kaufläden sein! Nichts zu entdecken. Zwar stehen über einigen Türen Schilder, aber die können wir ja nicht lesen. Wir überqueren einen größeren Fluß, an dem Frauen ihre Wäsche waschen, und dann führt die Straße durch große Felder, hin und wieder von einem Waldstück durchbrochen. Kein Dorf ist zu sehen, nur Felder, Felder, weites, ebenes Land.

Nach einer Weile, vielleicht sind es zwei Stunden, kommen wir endlich in ein Dorf. Die Wagen halten. Um den Dorfplatz stehen armselige Holzhütten, in der Mitte des Platzes ist ein riesiger Ziehbrunnen. Kinder kommen angelaufen, die Köpfe der Jungs sind kahlgeschoren. Sie gaffen uns an. Ein Junge ruft:

„Njemtse — Njemtse — Chitler kapuut!", und die anderen Kinder kichern.

Aus einem Haus, das größer ist als die anderen Häuser, kommt eine Russenfrau, zusammen mit einem kleinen Mann, der eine Lederjacke und Gummistiefel an hat. Er hat ein richtiges „Nußknackergesicht" — da brauchen wir nicht lange nach einem Spitznamen für ihn zu suchen, es ist der „Nußknacker". (Wie wir bald erfahren, ist es der „Natschalnik", der Direktor der Sowchose). Er ruft nach der Starscha. Unsere Baracken-Starscha Marianka ist aus dem Lager mitgekommen, sie geht zum Nußknacker und spricht mit ihm. Daraufhin dürfen wir alle ins Haus, es ist die russische „Stalowija" (Küche) und bekommen eine Graupensuppe, die uns nach der täglichen Kohlsuppe im Waldlager köstlich schmeckt.

Nach dem Essen marschieren wir ab ins Lager. Wir sind sehr gespannt darauf. Als wir aus dem Dorf kommen, sehen wir schon, etwa 200 Meter entfernt, ein rotes, langgestrecktes Gebäude, das mit einem Stacheldrahtzaun umgeben ist. Das ist es also. — Das Gebäude könnte, den kleinen Fenstern nach zu urteilen, mal ein Stall gewesen sein.

Am Lagertor stehen zwei russische Posten mit umgehängtem Gewehr, jedoch sind keine Wachtürme an den vier Ecken des eingezäunten Lagers zu sehen.

Ein Offizier und die deutsche Lagerkommandantin Ulla empfangen uns, wir dürfen gleich in die Baracke und suchen uns unsere Liegestätte. Auch hier sind durchgehende Pritschen, die Liegefläche besteht allerdings aus glatten Brettern, worüber wir uns freuen. Ein großer Teil davon ist schon mit Sachen von Frauen belegt, die vor uns aus dem großen Waldlager hierher gebracht worden sind. Sie sind zur Feldarbeit, wie wir von den Frauen, die Lagerdienst haben, erfahren.

Der große Raum ist recht hell, aber innen ist eine stickige Luft und heiß. Bei der Prowerka am Abend erfahren wir, daß hier vierhundert Frauen untergebracht sind. Acht Männer, die auch vom Waldlager gekommen sind, haben einen extra Raum für sich. Sie sind dabei, eine Küche für das Lager zu bauen. Bis sie fertig ist, bekommen wir unser Essen aus der russischen Küche. Allerdings ist eine „Teeküche“ vorhanden, aus der wir uns abgekochtes Wasser zum Trinken holen dürfen. Das Wasser wird mit einem Wasserwagen aus dem Dorfbrunnen herangeholt. Die Arbeit verrichtet ein älterer Mann aus dem Lager, wir nennen ihn nur den „Opa“.

Am anderen Tag ist unser erster Arbeitseinsatz. Die Sonne ist noch gar nicht aufgegangen, da werden wir schon geweckt und müssen antreten. Wir werden gezählt und in Brigaden eingeteilt. Brigadeurinnen werden ernannt; wieder sind es Polenmädchen. Unsere Brigadeurin heißt „Zita“ und ist meine Bettnachbarin zur Linken. Auf der anderen Seite hat Hildchen E. ihren Platz. Zu unserer Brigade zählen 30 Frauen. Ein Posten führt uns zu einer Gärtnerei, wo wir Unkraut jäten müssen. Der Posten ist recht gutmütig, er versucht sogar, mit uns zu scherzen. Sein volles, rosiges Gesicht mit kleinen, blaßblauen Augen erinnert uns an ein Schweinchen, und schon haben wir einen Namen für ihn: „Schweinekopf.“ Wenn der das wüßte — er würde dann wohl weniger freundlich zu uns sein.

Ein paar Tage sind wir in der Gärtnerei, dann werden wir zum Rübenpflanzen eingesetzt. Unsere Brigade muß die gesetzten Pflanzen mit Wasser angießen. Das Wasser dafür holen wir in Eimern aus einem Bach, der in ca. 200 Meter Entfernung vorbeifließt. Das Feld ist beinahe unübersehbar. Vierzehn Tage lang schleppen wir Wasser, die Sonne brennt, die Mücken peinigen uns. Viele Frauen haben offene Beine, sie werden von der russischen Lagerärztin unbarmherzig aufs Feld hinausgeschickt; bei ihr gilt nur derjenige als krank, der mindestens 39 Grad Fieber hat. Der darf dann in der Baracke bleiben oder wird, wenn Verdacht auf eine ansteckende Krankheit besteht, in eine kleine Krankenstube gebracht. Die Lagerärztin hat im Krieg ein Bein verloren und trägt eine Holzprothese. Von weitem schon hört man sie kommen, ihr Holzbein quietscht bei jedem Schritt.

Während einer Reihenuntersuchung (immer anwesend mehrere Offiziere, zwei Wachsoldaten — wir nackt) kreischt die Ärztin auf, als sie meinen Namen hört: „Huch — Miischka, — Miischka!" „Müschka" bedeutet „Mäuschen", und ich heiße „Mischke". Von nun an kreischt sie stets, wenn sie mich sieht „Miiischka", „Miischka" oder klopft mir derb auf die Schulter und fragt: „Na, kak djela Mischka?" (Wie geht's?)

Wir haben einen freien Tag und werden zum Kleiderempfang beordert. Gott sei Dank, wir erhalten Kleidung! Viele Frauen haben keine Kleider zum Wechseln und dementsprechend sehen sie aus. Jedoch als wir sehen, was wir da anziehen sollen, sind wir entsetzt. Zusammengeworfen auf einem Haufen liegen zerknautscht, zerrissen, dreckig Hosen und Hemden, wie die russischen Soldaten sie tragen. Viele der Sachen weisen große Blutflecken auf, Einschüsse sind zu erkennen.

„Das sind ja Sachen von gefallenen oder verwundeten russischen Soldaten." „Son Mist sollen wir anziehen?" „Die sollen sich die Sachen sonst wo hinstecken", so schreit alles durcheinander.

Ja, wenn wir wenigstens Wasser hätten, um die Sachen auszuwaschen, aber wir haben ja nicht einmal Wasser, um uns zu waschen. Wir waschen uns am Tag im Bach am Feld. So sieht man am anderen Tag bei der Prowerka ein völlig neues Bild. Ja, es ist, als ständen da ganz andere Leute. Es fehlen nur die kahlgeschorenen Köpfe, dann würde niemand mehr erkennen, daß wir deutsche Frauen sind. Ich habe meine Hose und Hemd zusammengelegt und sie am Kopfende des Bettes verstaut. Vielleicht ergibt sich doch mal eine Gelegenheit, das Zeug auszuwaschen.

Es ist erstaunlich: hier in diesem abgelegenen Kolchosendorf gibt es eine Banja! Von außen sieht sie aus wie eine Blockhütte. Innen stehen große, mit dampfendem Wasser gefüllte Tröge, um die wir uns nackend drängen. Jeder möchte das erste, frische Wasser benutzen, die Nachfolgenden waschen sich in schon reichlich trübem Wasser. An zwei anderen Trögen dürfen wir uns die Haare waschen, eine Russenfrau stellt uns einen Kübel mit Asche hin. Sie bedeutet uns, damit die Haare zu waschen.

„Na, die spinnt doch wohl“, entrüstet sich Erna und fährt mit den Fingern durch die Asche.

„Aber versuchen wir's doch mal“, meine ich, „die Russen haben das bestimmt schon ausprobiert. Was soll's schon schaden.“ Ich feuchte mein Haar an, nehme eine gute Hand voll Asche und verteile sie im Haar. Siehe da, es ist gar nicht unangenehm und schäumt sogar ganz leicht. Auch die anderen Frauen bedienen sich jetzt der Asche, und unter Herumalbern beenden wir die Haarwäsche. Wir empfangen unsere Kleider, die inzwischen zur Entlausung waren, ziehen uns an und werden in das Lager zurückgebracht. Als die Haare trocken sind, fühlen sie sich angenehm weich an.

Die Kolchose ist, wie wir erfahren, eine „Sowchose“. Der Unterschied hierzu: Die Kolchose ist eine Art Betriebs-Genossenschaft, und die Arbeiter werden mit Produkten aus dem erwirtschafteten Ertrag entlohnt. Auch hat jeder von den Kolchosbauern ein kleines Stück Land zur Verfügung, das sie nach eigenem Ermessen beackern dürfen. Damit fahren dann die Bauern zur nächsten Stadt und verkaufen ihre Produkte auf dem Markt. Die Sowchose ist ein Staatsgut, und hier werden die Arbeiter in Geld entlohnt. Sie bekommen auch nur ihre tägliche Brotration, wenn sie ihre Arbeitsnorm erfüllt haben. Mit diesen Drohungen des Brotentzugs hielt man auch uns ständig zur schnelleren Arbeit an. Die Leute hier sind augenscheinlich sehr arm, wie man aus der Kleidung und den Behausungen schließen muß. Jedoch haben sehr viele eine Kuh, die sie unmittelbar an ihrer dürftigen Hütte in einem Verschlag stehen haben. Morgens treibt ein Hütejunge die Kühe vom ganzen Dorf auf die Weide, und am Abend, wenn wir von der Arbeit kommen, treibt er sie zurück, dann können wir immer ein Schauspiel besonderer Art verfolgen: Da kommen die Besitzer, meist Frauen, der Tiere und rufen die Namen ihrer Kühe. In Stimmlagen vom hohen Diskant bis zum Baß hört man dann: „Dussia — Dussia — Dussia“, „Minka — Minka — Minka“, „Tamara — Tamara — Tamara“, und folgsam trotten die Tiere zu ihrer Herrin.

Am anderen Ende des Dorfes können wir zum ersten Mal sehen, daß Menschen in Erdhöhlen wohnen.

Ich durfte so eine Behausung einmal von innen sehen, als mich der Posten hineinschickte, um eine Frau zur Arbeit abzuholen.

Ein paar Stufen führen steil hinab, ich muß mich bücken, um durch die kleine Tür zu gelangen. Rechter Hand ist ein Verschlag, der mit Reisig abgedeckt ist, in dem eine Kuh steht. In dem Raum ist es fast dunkel, ich sehe kein Fenster. Eine kleine Kerosinlampe gibt ein wenig Licht. Ich erkenne in einer Ecke eine Lagerstatt auf der Erde, an der gegenüberliegenden Seite steht ein eiserner Herd, daneben ein Holztisch mit zwei Stühlen. Die Wände sind mit Lehm ausgekleidet, zwischendurch ist noch das Reisig zu erkennen, das wohl dem Lehm den Halt gibt. Als ich wieder draußen bin, schaue ich mir das, was man wohl „Dach“ nennen könnte, an: Anscheinend ist hier noch Stroh oder Kuhdung über dem Reisig gepackt worden, wie man an heraushängenden Strohhalmen erkennen kann. Das ganze Dach ist mit Erde abgedeckt, Gras grünt darauf.

Der Hunger wird immer quälender. Wir essen, wenn es von den Russen niemand sieht, junge Rübenpflanzen.

Unsere Arbeitszeit ist von Sonnenauf- bis Sonnenuntergang, nur unterbrochen von einer dreistündigen Mittagspause. Wir dürfen in dieser Zeit zur Baracke zurück und ruhen, nachdem wir zuvor in der „Stolowja“ unser Frühstück, Graupensuppe, erhalten haben. Mücken und die Hitze, die in unserer Baracke herrscht, lassen uns jedoch nicht schlafen. Unsere Beine, Arme und Rücken sind von Mückenstichen übersät, viele Frauen haben, durch das Kratzen, offene Wunden an den Beinen. Nach der Mittagspause erhalten wir unser Brot und dünnen Tee, morgens und abends nichts. Die Lagerkommandantin Ulla gibt bekannt, daß in einigen Tagen unsere Lagerküche fertig ist, dann soll sich alles ändern mit dem Essen. Na, hoffentlich!

Es ändert sich dann tatsächlich einiges: Statt um drei Uhr aufzustehen, brauchen wir jetzt erst um sechs Uhr aufstehen und bekommen morgens aus unserer Küche Sauerkohlsuppe, die anscheinend mit Fisch gekocht ist, wie es einzelne in der

Suppe schwimmende Gräten vermuten lassen. Kartoffeln sind keine in der Suppe. Wir haben auch früher Feierabend, dafür fällt die Mittagspause natürlich fort. Abends gibt es wieder Kohlsuppe und unser Brot.

Die schwere Arbeit des Wasserschleppens ist beendet. Wir stechen jetzt Disteln, in breiter Kolonne, auf einem schier unübersehbaren Getreidefeld. Des öfteren gibt es einen heftigen Regenguß. Wir sind dann total durchnäßt, und in unserer Baracke ist deshalb auch oft ein unerträglicher Gestank von den schmutzigen, nassen Kleidern.

In der Lagerküche

„Ist hier eine Frau, die ‚Mischka' heißt", rußt eines Morgens bei der Prowerka die Küchenstarscha Anni B.

Mischka? Es meldet sich niemand. Ob ich das etwa sein soll?

„Ich heiße Mischke, meinst du vielleicht mich?"

„Ja, das kann schon sein — wenn sich niemand anders meldet, wirst du das wohl sein."

„Was soll ich denn?"

„Du sollst zu mir in die Küche als Hilfe kommen, kannst gleich anfangen."

„Wie kommst du gerade auf mich?", frage ich erstaunt.

„Na, dreimal darfst du raten", lacht Anni.

Über den Lagerhof sehe ich unsere Ärztin ankommen, ihr Holzbein quietscht vernehmlich. Sie lacht über das ganze Gesicht und ruft:

„Na, Mischka, dawai — dawai na Kuchnaja — dawai!"

Nun verstehe ich. Es ist schon kurios. Meinem Namen habe ich zu verdanken, daß ich von nun an in der Küche arbeiten darf.

Mein Tagesablauf sieht jetzt anders aus, alle anfallenden Arbeiten, die eine Küche erfordert, vom Waschen der Blechteller über Fische (eingesalzene) schneiden bis hin zum Feuermachen verrichte ich. Das Feuermachen ist nicht so einfach. Wir haben nur frisch gehauenes Erlenholz, ganz grün, und Birkenrinde zum Anzünden. Streichhölzer sind Mangelware. Doch erstaunlicherweise bekommen wir immer unser Feuer in Gang, mal geht es rascher, mal dauert es länger. Dann kommt es vor, daß die Suppe noch nicht einmal gekocht hat, wenn die Frauen zum Essen kommen, und die Suppe wird trotzdem ausgegeben.

Das wichtigste an meinem Küchendienst aber ist, daß ich mich jetzt sattessen könnte. Ja, könnte! Wenn ich noch überhaupt ein Sattgefühl verspüren würde! Ich verputze meine Brotration von 600 Gramm, drei Teller Kohlsuppe und noch Essensreste, die ich aus den Räumen der Offiziere und Wachmannschaften abräume. Kein Sattgefühl stellt sich ein.

Anni, die Küchenstarscha, will sich ausschütten vor Lachen, als sie meinen hervorquellenden Magen sieht:

„Mensch Hilde, du siehst ja aus wie eine tragende Lerche!"

„So? — Und du wirst noch mehr lachen, wenn ich dir sage, daß ich noch mehr essen könnte!“

„Aber das ist doch nicht möglich!“

„Ja, du hast recht, es ist nicht möglich, weil ich nämlich nuscht mehr reinkriej’ in meinem Bauch! Aber ich hab’ noch Hunger.“

„Das versteh’ ich nicht“, schüttelt Anni den Kopf.

„Na wart’ man ab, vielleicht kommst auch noch dahin, daß du immer Hunger haben wirst. Ewig wirst ja auch nicht in der Küche bleiben.“

(Schon in einem halben Jahr sah für sie alles anders aus, und sie hungerte wie alle anderen von uns.)

Eines Tages beordert mich der eine Offizier — wir nennen ihn „Puppenaugust“ seiner hübschen Schlafpuppenaugen wegen —dazu, den Offizieren und Mannschaften das Essen zu servieren. Wir kochen nämlich auch für diese. Dazu verwenden wir amerikanische Fleischbüchsen, die extra für das Wachpersonal angeliefert werden. Aber eintönig bleibt auch für sie das Essen, obwohl für sie Kartoffeln vorhanden sind.

Die Räume der Russen befinden sich außerhalb des Lagers in einem Anbau der Baracke. Ich muß, das schwere Tablett in der Hand haltend, außen herum um den Zaun gehen und mich beeilen, damit das Essen nicht kalt wird.

Es ist erstaunlich, wie höflich sich die Offiziere benehmen: Liegt z. B. ein Offizier auf dem Bett, wenn ich nach dem Anklopfen eintrete, so springt er sofort auf, nimmt mir das schwere Tablett aus der Hand und bedankt sich mit einer leichten Verbeugung.

Mitte Juli gibt es keinen Sauerkohl mehr, dafür wird aus den Graupen, woraus es sonst den Kascha gab, Suppe gekocht. Ein gehäufter Teller Graupenkörner, um Suppe für ca. 400 Menschen zu kochen. Die Suppe fällt dementsprechend dünn aus. Dazu noch mit dem üblichen Salzfisch gekocht, ist sie nicht gerade eine Delikatesse.

Eines Tages bringen ein paar Frauen von ihrem auswärtigen Arbeitseinsatz Brennessel mit. Wir beschließen, zur Probe Brennesselsuppe zu kochen. Die Lagerärztin und die Offiziere sind von dieser Idee so begeistert, daß jetzt jeden Tag ein paar Frauen, unter Bewachung, Brennessel pflücken gehen müssen. Nun gibt es morgens und mittags Brennesselsuppe, mittags hinterher Graupenkascha. Brennesselsuppe mit Salzfisch!

Unsere Küche kann man nicht gerade komfortabel nennen. Sie besteht nur aus zwei großen Kesseln (für die Suppe), einer Herdplatte, auf der das Essen für die Russen und der Kascha gekocht wird, einem rohen Holztisch und einer Bank. Daneben befindet sich die Klappe für die Essenausgabe. Die Küche ist nur von zwei Seiten durch eine Holzwand geschützt, oben mit einem dünnen Holzdach, das bei Regen undicht ist. Vor der Essenausgabe-Klappe, auf der anderen Seite, stehen ein paar Reihen roh zusammengezimmerter Holztische mit Bänken davor, es sind die Eßplätze der Lagerinsassen. Unter freiem Himmel. Wenn es regnet, nimmt jeder seinen Teller in die Baracke mit.

Den ganzen Sommer über darf ich in der Küche bleiben. Außer mir arbeiten hier noch vier Frauen: Frau Will, Evchen, Kätchen und Anni, die Küchenstarscha. Weil sie gut russisch spricht, ist sie zur „Starscha" ernannt worden. Sie ist allerdings keine Polin, sie hat die Sprache von einem russischen Kriegsgefangenen erlernt, der auf dem elterlichen Bauernhof gearbeitet hat. Obwohl sie erst 21 Jahre alt ist, ist sie der Aufgabe als Küchenchefin gut gewachsen. Allerdings ist es ja auch nicht allzu schwierig, denn wir können ja nur das kochen, was wir an Produkten erhalten. Was für die Russen gekocht wird, bestimmt die Lagerärztin.

Ulla, das Biest

Unsere Lagerkommandantin Ulla ist ein Biest! Falsch und raffiniert. Bei uns versucht sie den Eindruck zu erwecken, als hätte sie unser aller Wohl im Sinn, und bei den Offizieren macht sie sich „Liebkind“, wo es nur geht. Verteufelt hübsch sieht sie aus mit ihrer zierlichen, tadellosen Figur und den brünetten Naturlocken. So ist es auch kein Wunder, daß der Offizier „Puppenaugust“ an ihr Gefallen findet; man kann die beiden des öfteren umarmt über den Lagerhof gehen sehen, sich verliebt anschauend. Eines Tages bittet mich Ulla mit schmeichlerischen Worten, ihr doch meine Seidenstrümpfe zu leihen, „Puppenaugust“ hätte sie zu einem Spaziergang außerhalb des Lagers eingeladen. Ich will sie ihr nur ungern geben, aber sie schafft es, mich zu überreden. (Woher sie von meinen Strümpfen weiß, erfahre ich später, als eine Frau sie beim Durchwühlen des Gepäckes gesehen hat, als alle zur Arbeit waren.)

Als ich am anderen Tag die Strümpfe zurückverlange, behauptet sie, die Strümpfe seien ihr in der Nacht gestohlen worden. Sie hat sogar die Frechheit, dieses den Offizieren zu melden. Die Folge davon ist, daß abends das gesamte Lager mit Gepäck antreten muß, und die Posten durchwühlen es. Sie finden keine Strümpfe. Puppenaugust sagt etwas mit wütender Stimme, Ulla übersetzt es:

„Ihr werdet jetzt so lange hier draußen stehen bleiben, bis sich der Dieb meldet.“ Natürlich meldete sich niemand — es konnte sich niemand melden: Ulla hatte die Strümpfe für sich behalten, sie hat sie noch oft getragen. Als ich ihr auf den Kopf zusagte, daß dies meine Strümpfe wären, bekam ich von ihr zur Antwort, daß sie die Strümpfe von der Dora S. bekommen habe. Dora war kurz zuvor mit einigen anderen Frauen in ein anderes Lager gekommen. Und dafür hatten wir eine halbe Nacht lang, bis nach Mitternacht, frierend draußen gestanden.

Mein Aufenthalt in der Küche ist jäh beendet, als der deutsche Lagerarzt, der neu gekommen war, nach einer Untersuchung, die immer im Anschluß an einen Banjabesuch erfolgte, feststellt, daß ich die Krätze habe.

Schon seit einiger Zeit plagt mich, wie die meisten der Frauen, ein unerträgliches Hautjucken, aber außerdem habe ich an den Händen und Ellbogen kleine Bläschen, die höllisch brennen, besonders wenn ich den Fisch aus der Salzlake greifen muß.

Zunächst will ich es nicht glauben und bin wütend, — ich soll die Krätze haben! Das ist ja lachhaft. Der neue Arzt will bestimmt nur seine Freundin in die Küche schleusen, die er sich gleich hier im Lager angeschafft hat.

Aber was hilft's, die Anordnung des Arztes gilt.

Es ist Ende September, aber immer sind noch nicht alle Getreidefelder abgeerntet. Die Luft ist schon empfindlich kühl geworden, Nachtfröste haben eingesetzt.

Die Natur Sibiriens bietet sich jetzt in ihrer ganzen Pracht dar: Hinter unendlich weit erscheinenden Feldern leuchten in bunten Farben Laubwälder, von der milden Herbstsonne beschienen. Inmitten der Felder steht gänzlich unmotiviert immer wieder Erlengestrüpp mit jungen Birken dazwischen, auch in ihrem herbstlichen Kleid prangend. Es ist, als wolle die Natur uns entschädigen für das, was uns an anderen Bedürfnissen fehlt. Wie gut, daß man sich noch den Sinn dafür bewahrt hat, dies alles wahrzunehmen.

Wir dürfen endlich bei der Kartoffelernte mithelfen. Obwohl die Finger steif von der Kälte sind, sind wir bester Stimmung: Wir dürfen das Kartoffelkraut verbrennen und natürlich schmoren in den Feuern die schönsten Kartoffeln. Welch eine Köstlichkeit! Jedoch bekommt jetzt auch unsere Küche schon Kartoffeln, dazu noch jungen, zarten Kohl. Seit einiger Zeit gibt es keinen Salzfisch mehr, dafür schwimmen einzelne Fettaugen auf der Suppe. Sonnenblumenöl, wie Anni mir sagte. Von Anni oder Frau Will, die das Essen ausgeben, bin ich sowieso immer ein wenig begünstigt: Beim Einschöpfen greift die Kelle immer tief nach unten in den Kübel, wo das Dicke enthalten ist.

In der Baracke ist es mittlerweile empfindlich kalt geworden. Gott sei Dank sind schon die meisten der Frauen in andere Lager gebracht worden, so daß wir jetzt in einem kleineren Raum, in dem vorher die Wachmannschaften waren, hausen. Ein Posten ist noch da, er hat die Krankenstube bezogen. Auf das Feld gehen wir ohne Bewachung. Wir sind nur noch etwa dreißig Frauen. Frauen, die noch etwas Zivilkleidung haben, um sich vor der immer mehr zunehmenden Kälte schützen zu können. Gekocht wird auch nicht mehr in großen Kesseln. Nur Anni und Frau Will kochen für uns in der ehemaligen Teeküche, die sich innerhalb der Baracke befindet.

So kommt von hier aus wenigstens etwas Wärme in unseren Raum.

Lagerleben

Leider ist auch meine Freundin und Bettnachbarin Hildchen E. in ein anderes Lager gebracht worden. Zwei Jahre später hörte ich von einem anderen Mädel, Gerda E., sie war mit ihr im Lager Kurgan zusammen und sogar mit ihr befreundet gewesen. Gerda erzählte mir, daß Hildchen des öfteren gesagt hat: „Ach wie schade, daß ich nicht mehr mit Hildchen Mischke zusammen bin, sie hat es immer wieder verstanden, mir Mut zu machen und mich aufzumuntern." „Richtig eifersüchtig war ich manchmal auf dich", sagte Gerda. Wenn ich heute so nachdenke, muß ich sagen: Ja, ich habe wirklich oft dazu beigetragen, die Stimmung, wenn sie auf den Nullpunkt abgesunken war, zu verbessern. Und sei es nur, daß ich ein Lied anstimmte, das dann alle mitsangen. Zu gern aber heckte ich irgendwelchen Schabernack aus, der immer etwas zum Lachen gab.

Gern erinnere ich mich an einen bunten Abend, den wir im August auf der Kolchose gemacht haben. Da war z. B. der „Große Fritz" und der „Kleine Fritz", ein originelles Gespann. Wo der eine war, war auch der andere, sie waren für alle möglichen Reparaturen im Lager zuständig und sorgten auch für den Holzvorrat für die Küche. Die beiden hatten sich eine „Teufelsgeige" gebastelt, oder wie man auch dazu sagt, ein „Brummbaß" oder „Schrummbaß". An einem Holzstiel hatten sie unten eine Blechbüchse montiert, noch klappernde Eisenteile daran befestigt und darüber, bis zum Ende des Stieles, zwei Drähte gespannt. Die beiden waren die Stars des Abends: Sie sangen, stukten den Baß im Rhythmus auf die Erde, und Fritz strich noch dazu mit einem Holzscheit über die Drahtsaiten. Man sollte nicht glauben, was das Ding für einen Krach macht. Dazu sangen wir alle kräftig mit, besonders den Refrain, wenn die beiden sangen:

„Fängt das schöne Frühjahr an,
fangen alle Frauen mit dem Flohfang an."
Und alle: „Oh oh oh du armer Floh,
hast sechs Beene und du hopst noch so."
Oder:
„In unserm ganzen Haus Familie
ist jeder ein Musikgenie.
Wir spielten täglich ohne Noten
die allerschönsten Melodien.

Mama, die spielt die Flöte,
Violin der Herr Papa,
und Tante die Trompete,
Posaun die Omama ..."
dann alle „Ssta s wta trallala ...

Lagerkommandantin Ulla legte einen perfekten Krakowiak hin; zwar nur auf den festgetretenen Erdboden des Lagerhofes, aber es war doch ungemein wirkungsvoll. Wir sangen, klatschten, die Teufelsgeige rasselte den Takt dazu: „Dobsche dobsche tralla, Violinchen is sich Draht kaputt", es war die richtige Krakowiak-Melodie.

Frau Will hatte mich dazu angestiftet, eine Einlage zu bringen: „Hildchen, du hast doch schauspielerisches Talent, dazu noch einen Koffer. Ist alles, was du dazu brauchst ..." Und sie sagte, was ich zu tun hätte.

Mein Auftritt kam. Ich hatte mein bestes Kleid angezogen, trat, den Koffer in der Hand haltend, auf den Platz, der die Bühne darstellen sollte. Stellte den Koffer hin und sagte: „Der Koffer. Vorgetragen von Hilde Mischke ..." Wiederholte, etwas verlegen, noch einmal das Gleiche.

Dann räuspernd, ein wenig stotternd, nochmals das Gleiche. Die Leute fingen an zu kichern. Ich sah mich ratlos um und tat, als wäre mir das Weinen nahe. Nochmals: „Der Koffer, vorgetragen von Hilde Mischke." Der Offizier und Posten schenkten mir mitleidige Blicke.

Dann, entschlossen den Koffer in die Hand nehmend: „Der Koffer. Weggetragen von Hilde Mischke."

Das ganze Lager johlte. Nur die Russen schauten ratlos drein. Ulla übersetzte es ihnen, und nun fingen sie an, lauthals zu lachen.

In den folgenden Tagen bekam ich immer wieder, manchmal über den ganzen Hof gebrüllt, zu hören „Der Koffer! Wo hast dein' Koffer?!" Über Nacht war ich „berühmt" geworden!

Wenn ein deutscher Bauer sehen würde, wie die Russen bei der Rübenernte verfahren, ihm würde das Herz bluten! Der Traktor fährt, mehrere Pflugscharen hinter sich herziehend, durch das Feld, die Hälfte der Rüben werden so untergebuddelt. Nur was oben raussteckt, ziehen wir hervor und schichten sie zu großen Haufen, die am anderen Morgen bereits gefroren sind. Wir haben auch nicht erlebt, daß die Rüben in

Mieten oder Silos gebracht worden sind: Als wir, Anfang November, auf Lkw's zum Lager Schadrinsk abtransportiert werden und an dem Feld vorbeikommen, sehen wir unter dem Schnee die Rübenhügel liegen.

Im Lager Schadrinsk

Unser Lager ist ein ehemaliges Strafgefangenenlager der Russen. Umgeben von einem hohen Bretterzaun, an den vier Ecken die üblichen Wachtürme aufweisend, die aber nicht besetzt sind, liegt es dicht am Wald. An dem Wald, durch den wir bei unserer Ankunft im April zu unserem Waldlager gegangen sind. Wir sehen später auch das Gleis, auf dem unser Zug angekommen war, es führt dicht am Lager vorbei.

Als wir das Lagertor, neben dem sich die Kommandantur befindet, passiert haben, schauen wir uns neugierig um: Mit den Giebeln zum Tor stehen zwei lange weißgetünchte Baracken, die Wände scheinen massiv zu sein. An der gegenüberliegenden Seite des Tores befindet sich die Küchenbaracke, so daß zwischen diesen Gebäuden ein großer, rechteckiger Innenhof ist. Von einem deutschen Mann, der sich als der Lagerkommandant Alex erweist, bekommen wir unsere Baracke zugewiesen, d. h. keine ganze Baracke, sondern einen Raum in der rechten Baracke. Die Baracken haben mehrere Räume. Die anderen sind schon alle belegt; einige von Frauen, die sofort aus dem Waldlager nach hier gekommen sind, andere kamen von unserer Kolchose.

Zur Baracke führen einige Stufen hinauf und erfreut registrieren wir, daß wir sogar Fenster in dem Raum haben. Sie sind von einer dicken Eisschicht überzogen. Und — oh Wunder, uns empfängt elektrisches Licht, das Alex uns anknipst. Elektrisches Licht! Wie ein Weltwunder bestaunen wir die nackte Glühbirne. „Mensch, — hier sind ja auch richtige Betten drin", rufen wir fast alle gleichzeitig. Vier Liegestellen bilden immer ein Bett, zwei unten und zwei oben. Natürlich sind es nur rohe Bretter und auch kein Strohsack darauf, aber wir sehen es als richtige Betten an. Schnell sind die oberen Plätze belegt. Ich habe etwas gebummelt und muß mich mit einem der unteren Plätze begnügen. Neben mir hat Edith ihren Platz belegt, mit der ich zusammenhalte seit Hildchen E. fort ist.

Aber kalt ist es hier drin! Ein großer Ofen aus Schamottesteinen steht hier zwar im Raum, aber er ist nicht geheizt. Wir sind alle so durchgefroren von der langen Fahrt auf dem offenen Lkw und erwägen, ob wir uns vielleicht in einer anderen Baracke aufwärmen könnten.

Da kommt Alex in die Baracke und mit ihm — ja wer ist denn das? Das ist doch Ulla! Obwohl xmal von uns verflucht auf der Kolchose, begrüßen wir sie jetzt freudig. Sie war schon vorher mit einem der Transporte abgefahren, und wir ahnten nicht, daß wir sie hier wiedersehen würden. Sie war Alex zur Unterstützung zugeteilt worden vom russischen Natschalnik.

„Ihr könnt jetzt alle zur Kommandantur kommen und euch Wintersachen holen“, ruft Alex.

„Wintersachen? Was bekommen wir denn da?“, will ich wissen. „Na, ihr werdet schon sehen, geht man gleich hin“, erwidert Alex.

Wir beeilen uns, zur Kommandantur zu laufen, jeder will der erste sein, um sich vielleicht das Beste auszusuchen. Doch da gibt es nicht viel auszusuchen, alles ist gleich schlecht: Wattejacken und -hosen dreckig, ölig, zerrissen. Filzstiefel in Riesengrößen, die Wattemützen innen speckig. Jedoch was hilft das Schimpfen, wir ziehen die Sachen an; vielleicht hilft es etwas gegen die Kälte.

Wir fragen Ulla, ob wir nicht etwas Heizmaterial bekommen können.

„Morgen früh könnt ihr welchen bekommen. Geht zu Niels in die Männerbaracke, der gibt den Torf aus. Aber ich sag' euch gleich, viel gibt es nicht.“

„Na, etwas wird es schon nützen“, denken wir.

Ulla sagt noch: „Ich habe in der Küche Bescheid gesagt, daß sie euch noch heißen Tee ausgeben sollen. Geht man gleich alle hin.“

Wunderbar, daß „unsere“ Ulla daran gedacht hat. So holen wir uns aus der Baracke unsere Blechbüchsen und lassen uns Tee geben. Wir schlürfen ihn gleich im Speisesaal, hier ist es nicht so kalt. Ein wenig erwärmt gehen wir wieder in unsere kalte Baracke, uns auf den geheizten Ofen am nächsten Tag freuend.

Es wird für uns alle eine lange, schlaflose Nacht. Alle haben wir unsere Wattesachen angezogen und legen uns hin. Wir frieren. Wir ziehen die Wattesachen aus und decken uns damit zu. Wir frieren. Wir ziehen die Filzstiefel an und hoffen, daß wir dann wenigstens warme Füße bekommen werden. Dann kriechen wir mit unserer Bettnachbarin in einem Bett zusammen, decken uns doppelt mit den Wattesachen zu und denken, uns so gegenseitig zu wärmen. Es hilft nichts, der Frost findet unsere Körper. Wir sind dem Weinen nahe. Einer nach dem anderen steht auf, zieht seine Wattesachen wieder an, und so wandern wir, händereibend, mit den Armen uns warm schlagend, den Füßen stampfend, im Mittelgang zwischen den Betten auf und ab. Die ganze Nacht. Endlich, es ist noch dunkel draußen, ertönt das Weckzeichen. Alex weckt alle, indem er mit einem Stück Eisen auf ein hängendes Stück Eisenträger einschlägt. Ebenso ruft er, etwa eine halbe Stunde später, die Brigaden zum Arbeitsantritt.

In der Küche empfangen wir unsere heiß ersehnte Kohlsuppe und löffeln sie gierig aus den stabilen Blechtellern. Dann gehen drei Mädels von uns nach Torf und kommen mit einem Arm voll zurück.

„Stellt euch vor, das soll für zwei Tage reichen!“, sagte Agnes. Wir, die wir vom Lande sind, wissen, wieviel Torf zu heizen vermag und ahnen schon, daß wir damit den ausgekühlten Ofen nicht warm bekommen werden. Was dann auch der Fall ist. Wir verheizen den ganzen Torf, zum Schluß ist der Ofen gerade handwarm.

Am Nachmittag, nachdem wir unser Brot empfangen haben, kommt Alex zu uns und teilt uns für die Arbeit ein: „Ihr werdet auf der Ploschatka arbeiten. Die ‚Ploschatka' ist die Verladerampe in der Fabrik, wo die Waggons be- und entladen werden müssen. Das wird eure Arbeit sein. Außerdem werdet ihr auch Material auf Lkw transportieren.“ So erklärt er es uns. „Ihr werdet in zwei Schichten arbeiten, die eine Schicht von sieben bis fünf, die andere von fünf bis eins. Wer will zur Tag-, wer will zur Nachtschicht?“

„Kann von euch jemand vielleicht russisch?“, fragt Alex weiter. Zita (unsere Brigadeurin von der Kolchose), Sophie und Thekla, die Polenmädchen, melden sich. Und Anni.

„Wen möchtet ihr als Starscha haben?“

„Die Anni“, rufen wir fast alle gleichzeitig. So wird Anni unsere Starscha.

„Also Anni, — du wirst hier für Ruhe und Ordnung sorgen und für Sauberkeit. Jeden Morgen muß die Baracke gewischt werden, aus dem Brunnen hinter der Küche könnt ihr euch Wasser holen, Eimer und Lappen bekommt ihr auf der Kommandantur. Die Betten müssen stets aufgeräumt sein, der Natschalnik kontrolliert jeden Tag die Baracken. Die Frauen, die sich zur Nachtschicht gemeldet haben, gehen heute schon auf die Plotschatka. Ihr werdet abgeholt.“ Alex geht.

Wir machen auch Bekanntschaft mit dem „Donnerbalken“. Bis jetzt hatten wir, auch auf der Kolchose eine Grube, über die ein paar Bretter gelegt waren, um unsere Bedürfnisse zu verrichten. Hier ist auch eine Grube bzw. ein ca. fünf Meter langer Graben, davor ist, in Sitzhöhe, eine armdicke Stange, auf die wir uns setzen können.

Es ist schon dunkel draußen, als wir zur Arbeit abgeholt werden. Vor der Kommandantur steht ein Russe in Zivil, noch ein Jüngling, gut gekleidet. Er kann ein paar Worte deutsch und sagt, daß er „Sascha" heißt. Er und ein Posten bringen uns zur Fabrik hin, die etwa fünfhundert Meter vom Lager entfernt liegt. Wir kommen an ein paar Baracken vorbei, in denen, wie wir später erfahren, Fabrikarbeiter wohnen, die in der Verbannung leben.

Über dem Fabriktor prangt ein großer Sowjetstern, zu beiden Seiten von roten Spruchbändern umgeben. Sascha führt uns über das halbe Fabrikgelände zu einer kleinen Bude, in der der Dispätscher sitzt. Eine russische Frau, „Natascha" redet Sascha sie an. Wir erhalten von ihr Arbeitshandschuhe. Es ist mollig warm in der Bude, ein kleiner eiserner Ofen strahlt die Wärme aus.

Natascha führt uns zu unserem Arbeitsplatz. Hinter der Rampe, an denen die Waggons herangeschoben werden, liegen, fast im Dunkeln, große Drahtrollen, mit Schnee bedeckt. Natasche fragt, ob jemand russisch versteht, Zita, die bei uns ist, meldet sich. Natascha erklärt, was wir zu machen haben, Zita übersetzt:

„Wir sollen die Drahtrollen alle sauber stapeln, hier auf diesen Platz."

„Akkuratnaja", nickt Natascha. Bei den Russen muß immer alles „akkurat" sein.

Je zwei Frauen machen sich daran, eine Drahtrolle aus dem Schnee hervorzuholen und aufzurichten. Da erst merken wir, daß die Rollen alle ineinander verhakt sind, und wie Kraut und Rüben liegen sie da. Als Agnes und Lene, die Stärksten von uns, es schaffen, eine aufzurichten, sehen wir, wie die Rollen sind: Beinahe so groß wie wir, der Draht ist dick wie ein kleiner Finger. Na, das kann ja heiter werden!

Als die Schicht um ein Uhr um ist, haben wir, teilweise fluchend, teilweise weinend, ganze acht Rollen geschafft zu dem mehrere Schritte entfernten Platz zu bringen. Natascha schimpft böse, als sie gegen ein Uhr kommt, um uns zum Lager zurückzubringen.

Etwas hat uns diese, so verfluchte Nacht doch Gutes gebracht: Wir fanden in der Nähe des Arbeitsplatzes Lattenreste, die wir, versteckt unter den Wattejacken ins Lager schmuggeln. Am nächsten Tag wird unser Ofen schon etwas wärmer, und von nun an suchen unsere Augen bei der Arbeit immer nach etwas Brennbarem.

Zehn Tage lang machen wir Nachtschicht, dann ist „Uchodnoje“, dann haben wir Tagschicht. Immer im Wechsel. Die Russen kennen den Sonntag nur dem Namen nach, er wird nicht gefeiert. Dafür ist alle zehn Tage frei, auch für uns, d. h., wenn nicht Waggons ankommen, die wir entladen müssen, und zwar sofort. „Tschi Tschass“, wie die Russen nur zu gerne sagen.

Alex brüllt dann über den Hof: „Zehn (oder acht — sechs — je nachdem, wieviel benötigt werden) Mann von Ploschatka zur Arbeit.“ Manchmal heißt es aber auch einfach: „Ploschatka-Leute raus!“ Dann muß die ganze Schicht gehen. Dieses passiert auch manchmal, wenn wir, müde von der Nachtschicht, uns am Tag hingelegt haben, wenn Leute zusätzlich gebraucht werden. Nicht anders ergeht es auch der Tagschicht, die dann abends noch einmal antreten muß. Unserer Brigade ist es einmal passiert, daß wir 36 Stunden hintereinander arbeiten mußten!

Waggons sind angekommen!

Es war kurz vor Weihnachten, wir hatten unsere Tagschicht gerade hinter uns, den ganzen Tag lang schwere Kisten zum Bahnhof gefahren, gerade unsere Suppe gelöffelt, da kommt Alex in die Baracke:

„Ploschatka-Leute alle raus, Waggons sind angekommen.“ Natürlich schimpfen wir.

Auf der Ploschatka erwarten uns vier Waggons! Ein paar Mädels von der Nachtschicht sind schon dabei, einen Waggon zu entladen. In diesem Waggon sind Schrauben, Muttern, andere Eisenteile, alles liegt durcheinander, kniehoch. Nun wäre es einfach, diese Sachen mit der Schaufel in Kisten zu schütten und sie zum Transport auf die Rampe zu stellen. Nein, die Teile müssen sofort mit der Hand sortiert und gesondert auf die Rampe geschüttet werden.

Der zweite Waggon ist mit Blechrollen beladen, die zum Stanzen für die Autokühler-Rippen gebraucht werden. Mit diesen Blechrollen hat es eine besondere Bewandtnis. Das Blech ist ganz dünn, messerscharf, etwa zehn Zentimeter breit und bildet einen Ring, der bis zu 50 cm Durchmesser hat. Dieser Ring nun ist mit handbreiten Binden umwickelt. Längst schon haben wir uns daran gewöhnt, alles auf seine Verwendbarkeit für uns zu prüfen, so auch diese Binden. Wir wickeln einen Teil davon ab, obwohl es streng verboten ist, weil dadurch das dünne Blech durch den Transport zu leicht beschädigt wird. Wir nähen uns aus diesen Binden Unterwäsche, Fußlappen, ziehen die Fäden aus, knoten sie aneinander und stricken uns Pullover, Schals und Handschuhe daraus. Binden werden zum Tausch gegen andere Gegenstände benötigt, denn andere Frauen und Männer arbeiten an den Maschinen der Fabrik und versorgen uns mit Strick- und Nähnadeln, Eßnäpfe oder Blechkämme. Natürlich verschenken wir auch Binden. Ich weiß nicht, was wir ohne diese Binden im Lager gemacht hätten!

Der dritte Waggon ist mit sechs Meter langen, acht Zentimeter dicken Eisenstangen beladen, die dick mit Stauferfett eingeschmiert sind.

Im vierten Waggon sind dünne Blechplatten gestapelt. Man muß immer acht bis zehn solcher Platten greifen, sonst ist es unmöglich, sie zu tragen: Sie schlagen einem förmlich um die Ohren.

Als wir sehen, was uns da erwartet, sind wir deprimiert. Zuerst entladen wir den Waggon mit den Blechrollen, Binden werden benötigt, auch haben wir beim Tragen schon einige Routine. Beim Entladen der Eisenstangen verzweifeln wir fast. Sie rutschen uns aus den Händen, schlagen uns auf die Füße, wir sehen schon aus wie die Schweine durch das Fett und den Rost. Hinzu kommt noch, daß wir, da der Waggon oben geschlossen ist und nur die üblichen kleinen Fenster im oberen Teil hat, jede Stange erst durch das Fenster schieben müssen, die Stange drehen, um sie so aus der Tür hinauszubekommen.

Als es ein Uhr ist, hat die Nachtschicht ihren Waggon entladen und geht nach Hause. Wir hingegen sind noch nicht einmal mit den Eisenstangen fertig; aber wir denken gar nicht daran, noch länger zu bleiben, wir türmen. Der Dispätscher, diesmal ist es „Teddy", sieht uns und kommt zeternd hinter uns her. Wir hören noch sein aufgeregtes Keifen beim wachhabenden Posten auf der Lagerkommandantur, als wir in unsere Baracke verschwinden.

Wir sind gerade ausgezogen, als Alex erscheint: „Wenn ihr nicht sofort zurückgeht die Waggons ausladen, wandert ihr morgen alle für eine Woche im Karzer! Macht, daß ihr rauskommt, aber schnell!"

Wir ziehen uns wieder an und gehen, im Weinen.

Die große Uhr auf dem Fabrikhof zeigt sechs Uhr an, als wir fertig sind. Wir schleichen förmlich zum Lager zurück. Teddy lobt uns jetzt: „Wi choroschoje Djewke!"

Im Lager gehen wir gleich zur Küche und holen uns unsere Suppe, essen und sinken aufs Bett. Wir hören, wie Alex zur Arbeit bimmelt. Wer geht denn nun zur Tagschicht für uns?

Wir brauchen gar nicht lange herumzurätseln, Alex reißt die Tür auf:

„Na, was ist, Ploschatka-Leute, wollt ihr nicht zur Arbeit antreten?"

Anni meldet sich energisch zu Wort:

„Wie stellst du dir das vor, Alex, wir haben 24 Stunden gearbeitet. Geschuftet. Wir sind fix und fertig!"

„Ja, das hält kein Mensch aus." „Soll gehen wer will, wir gehen nicht", sperr uns lieber in den Karzer — das ist uns egal", so schreien wir auf Alex ein.

Alex versucht es im guten:

„Leute, wer soll denn die Arbeit machen?! Auf der Elektrostanzia sind Kohlenwaggons angekommen, die müssen ausgeladen werden."

„Was ist denn mit der Kohlenschipper-Baracke? Können die denn das nicht machen?"

„Aber die sind ja auch dabei, ich glaube, da sind acht Waggons gekommen, alleine schaffen die das doch nicht!"

Elektro-Stanzia war das Elektrizitätswerk der Stadt. Die Kohlenschipper waren eine Brigade, die nur auf dem E-Werk arbeitete.

„Seid doch vernünftig, Leute, ich muß euch sonst dem Natschalnik melden, und dann wißt ihr ja, was euch blüht: Karzer und Essenentzug. In der Kälte bestimmt kein Vergnügen. Resignierend ziehen wir uns an, die Tränen kullern uns über das Gesicht.

Vor dem Tor wartet schon die Maschine auf uns, die uns zum E-Werk bringen wird, das am anderen Ende der Stadt liegt. Wie die Russen, sagen wir „Maschine" zum Lkw.

Die Tagschicht der Kohlenschipper ist schon bei zwei Waggons an der Arbeit. Ein Kohlefeuer brennt bereits in der Nähe, zum Aufwärmen.

Kohle entladen wir zum ersten Mal und denken, daß dies nicht so schwer ist und wir bald fertig sein werden, was sich aber als Trugschluß herausstellt. Der russische Brigadeur schlägt mit einer Brechstange die Bolzen los, die die Eisenklappe halten, und die Kohle rutscht unten aus den Luken. Unsere Aufgabe ist es, die Kohle auf Loren zu schaufeln, die dann zu einem Reserveplatz gebracht und ausgeschüttet werden. Schön wäre es ja nun, wenn die Kohle aus dem trichterförmigen Waggon immer nachrutschen würde. Sie rutscht nicht nach. Ständig blockieren große Kohlebrocken die Öffnung, und wir müssen mit der Brechstange, von unten her, erst zerkleinern. Kraftlos stochern wir an den Kohlebrocken herum, und es dauert endlos, bis so ein Stück zerkleinert ist.

Zwischendurch hocken wir uns immer wieder an das Feuer, wenn der russische Brigadeur nicht da ist. Die Augen fallen uns immer wieder zu, wir sind restlos erschöpft.

Um 17 Uhr wäre die Schicht um, jedoch kommt keine Ablösung. Auch die „Kohlenschipper" müssen bleiben. Obwohl wir versuchen auszurücken, werden wir am Werkstor vom Posten unerbittlich zurückgescheucht:

„Abratna dawai — rabottaitje, dawai — dawai."

Wir sind kaum noch fähig, die Schaufeln zu halten und stehen mehr aufgestützt darauf da, als daß wir arbeiten. Endlich kommt gegen 21 Uhr die Ablösung. Erschöpft lassen wir uns auf die Ladefläche der Maschine fallen, die uns ins Lager zurückbringt.

„Paschaluista paaru Kartoschki“

Ich weiß nicht mehr wer damit angefangen hatte, betteln zu gehen. „Klingeln“ nannten wir es. Vielleicht weil es der Peinlichkeit entbehrte, das Wort „betteln“ zu sagen. Nicht, daß nun eine Klingel an den Türen gewesen wäre, nein, solchen Komfort gab es an den einfachen Holzhäusern nicht. Da war nur eine, mit Sackleinen abgepolsterte Tür — der Kälte wegen — und daran befand sich ein Holzgriff. Die Tür ging auch nur mit einem Vorhängeschloß zu verschließen und von innen zu verriegeln.

„Paschaluista paaru Kartoschki“ war unser Sprüchlein, wenn wir nach dem Anklopfen und der von innen erfolgten Antwort „Sachaditje“ eingetreten waren.

Edith und ich beschließen, bei der nächstbesten Gelegenheit, auch klingeln zu gehen.

Immer öfter werden wir ohne Bewachung zur Arbeit geschickt, können ohne Bewachung zum Lager zurückgehen. Wir, von der „Ploschatka“, werden sowieso oft bei Feierabend von den Chauffeuren in der Stadt von der Maschine entlassen, wenn die Maschine zur „Avto-Basa“ (Autohof der Lkw) zurückfährt. Zu gern gehen wir dann über den Basar, der sich inmitten der Stadt befindet. Wie große Pinguine sehen die Russenfrauen von weitem aus, wenn sie mit den, um Kopf und Schultern geschlungenen großen Tüchern hinter ihren Ständen stehen und ihre Ware anbieten; Kartoffeln in Eimern, saure Gurken, Quas, kleine Salzhäufchen, Piroggen, die mit Sauerkohl gefüllt sind, Blini (kleine Plinsen), Brotportionen und Milch in verschiedenen Variationen: Frische, gebackene, auf der die braune Haut appetitlich schwimmt, und gebackene, gesäuerte Milch, die „kislaja Woroniez“. Brot ist bei den Russen 1945 noch rationiert.

Wir sehen auch nie Fleisch, Wurst, Butter oder andere Fette auf dem Basar. Obst schon gar nicht, hier in Sibirien wächst anscheinend keins.

Kurz vor Weihnachten bietet sich uns die Gelegenheit: Wolodja, der Chauffeur, sagt: „Iditje Domoij“ (geht nach Hause), als wir die letzte Maschine im Magazin, das sich inmitten der Stadt befindet, entladen haben. Vier Frauen von uns und Katja, eine Russenfrau.

Wir vier, Waltraut, Lotte, Edith und ich, springen schnell von der Maschine und sind entschlossen, klingeln zu gehen.

Gemeinsam gehen wir die Hauptstraße entlang, bis wir zu einer Nebenstraße kommen, an der die niedrigen Holzhäuser anfangen. Die Straße führt in die Richtung, in der unser Lager liegt. Wir beschließen, immer zu zweit in die Häuser zu gehen; Waltraut und Lotte nehmen die eine, Edith und ich die andere Straßenseite.

„Hättest du dir mal träumen lassen, daß du mal wirst betteln gehen", frage ich Edith.

Mich verläßt beinahe der Mut, denn da gehört doch schon eine gehörige Portion dazu; wenigstens am Anfang.

Die Häuser sehen so aus, wie wir sie von Bildern oder Filmen her kennen: Außen sind die runden, meist vom Wetter gezeichneten Baumstämme der Wände zu erkennen, die Dächer sind mit dickem Schnee bepackt. Zu jedem Haus gehört ein Garten, im hinteren Teil des Gartens befindet sich meist ein kleiner Stall, wo die Kuh oder Ziege steht.

Durch das kleine Gartentor gehen wir zum ersten Haus, klopfen zaghaft an die Tür. Eine Frauenstimme sagt von innen: „Sachaditje". Wir treten ein, schauen uns um, es ist niemand zu sehen.

„Sto wam nada", kommt eine Stimme von oben her. Da, der große Ofen, oben neben ihm ein Verschlag, wo eine Frau, liegend, eine Gardine zur Seite geschoben hat und uns fragend anschaut.

„Paschaluista, paaru Kartoschki", sagen wir unser Sprüchlein her, wie wir von den anderen Frauen, die vor uns schon klingeln waren, belehrt wurden.

Von dem, was uns die Frau antwortet, verstehen wir nur das Wort „Njemtse".

Ja, wir sind Deutsche.

Die Frau kommt vom Ofen herunter, greift in einen Eimer und gibt uns jedem eine Kartoffel.

„Sspassiba" (danke), strahlen wir, und mit „Doswidanja" verabschieden wir uns.

„Na Mensch, das war ja einfach", sagt Edith als wir draußen sind.

„Ja, weißt du, ich habe direkt auch mehr Mut bekommen. Ich kann dir verraten, mir war ganz schön mulmig." „Na denkst du, mir nicht", erwidert Edith. „Also denn auf, zum nächsten Haus."

Im nächsten Haus treffen wir die Familie gerade beim Abendbrot an. Dampfende Pellkartoffeln stehen auf dem Tisch!

Wir sagen wieder unser Sprüchlein. Der Mann steht vom Tisch auf, greift in die Schüssel und gibt uns jedem zwei heiße Pellkartoffeln. Überglücklich bedanken wir uns und verschlingen gleich draußen die Pellkartoffeln. In etwa einer Stunde haben wir jedenfalls unseren Beutel (auch aus Binden genäht) halbvoll; sogar ein Stück Brot ist dabei. Nun ist für unser „Festmahl" am Heiligabend gesorgt. Das Brot werden wir auf der Herdplatte bei den Kohlenschippern rösten und uns auch für Weihnachten aufheben.

Drei Tage vor Weihnachten werden wir in eine andere Baracke umquartiert. Unsere alte Baracke war einfach nicht warm zu bekommen. Wie haben wir gezittert vor Kälte, wenn wir unsere Kleider nach Läusen abgesucht haben; denn wir mußten uns einfach jeden Tag lausen, wollten wir nicht total verlausen. Trotzdem kam es vor, daß mitunter Frauen die Köpfe kahlgeschoren werden mußten. Dieses passierte meist bei den Frauen, die keinen Partner fanden, der ihnen das Haar nach Läusen absuchte, sei es, weil sie zu dichtes Haar hatten oder unbeliebt waren. Im großen Waldlager hatten wir zum ersten Mal erlebt, daß einer Frau der Kopf kahlgeschoren wurde, und wir liefen alle zusammen, dieses Schauspiel zu sehen. So einen Fall von Verlausung habe ich nie wieder gesehen! Die Frau saß ein Stück von den Baracken entfernt, auf einem Schemel. Ihre Kleider hatte man auf einen Haufen geschmissen, und dieser Haufen war über und über mit Läusen, dicken weißen Läusen bedeckt. Daneben lagen die abgeschnittenen Haare, und diese lebten förmlich! Eine grauweiße Masse wogte auf und ab. Wie aber sah erst der Kopf aus! Er war fast gänzlich mit Schorf bedeckt, der Schorf hob sich über den hervorkriechenden aufgescheuchten Läusen. Es war ekelhaft, dies anzusehen. Die Kleider der Frau wurden verbrannt, die Frau sah man hinterher mit eingebundendem Kopf herumlaufen.

In der neuen Baracke ist es angenehm warm. Zusammen mit Frauen, die in der Fabrik arbeiten, wohnen hier auch diejenigen, die „im Torf" arbeiten, d. h., sie entladen Torfmaschinen und versorgen die Zentralheizung der Fabrik, die mit Torf befeuert wird. Sie bringen auch für unseren Ofen Torf mit, und die Frauen aus der Fabrik bringen mit Öl getränkte

Putzwolle mit, die auch verfeuert wird. Was macht uns das schon aus, wenn es nach Öl stinkt. Und noch etwas finden wir in der neuen Baracke vor: Wattedecken für die Betten! Das ist ein richtiges Weihnachtsgeschenk für uns.

24. 12. 1945, der erste Heiligabend in Sibirien. Ich habe mit Edith Tagschicht, und schon den ganzen Tag über freuen wir uns, abends unsere Kartoffeln verarbeiten zu können. Wie erhalten wir das größte Volumen? Viele Varianten haben wir nicht zur Auswahl: Pellkartoffeln, in der Glut gebackene Kartoffeln, Salzkartoffeln, Stampfkartoffeln oder Zitterbrei. So nennen wir geriebene Kartoffeln, die in kochendem Salzwasser eingerührt werden. Nach vielem Abwägen kommen wir zu dem Schluß, von einem Teil der Kartoffeln Zitterbrei zu kochen, vom Rest Stampfkartoffeln.

Einen Weihnachtsbaum haben wir nicht. Aber jeder, der noch Zivilkleider hat, zieht diese an, wer keine hat, bekommt etwas geborgt von den „Begüterten". Wir haben uns gründlich gewaschen — was durchaus eine Seltenheit ist — uns gelaust, wir sind in Festtagsstimmung. Es ist erstaunlich, wieviel Kartoffeln plötzlich zum Vorschein kommen; da werden Kartoffeln gerieben (auf Blechbüchsen die mit einem Nagel durchlöchert worden sind), Kartoffeln gekocht, in der Glut gebacken, — am Ofen ist Hochbetrieb. Alles geht hübsch der Reihe nach, mit Voranmeldung. Gekocht wird in einem Eßnapf (Butz nennen wir sie) im Ofenloch.

Endlich ist unser „Menü" fertig, und wir verzehren es, auf den Betten sitzend, mit dem größten Genuß. Nach langer Zeit selbstgekochtes Essen!

Bis nach Mitternacht singen wir Weihnachtslieder, kochen, essen, erzählen von zu Hause, schwelgen in Gedanken von Gänsebraten, Pfefferkuchen, Marzipan, Nüssen . . .

Im Besitz der ersten Rubel

Ich habe mein bestes Kleid verkauft. Ein himbeerfarbenes Kleid aus weicher Wolle, mit langen Raglanärmeln. Meine Tante hatte es mir im letzten Jahr in Ostpreußen genäht und ich war immer mächtig stolz auf dies schöne Kleid gewesen. Nun hatte ich es einer Frau auf dem Basar angeboten, die es für 120 Rubel kaufte. Ich kam mir unendlich reich vor und kaufte mir gleich ein kleines, ovales Weißbrot, dazu einen Stakan (Becher) von der so appetitlich aussehenden gebackenen, gesäuerten Milch (mit der braunen Haut). Welch ein Luxus! Ich hatte dafür beinahe ein Drittel meines Geldes ausgegeben — aber es war ein Genuß ohnegleichen gewesen. Natürlich hatten Edith und Anni eine Kostprobe davon erhalten. Das übrige Geld wollte ich mir aufheben, um Milch kaufen zu können. Wir dürfen nämlich, mit Erlaubnis des Natschalnik, uns Milch aus den Häusern, die nahe dem Lager liegen, kaufen. Oft wird dieses nur als Vorwand benutzt, um aus dem Lager zu kommen, und wir gehen dann klingeln. Der Natschalnik weiß dieses bestimmt, er sieht uns ja mit den Beuteln ins Lager kommen. Gewiß ist ihm dies aber nicht unlieb, wenn wir uns etwas selbst verpflegen; kann er doch dann mehr Produkte für sich abzweigen. Wir haben ihn nicht nur einmal mit großen Tüten aus der Küche kommen sehen!

Mich packt der Ehrgeiz, russisch zu lernen. Erstens ist es die einzige geistige Betätigung, die man hier hat, und zweitens erscheint es mir doch äußerst nützlich, sich verständigen zu können. Wir arbeiten ja meistens mit einer Russenfrau zusammen, mit den Chauffeuren, und dann ist da noch unser russischer Brigadeur. Er unterstützt den jeweiligen Dispätscher, indem er uns bei der Arbeit beaufsichtigt, er packt mitunter aber auch zu, wenn es besonders Schweres zu bewältigen gibt. Wie er Anni erzählt hat, ist er aus Moskau und nach Schadrinsk verbannt worden. In Moskau hat er eine Frau, was ihn aber nicht daran hindert, hier auch eine zu haben. In Rußland sind — wenigstens war es damals so — mehrere Frauen zu haben erlaubt.

Dieser Brigadeur ist ganz versessen darauf, deutsch zu lernen. So sitzt er z. B. ganz still zwischen uns, wenn wir eine Ruhepause haben oder zum Aufwärmen in die Bude dürfen, und spitzt die Ohren. Sein Mund steht direkt etwas auf dabei, und flink gehen seine kleinen Augen von einem zum anderen bzw.

zu dem, der gerade spricht. Gefällt ihm dann ein Wort besonders gut, dann lacht er explosionsartig laut auf, wiederholt das Wort und fragt nach der Bedeutung: „Sto eto koije?"

Einmal empörte sich Ruth über einen Natschalnik im Magazin, und sie gebrauchte die Worte „russisches Schwein". Der Brigadeur, nun nicht lachend, hakte sofort ein: „Russisch Schwain, sto eto koije?"

Wir waren direkt etwas verlegen und wollten nicht so recht mit der Sprache heraus, aber er ließ nicht locker, bis wir es ihm schließlich erklärten. Er war schlagfertig und münzte das „russisch Schwein" gleich in „Deitsch-Schwein" um. Und das bekamen wir von nun an oft zu hören, fluchend oder lachend, je nach dem welche Laune er hatte. Wenn er schlechte Laune hatte, wurden die Worte auch mit Fußtritten unterstrichen, am anderen Tag aber war wieder alles vergessen. Bei uns aber hieß er nur „Russisch-Schwein".

Russisch-Schwein aber hatte auch seine Freude daran, uns Namen zu geben. So hieß Lilo die „Kuh" bei ihm. Lilo hatte nämlich als erste damit angefangen, hartgewordenen Teer zu kauen, wie Kaugummi — von dem wir damals allerdings noch nichts wußten. Bald machten wir es Lilo nach, kauten, kauten, bis uns der Kiefer weh tat. Warum wir dies taten? Aus keinem anderen Grund, als unseren Hunger zu betäuben. Leider bekamen wir, anscheinend durch den aktivierten Speichel, nur noch mehr Hunger. Tuta (abgekürzt von Gertrud) wurde von Russisch-Schwein „Berlinska Dama" genannt, worüber Tuta sogar stolz war. Tuta, sehr klein, hatte einen betont aufrechten Gang und konnte den Kopf so herrlich in den Nacken schmeißen, wenn sie beleidigt war. Und das war sie nur zu oft.

Von Russisch-Schwein hören wir auch zum ersten Mal das Wort „zapzerapp". Er behauptet, es sei ein deutsches Wort, wir aber haben es nie zuvor gehört. Es bedeutet nichts anderes als „klauen", „mausen", wir aber sagen „organisieren". Und dieses tun wir, wo immer sich die Gelegenheit dazu bietet. So sehr unsere Arbeit schwer und dreckig ist, so kommen wir doch an viele Dinge heran, die für die Frauen, die in der Fabrik, im Torf oder in der Elektrostanzia arbeiten, unerreichbar sind. Es sind nicht nur Dinge, die wir für uns brauchen können, sondern auch solche, die sich zum Verkauf eignen. Z. B. kommen wir des öfteren an Salz heran, das in großen Klumpen oft auf der Verladerampe des Bahnhofs lagert. Die

Verladerampe wird nicht direkt bewacht. Es stehen nur zwei Posten an der Stelle, wo die Gleise im Bahnhof einmünden. Da wir, die wir bei der Transportabteilung arbeiten, recht oft zum Bahnhof kommen, sei es, daß wir Produziertes hinbringen oder auch irgendwelche Kisten abholen müssen, nehmen wir die Gelegenheit wahr und versorgen uns mit Salz: ein oder zwei Klumpen, ca. ein Kilo, verschwindet in unseren Beutel, den wir stets bei uns haben. Die Chauffeure und auch die uns begleitende Russenfrau bewundern unsere Frechheit, grinsen und sagen: „Zapzerapp, da?" Das Salz verkaufen wir entweder bei den Frauen auf dem Basar, die das Salz kleinstoßen und es wiederverkaufen, oder wir bieten es bei unseren Klingeltouren an.

Gut bezahlt werden Nägel und Ölfarbe. Die Ölfarbe, die zum Spritzen der Autokühler gebraucht wird, können wir nur schwer beschaffen und auch nur aus der Fabrik schmuggeln, wenn wir mit der Maschine durch das Fabriktor fahren. Nägel entwenden wir, wenn wir Kisten zum Transport fertig machen müssen, die vernagelt werden. Damit es nicht auffällt, nehmen wir immer nur eine knappe Handvoll und lassen sie in die zugebundenen Hosenbeine verschwinden. Wenn wir ca. ein bis zwei Kilo zusammenhaben, verkaufen wir sie dann. So habe ich z. B. einen ganzen Sommer lang einen Mann mit Nägel versorgt, der sich ein Haus baute. Ich bekam Geld von ihm, aber auch herrliche Mohrrüben und Kartoffeln aus seinem Garten.

Man denke nun nicht, daß es so einfach war, plötzlich zum Dieb zu werden! Es hat die ersten Male eine ungeheuere Überwindung gekostet, zu stehlen.

Wenn ich nur daran denke, was es für eine Überredungskunst bedurft hat, Dora B. davon zu überzeugen, daß sie etwas für ihr Überleben tun müsse; sie wollte weder stehlen, noch betteln gehen. Dora — oder „Dorchen", wie wir sie riefen — war sehr gläubig und hatte ein äußerst angenehmes Wesen: Immer bescheiden, zurückhaltend, hilfsbereit, sie fluchte nie (wie wir anderen) bei unserer schweren und dreckigen Arbeit. Und dieses Mädchen, das man schon als einen „Engel" bezeichnen konnte, hatte beim Einmarsch der Sowjettruppen brutalste Vergewaltigungen hinnehmen müssen. Als sie mir dieses einmal anvertraute, zitterte sie am ganzen Körper, und die Tränen liefen ihr über das Gesicht.

Es kamen immer wieder Situationen, wie die eben genannte, daß man an Gott zweifeln mußte. Und dennoch beteten wir, sangen Choräle. Ja, Lydia hatte sogar ein Gesangbuch durch die vielen Gepäckkontrollen gerettet, das von Hand zu Hand ging und so manchem ein wenig Trost spendete.

„Bis hierher hat mich Gott gebracht, durch seine große Güte ...", sangen wir auch. Makaber.

Es wäre alles leichter zu ertragen, wäre nicht der ständige Hunger. Er läßt uns so manchen Abend nicht einschlafen, wir wälzen uns auf den Betten, und Vorstellungen von allen möglichen Gerichten, die wir zu Hause gegessen haben, gehen uns durch den Kopf. Der Hunger macht uns reizbar, wir zanken uns, es gibt auch Schlägereien. Wir streiten uns um Kleinigkeiten und am meisten darum, wer zuerst bzw. in welcher Reihenfolge man an das Ofenloch zum Kochen darf. Unvergeßlich, wenn Else zetert; zu Ruth gewandt: „Nömm de Brell aff! Schnell, nömm de Brell aff — du kregst gleich e Topp annem Kopp!" Else sprach fast immer plattdeutsch, sie war aus der Nähe von Heiligenbeil in Ostpreußen.

Läuse und Hunger

Alle unsere Sinne sind darauf ausgerichtet: Wie schaffen wir etwas zu Essen heran! Die uns immer begleitenden Läuse, trotz täglichen Lausens, die Ratten, die manchmal unser Brot anknabbern oder sogar in unsere Zehen beißen, die Wanzen, Kälte, alles tritt in den Hintergrund vor dem Hunger. Unsere Lagerküche hat nicht viel zu bieten: Sauerkohlsuppe — Sauerkohlsuppe, den ganzen Winter über. Ohne Kartoffeln. Manchmal schwimmt ein Stückchen Fleisch darin, Pferdefleisch. Ich hatte nie gewußt, wie gut Pferdefleisch schmeckt.

Strafarbeiten müssen auch gemacht werden. Sie werden von Alex, manchmal auch von Ulla erteilt. Gründe gibt es immer: Entweder ist die Baracke nicht sauber genug, es bleibt jemand, ohne krankgeschrieben zu sein, der Arbeit fern oder es ist jemand beim Brotdiebstahl ertappt worden. Eine der scheußlichsten Strafarbeiten ist, die Latrine von den Fäkalien zu befreien. Im Winter ist es nicht so schlimm, wenn es auch unangenehm ist, mit der Brechstange die „babylonischen Türme“ klein zu machen und auf den Schlitten zu laden. Im Sommer jedenfalls ist es eine echte Strafe. Die Sachen stinken tagelang, und der Gestank verbreitet sich in der ganzen Baracke.

Wir beneiden die Frauen, die in der Fabrik und „im Torf“ arbeiten. Ihre Wattekleidung bleibt sauber. Unsere Sachen dagegen sind immer voll Öl, Rost, zerrissen, so gut es geht mit Flicken von den abgewickelten weißen Binden notdürftig repariert. Mit Nähnadeln, die aber sehr dick sind, werden wir auch von den Männern, die in der Fabrik arbeiten, versorgt, ebenso mit Messer. Ein Messer gegen ein Portion Brot. Es ist sehr schwer auf das Brot zu verzichten, aber was hilft’s — ein Messer brauchen wir zum Kartoffelschälen, auch zum Schneiden der Binden, wenn wir uns Hemden usw. nähen wollen. Eine Schere gibt es im ganzen Lager nur eine, und diese besitzt Ulla. Sie rückt sie nur für ganz besondere Anlässe heraus, etwa wenn mal einer Frau wegen totaler Verlausung die Haare abgeschnitten werden müssen.

Jeden Morgen müssen wir den Fußboden der Baracke wischen. Ist jemand krankgeschrieben, muß er die Arbeit verrichten, ansonsten teilen wir uns die Arbeit, immer umschichtig, vor Arbeitsantritt. Das Wasser dazu holen wir uns aus dem vereisten Brunnen hinter der Küchenbaracke, fischen die

Eisstücke aus dem Wasser und wischen den Fußboden. Ohne Seifenzusatz versteht sich. Im Handumdrehen bildet sich eine Schlidderbahn, daran merken wir, daß in der Baracke morgens Minusgrade herrschen. Aber auch noch an einem anderen Umstand: Der Inhalt unserer Butzen, die wir als Nachtgeschirre benutzen, ist gefroren. Anscheinend durch die Wassersuppen bedingt, müssen wir alle des Nachts ein- bis zweimal austreten und wer will in der Kälte schon bis zum Klo laufen. So haben wir uns in der Fabrik auch für diese Zwecke mit Blechnäpfen versorgt. Morgens marschieren wir alle zum Klo und schlagen das Urin-Eis über dem Donnerbalken aus.

Waschen tun wir uns nur abends, wenn wir von der Arbeit kommen. Natürlich in kaltem Wasser, aber jeder sieht zu, daß er sich möglichst als zweiter, dritter oder vierter im gleichen Waschwasser waschen kann, dann ist es schon etwas vom Vorgänger angewärmt. Unsere Hände sind rissig, aufgeplatzt, wir heilen sie mit warmen Urin, das wir uns über die Hände laufen lassen.

Einmal im Monat dürfen wir in die Banja, der Badeanstalt, die auf dem Fabrikgelände ist. Die Banja, die sonst den Russen vorbehalten ist, ist an diesem Tag nur für uns Deutsche reserviert. Hier sind sogar Duschen, und wir genießen es, wenn das warme Wasser über unseren Körper rieselt. Wir erhalten auch jeder ein kleines Stückchen schwarze, nach Karbol stinkende Seife und waschen uns auch die Haare damit. Natürlich werden auch hier die Kleider entlaust, während wir unter der Dusche sind. Der Raum, in dem die heißen Kleider aus dem Entlausungs-Ofen kommen, ist voller Gestank von unseren dreckigen, öligen Hosen und Jacken, und auch die Nesselhemden und Unterhosen haben den Gestank angenommen. Es ist unangenehm, auf den sauberen Körper dies warme, stinkige Zeug überzuziehen.

Ausgerechnet an meinem Geburtstag im März muß ich mit noch vier Mädels und der „Flickerpupp" zur Benzinstation, um Fässer abzufüllen und auf die Maschinen verladen. Die Arbeit ist neu für uns. Der Dispätscher erklärt uns, was wir zu tun haben: Die Fässer am Zapfhahn füllen und dann zur Maschine rollen, die ca. einhundert Meter entfernt steht. Dichter dürfen die Maschinen nicht heran, wohl der Explosionsgefahr wegen.

Die Fässer zu füllen ist natürlich keine Schwierigkeit. Diese beginnt, als wir die Fässer über den schneebedeckten Boden rollen müssen, immerhin wiegen sie bis zu 300 kg und im Schnee geht es nur mühsam voran. Was aber das Schlimmste ist: Die Fässer sind alle am Verschluß undicht und bei jeder Drehung ergießt sich ein Schwall Benzin über unsere Füße in den Schnee, der bald zu Matsch wird, und unsere Filzstiefel, Handschuhe sind schnell durchweicht. Unsere Hände und Füße frieren erbärmlich, es weht ein eisiger Wind. Beim Aufrollen auf die Maschine bekommen auch unsere Wattejacken noch Benzin ab. „So ein Mist", schimpft Trautchen, die besonders viel abbekommen hat, „und damit müssen wir uns nu nachts zudecken." Ja, wir legen noch immer unsere Jacken über die Decken zum Schlafen. Unsere „Flickerpupp" hat sich gleich nach der Ankunft verdrückt, sitzt irgendwo beim Dispätscher im Warmen. Wir sind ihr aber nicht böse darum, sie ist ein armes Menschenkind: Vollwaise, wie sie uns erzählte, überall wird sie herumgestoßen, im Kopf ist sie nicht ganz richtig. Noch nie haben wir gesehen, daß sie, wie die anderen russischen Arbeiterinnen, ein Stück Brot dabei hat. Sie hat bestimmt nicht weniger Hunger als wir. Faßt sie mal bei der Arbeit mit an, so sind ihre Bewegungen kraftlos. Wir schieben sie beiseite und arbeiten lieber ohne ihre Hilfe. Den Namen „Flickerpupp" hat sie von uns erhalten, weil sie — man kann schon sagen — zerfetzte Sachen anhat. Da ist alles kaputt: angefangen bei den Filzstiefeln, die durchlöchert sind, über den dünnen Rock bis hin zum Kopftuch, überall hängen die Fetzen. Unter dem dünnen Rock scheint sie nicht einmal Schlüpfer anzuhaben. Beim Urinieren macht sie einfach die Beine breit und läßt es laufen, im Stehen!

Bis zum Abend rollen wir Benzinfässer, sind total durchweicht, stinken nach Benzin, der natürlich auch unsere Baracke mit Gestank füllen wird.

Es wird Frühling

Endlich, endlich wird es warm! Wir genießen die ersten wärmenden Sonnenstrahlen, wenn wir auf der Maschine sitzen zwischen Ölfässer, Eisenstangen, auf Kisten, Blechrollen oder -platten, Schlacke, Eisenerz oder Bleibarren. Leider hat der Frühling auch etwas Unangenehmes für unsere Truppe: Die Straßen (alle unbefestigt) sind aufgeweicht, mühsam mahlen sich die Räder der Lkws durch den Schlamm, bleiben stecken. Wir müssen dann absteigen und helfen, die Maschine aus dem Dreck zu schieben. Unsere Filzstiefel durchweichen, verkrusten, die Sohlen lösen sich. Wir sollen zwar Batinkis bekommen, aber wann? „Skorro, skorro", sagt der Natschalnik auf unsere Frage nach Batinkis. Bald! Bis in den Sommer hinein laufen wir mit Filzstiefel und Wattehosen. Dann — o Wunder — werden wir neu eingekleidet! Wir erhalten Arbeitsanzüge, blaue Jacken und Hosen, dazu Batinkis. Dies sind knöchelhohe Schuhe aus Segeltuch, mit Holzsohlen. Es läuft sich ganz gut darin. Als wir dann noch nach ein paar Tagen Strohsäcke erhalten, kommen wir uns wie Kinder vor, die der Weihnachtsmann beschenkt hat.

Seit es wärmer ist, sind wir auch wieder in unsere alte Baracke eingezogen und „unter uns". „Ploschatka-Leute" werden wir genannt oder die „Ploschatka-Baracke".

Nur noch selten gehen wir klingeln, die Russen haben selbst nichts. Wir fragen auch nur noch nach Kartoffelschalen, manchmal bekommen wir welche, die wir uns dann auf einer Blechplatte über zwei Ziegelsteinen rösten. Draußen auf dem Lagerhof, denn im Sommer darf kein Feuer in der Baracke gemacht werden.

Unsere Küche bietet morgens und abends Brennesselsuppe, jeden Tag sind krankgeschriebene Frauen unterwegs, um Brennessel zu suchen. Trotzdem suchen wir uns auch noch welche, dazu Ackermelde, diese macht die Suppe ein wenig sämig. An einem Kartoffelkeller der Russen haben wir etwas entdeckt: Im Frühjahr wurde der Rest gefrorener Kartoffeln vor den Keller geschüttet, die wir uns nehmen durften. Wir sagten uns nun, wenn in diesem Jahr dort Kartoffel hingeschüttet wurden, so sind bestimmt auch in den vergangenen Jahren welche hingeschüttet worden. Wir buddelten nach, und siehe da, es kamen welche zum Vorschein. Natürlich war nur die Hülle der Kartoffel vorhanden mit ein wenig Kartoffelmehl darin. Diese Kartoffelreste wanderten in unseren Beutel, wir pellten das Kartoffelmehl aus der Hülle, spülten es im Wasser aus und dickten damit die Brennesseln an. Der Sand knirschte zwar zwischen den Zähnen, aber wichtig war, daß wir ein wenig unseren Magen gefüllt hatten.

So wie wir aussehen, ist es ein Wunder, daß wir noch unsere schwere Arbeit schaffen. Einen Spiegel besitzen wir natürlich nicht, aber man braucht sich ja nur die anderen anzuschauen, dann weiß man, wie man selbst aussieht. Unsere Schädel gleichen Totenköpfen, die Beine sind geschwollen. Bei den des öfteren folgenden Reihenuntersuchungen heißt es dann: „Dystrophie — Dystrophie", aber niemand wird von der Arbeit freigestellt. Für das Wasser in den Beinen ist bestimmt auch das Salz mitverantwortlich. Wenn wir nichts, aber auch gar nichts zusätzlich zum Essen haben, leckt so manch einer von uns an einem Salzklumpen, denn Salz haben wir immer vorrätig.

Eines Tages bekommen wir vorgedruckte Karten auf der Kommandantur in die Hand gedrückt, — wir dürfen nach Hause schreiben! Wohin soll ich schreiben? Meine Eltern sind irgendwo in Polen, ob sie überhaupt noch leben? Die Verwandten in Berlin? Sie sind vielleicht ausgebombt. Ich schreibe an meine Tante nach Klein-Machnow bei Berlin. Um es vorwegzunehmen: Ich habe nie Post erhalten, die Karte ist auch nie angekommen.

Im August sind wir nicht nur körperlich in schlechter Verfassung. Hoffnungslosigkeit greift immer mehr um sich, wir glauben kaum noch, daß wir hier aus Sibirien je lebend herauskommen. Wir schleichen einher, kaum daß einer noch ein aufmunterndes Wort für den anderen übrig hat, wir knurren einander an, sind bis zum Äußersten gereizt.

Im Sommer sind durch die Wärme auch die Wanzen besonders aktiv und aggressiv geworden, die Stiche brennen, jucken. Dicht bei dicht sitzen die Biester in den Zwischenräumen der Bretter von den Bettgestellen. Einmal bin ich mit dem Messer in die Ritzen langgefahren — es prasselte und knackte, als wäre ein Maschinengewehr von weitem zu hören. Die Schneide des Messers war voller Wanzenblut, und ein durchdringender Marzipangeruch stieg mir in die Nase.

Wir sehnen alle den Herbst herbei! Den Herbst, der uns die so lang ersehnten Kartoffeln bescheren wird. Ein paar Tage lang bietet unsere Küche Abwechslung, wir erhalten Suppe aus eingesalzenen, gesäuerten Waldpilzen, ein paar Maden zieren die Oberfläche. Wir schütten das Wasser ab und essen die paar Pilzstücke, die sich am Boden des Napfes befinden. Dann gibt es wieder tagelang morgens und abends nur dünnen Tee und zwei Löffel Graupenkascha. Unser einziger Trost ist das Brot. 600 Gramm steht uns zu, aber es sind höchstens 500 Gramm, die wir erhalten. Naß und schwer wie es ist, ergibt das eine ca. vier Zentimeter dicke Scheibe. Jeden Tag entsteht ein Kampf darum, wer die Kanten erhält, denn diese sind ausgebackener und dementsprechend etwas größer. So einigen wir uns, daß jeden Tag ein anderer dran ist, der die Kanten erhält. Leider geschieht es auch des öfteren, daß eine Brotportion verschwunden ist. Einfach geklaut von einer „lieben Kameradin". Es sind einige Mädels, die wir im Verdacht haben solches zu tun, aber wir können es nicht beweisen. Eines Tages erwischen wir Traute B. dabei, wie sie eine Brotportion vom Bett nimmt. Das Brot wird um die Mittagszeit verteilt und diejenigen, die zur Arbeit sind, auf das Bett gelegt. Traute wird danach von uns verachtet, gemieden, es spricht kaum jemand mit ihr.

Paul und Otto fliehen

Im September fehlen eines Morgens bei der Prowerka Paul und der kleine Otto. Sie sind nicht in der Männerbaracke, auch sonst nirgends im Lager aufzufinden. Der Natschalnik, Alex und Ulla sind in heller Aufregung. Sollten sie wirklich versucht haben zu fliehen? Sie haben.

Zwei Tage später erfahren wir von Ulla, daß beide, gar nicht weit von Schadrinsk, von der Miliz gefaßt worden sind. Unser Natschalnik holt sie mit der Bahn ab.

Als ich an dem betreffenden Abend von der Tagschicht komme, allein, denn ich habe dem Magazinverwalter geholfen Messingrollen zu sortieren, sehe ich beim Betreten der Kommandantur Paul und Otto an der Wand stehen. Beide sind an den Händen gefesselt, die Gesichter sind blutverschmiert. Vor ihnen sitzt unser Natschalnik mit stierem Blick, offensichtlich ist er betrunken.

„Dawai Mischke, dei ihmu po Morde", sagt er grimmig zu mir. (Schlag ihnen in die Fresse.)

Ich bekomme einen gewaltigen Schreck. Was soll ich tun? Haben etwa alle, die vor mir durchgegangen sind, die beiden schlagen müssen? Ich zögere und sage: „Paul, was habt ihr nur gemacht? Ihr konntet euch doch denken, daß ihr wieder geschnappt werdet." Und leise: „Haben die anderen euch schlagen müssen?" Paul schüttelt ein wenig den Kopf. Der Natschalnik brüllt auf: „Is Sowjetskaja-Sojus nje kto nje ubescheiet!" (Aus der Sowjetunion entkommt niemand.) Die Worte kommen wie Hammerschläge, schneiden sich tief in mein Gedächtnis.

Abends müssen wir alle antreten. Paul und Otto werden herbeigeführt, an den Händen sind sie noch gefesselt. Der Natschalnik hält eine kurze Ansprache, die beinhaltet, daß es sinnlos ist, zu flüchten. Danach traktiert er die beiden mit Fußtritten, immer wieder begleitet von den Worten „Is Sowjetskaja-Sojus nje kto nje ubescheiet". Immer wieder fallen die beiden zu Boden, werden angebrüllt „stawaitje!" (steht auf), neue Fußtritte, fallen wieder hin.

Eine ganze Weile geht das so, bis die beiden kraftlos liegenbleiben.

Von vier unserer anderen Männer werden sie schließlich in die Baracke geführt.

Wir sind alle entsetzt über die Mißhandlung. Entsetzt auch darüber, wie brutal unser Natschalnik sein kann, er ist sonst recht gutmütig. Ein Beispiel: Wir hatten Kopfkissenbezüge erhalten und anstatt sie uns mit Stroh vollzustopfen, nahmen wir sie als Beutel, um uns auf dem Elektro-Werk mit Pferdefutter zu versorgen. Auf dem E-Werk waren Pferde eingesetzt, um in Loren Schlacke zu den Halden zu bringen. Wir sagten uns nun: Wo Pferde sind, muß auch Futter zu finden sein und inspizierten den Stall. Wir fanden Spreu, aber am Boden befand sich ein geringer Mehlrest. In Wasser eingeweicht, müßte sich doch das Mehl absetzen, meinten wir und füllten unsere Kopfkissenbezüge mit der Spreu. Die Beutel versteckten wir auf der Maschine hinter Ölfässer, aber der Posten am Tor entdeckte die Beutel bzw. Kopfkissen und nahm sie uns ab. Wir weinten, bettelten, er möchte uns doch wenigstens die Kissenbezüge zurückgeben, — njet! Er würde sogar die Miliz verständigen, drohte er uns. Da half nur die Flucht nach vorn: Ich ging zu unserem Natschalnik und beichtete ihm alles, war darauf gefaßt, daß wir vier in den Karzer müßten. Der Natschalnik fluchte fürchterlich, aber klopfte mir dann auf die Schulter und meinte, daß er das schon in Ordnung bringen würde. Tatsächlich kam er dann am anderen Tag mit den Kopfkissen an, die natürlich jetzt leer waren, und ermahnte uns, nie wieder die Kissen als Beutel zu benutzen. „... dann geht ihr in den Karzer“, sagte er mit Nachdruck.

So füllten wir unsere Bezüge mit Stroh, ein Kissen unter dem Kopf zu haben war auch ganz schön.

Endlich gibt es wieder Kartoffeln

Bei unseren Gängen über den Basar stellen wir eines Tages fest, daß die ersten neuen Kartoffeln verkauft werden. Nun kann es nicht mehr lange dauern, bis unsere Küche auch welche bekommt. Oft genug ist es vorgekommen, daß wir nicht einmal mehr Brennessel- oder Pilzsuppe erhalten hatten, statt dessen nur morgens und abends dünnen Tee. Als eines Nachmittags der Wagen mit neuen Produkten ankommt und wir darauf Kartoffeln und kleine Kohlköpfe entdecken, gibt es ein lautes Hallo. Wir können kaum den nächsten Morgen erwarten, der uns die Kohlsuppe bescheren wird.

Wenn eine Kommission erwartet wird, heißt es, Baracken und Lagerhof besonders sauber zu machen, die Betten müssen tadellos gemacht werden. Da wird gefegt, geschrubbt, alle sind wir emsig dabei. Der Natschalnik inspiziert hinterher alles und strahlt, wenn er alles in Ordnung findet.

Zumeist besteht so eine Kommission aus zwei bis drei Zivilisten und einem Offizier, auch eine Frau ist immer dabei. Es kommen stets andere, und schweigend gehen sie durch die Baracken, sie stellen nie Fragen an uns. Mißbilligend zeigen sie höchstens auf nicht ordentlich gemachte Betten, unterhalten sich. Russisch.

Es heißt, wir seien unter Zivilverwaltung, aber Genaues wissen wir nicht. Unser Natschalnik jedenfalls ist Offizier, Leutnant. „Towarisch Lietenant" wird er von den Russen angesprochen. Sein Adjudant, den wir „Bubi" nennen, ist Zivilist. Die Posten, die an der Kommandantur Wache halten, tragen Soldatenuniform. Unsere Produkte für die Küche kommen aus einem Magazin in der Stadt. Sie werden im Sommer mit dem Pferdefuhrwerk, im Winter mit dem Schlitten von einer Frau angeliefert. Die Küchenchefin ist eine Russin in Zivil, ebenso die Krankenschwester.

Wir freuen uns sogar, wenn eine Kommission kommt, an diesem Tag ist nämlich plötzlich die Suppe viel dicker, mit Fleisch gekocht. Es hat niemand den Mut, der Kommission zu sagen, daß dies ein Ausnahmefall ist, man würde unseren Natschalnik wohl sehr verärgern und dann nur darunter zu leiden haben. Aber wir kommen auf eine andere Idee: Uns müssen doch wohl mehr Produkte zustehen, wenn das Essen an diesem Tag besser ausfällt; also verlangen wir, nach vorheriger Verabredung mit den anderen Lagerinsassen, bei einer

Prowerka, daß wir Fleisch, Fett oder Zucker gesondert haben wollen. Nicht in die Suppe getan oder, wie es mitunter der Fall ist, der Tee leicht gesüßt wird. Anni ist unsere Sprecherin.

Es geschieht tatsächlich so. Wir müssen kleine Schälchen (auch in der Fabrik besorgt) in der Küche abgeben, und von nun an bekommen wir des öfteren entweder ein paar Fleischfetzen, ein Würfelchen Margarine, etwas Zucker und — ja, einmal sogar einen Teelöffel voll roten Kaviar! Wir wissen zuerst gar nicht, was es ist und registrieren nur, daß das Zeug furchtbar salzig schmeckt.

Nun sieht die Welt für uns wieder etwas freundlicher aus, zumal wir auch wieder anfangen, klingeln zu gehen. Oft sehen wir auch bettelnde Russenfrauen, auch einen jungen Mann begegnen wir regelmäßig, dem wir anmerken, daß er nicht ganz richtig im Kopf ist.

Als ich eines Tages in einem Haus klingeln gehe, in dem mehrere Familien wohnen, also anscheinend in einem Mietshaus, und ich nach dem erfolgten „sachaditje" eintrete, pralle ich erschreckt zurück: An einem Tisch sitzt, vor sich eine Schüssel dampfender Pellkartoffeln, der junge Bettler. Ich entschuldige mich und will wieder zur Tür hinaus, da ruft er: „Padaschi — padaschi!" (warte.) Er nimmt zwei große Kartoffeln, kommt glückstrahlend auf mich zu und überreicht mir, ja, „überreicht" mir die Kartoffeln. „Wod, wasemji, Djewuschka!" (Da, nimm, Mädchen.) Und dann läuft er zum Tisch zurück und bringt mir noch zwei Kartoffeln. „Wasemji jeschtscho, Djewuschka", und er sieht so glücklich dabei aus, ich kann die Kartoffeln nicht zurückweisen. Ich glaube, ich habe genauso ein freudiges Gesicht gemacht wie er, als ich mich bei ihm bedanke. An einer bestimmten Ecke, in der Nähe des großen Basars, sehen wir auch immer einen Mann sitzen, der vor dem Mund ein Tuch gebunden hat, er bettelt auch. In seiner Nähe verbreitet sich Verwesungsgeruch und wir vermuten, daß dieser Geruch seinen Ursprung hinter dem Tuch hat. Der Mann tut uns so leid, und immer, wenn wir vorbeikommen, und etwas in unserem Beutel haben, geben wir ihm ein oder zwei Kartoffeln, auch mal ein Stückchen Brot oder ein paar Kopeken ab. Er flüstert dann ein kaum vernehmbares „Danke", neigt tief den Kopf und faltet die Hände.

Der zweite Winter und Weihnachten

Es gibt einen frühen Wintereinbruch, schon Ende Oktober liegt Schnee und es herrscht Frost.

Katja, ein Russenmädel, mit der wir zusammenarbeiten, erzählt, daß viele Kartoffeln auf den Kolchosen in der Erde geblieben sind. Dieses bekommen wir schon im November zu spüren, als unsere Küche keine Kartoffel und auch keinen Kohl mehr erhält. Wir sind wieder bei der Pilzsuppe angelangt.

Zu allem Übel müssen wir auch noch in eine andere Baracke umziehen, in eine, die noch kälter ist als unsere bisherige. Hier steht nur ein kleiner, eiserner Ofen drin, und wenn das Feuer aus ist, breitet sich eine eisige Kälte im Raum aus. Jetzt ist Anni meine Bettnachbarin.

Auf unseren Klingeltouren bekommen wir fast nichts mehr. Die Russen nehmen immer sehr Anteil an unserem Schicksal, sie bedauern uns meistens und fragen oft: „Wann fahrt ihr denn nach Hause, Mädchen?“ Genauso bedauern sie es, wenn sie uns nichts geben können. „Wir haben selbst nicht viel“, sagen sie. Es gibt auch Russen, die uns böse fluchend fortjagen. Wir kommen aber auch in Häuser, wo der Mann oder Sohn in Deutschland waren und hier werden wir immer freundlich aufgenommen. Die Männer erzählen und schwärmen: „Germanski gutt — Berlin gutt, serr gutt.“

Die zweite Weihnacht in der Gefangenschaft naht. Ich verkaufe mein letztes Kleid, mein Einsegnungskleid, und erhalte vierzig Rubel dafür. Anni hat acht Kartoffeln, gut versteckt, aufgehoben, ich kaufe Milch und so kochen wir uns am Heilig-Abend „Kleckermus“. Hierfür reiben wir die Kartoffeln, drücken sie leicht aus und krümeln sie in die, mit Wasser verdünnte, kochende Milch.

Anni und ich haben gerade unseren Kleckermus fertig, da erscheint Alex in der Tür. Wir ahnen schon, was kommt. — „Ploschatka-Leute fertig machen, ihr müßt raus, Waggons sind angekommen. Beeilt euch mit Anziehen!“

„Verdammter Mist“, schimpfen wir, „wir haben gerade unser Essen fertig. Können wir nicht erst schnell essen?“ betteln wir Alex.

„Nein, das könnt ihr nachher auch noch machen. Habt ihr was, worauf ihr euch freuen könnt. Laßt das Essen man auf der Herdplatte. Wenn ihr euch beeilt, seid ihr bald wieder da. Die Waggons müssen nämlich heute noch zum Bahnhof zurück.“

Traurig ziehen wir uns an, Anni und ich nehmen noch jeder schnell einen Löffel voll aus dem Topf: „Hmm, Mensch, ich freu mich schon auf nachher", sagt Anni und ich stimme dem zu.

Auf der Ploschatka erwartet uns schon „Teddy", die ewig Keifende: „Nu dawaitje, Djewke bisträ, bisträ! Isgrusitje Waggongu, dawai — dawai!"

„Ach, leck uns doch am Arsch", sagt Ruth sehr, sehr freundlich zu ihr.

„Eto praijlna, praijlna, Djewke" — ja, richtig, richtig, Mädchen — sagt Teddy freundlich und plinkert mit den Augen, was ein Tick von ihr ist.

Es sind zwei Waggons mit bewickelten Rollen, die wir auszuladen haben. Wir brauchen sie nur auf der Rampe zu stapeln und halten uns heute auch nicht mit dem Abwickeln der Binden auf. Dazu haben wir Zeit, wenn wir sie mit der Maschine abtransportieren.

Wir teilen uns die Arbeit ein, je acht Mädels arbeiten immer an einem Waggon, und so sind wir in relativ kurzer Zeit fertig.

Teddy ist hoch erfreut, daß wir so schnell fertig sind heute; denn sonst lassen wir uns durch ihr Gezeter nicht aus der Ruhe bringen. Je mehr sie keift, desto langsamer arbeiten wir. Oft schon hatte sie Tränen in den Augen vor Wut, — und wir freuten uns.

So, nun schnell nach Hause zu unserem Kleckermus. — „Ob er noch warm ist", meint Anni.

„Glaub ich nicht, über zwei Stunden bleibt doch der Herd nicht warm, wenn das Feuer aus ist", antworte ich. Noch bevor wir unsere Wattejacken ausziehen, schauen wir beide in den Topf.

Leer! — Der Topf ist leer!!

„Verfluchte Schweinerei! Mensch, Anni, unser schöner Kleckermus", schreie ich auf.

„Herr Gott, ich könnte heulen. Wenn ich den erwische, der das getan hat, — ich würd' ihm alle Knochen kaputtschlagen!"

Anni steigen tatsächlich die Tränen hoch, — mir aber auch.

Dora und Lucie machen noch einmal Feuer und rösten sich auf der Herdplatte ein paar Kartoffelschalen. Wir haben nicht einmal Kartoffelschalen, denn wir haben vorhin die Kartoffeln nur dünn abgeschabt.

Brot haben wir auch schon zwei Tage nicht erhalten, es heißt, der Backofen der Bäckerei ist kaputt. Leise fange ich an zu singen: „Süßer die Glocken nie klingen", die anderen stimmen ein, und dann singen wir, singen alle alten Weihnachtslieder, mit Tränen in den Augen. Jeder hängt seinen Gedanken nach, die natürlich in der Heimat sind, der verlassenen Heimat. Wo, — wo nur sind die Eltern, die ich am Straßenrand einst weinend stehen lassen mußte. Leben sie, haben sie zu essen?

Wir warten auf morgen, hoffen, daß wir Brot bekommen. Erst am übernächsten Tag gibt es Brot. Am ersten Feiertag gehen wir wieder mit leerem Magen zur Arbeit, abends gibt es die dünne Suppe aus gesalzenen Pilzen. Wie üblich, ohne Fett, mit viel Wasser und Salz.

Wir alle machen lieber Nacht- als Tagschicht. Der Abend ist dann nicht so endlos lang und — was sehr wichtig ist — wir können uns dann bei Tageslicht lausen. Im Winter kommen wir von der Tagschicht immer erst ins Lager zurück, wenn es bereits dunkel ist, und dann können wir uns nur beim Licht der wahrhaftig nicht hellen Glühbirne lausen. Die Haare bei der Partnerin nachzusehen ist bei Licht sowieso schier unmöglich. Da muß man bei Tageslicht schon gut hinschauen, um beim Scheiteln der Haare die Viecher zu erwischen. Die Nissen (Eier) alle zu knacken, schafft man nie, und so werden wir die Kopfläuse nie los. Die Kleiderläuse verstecken sich am liebsten in den Nahtwulsten der Kleider bzw. Hemden und Hosen und sind leichter zu finden, allerdings sind die Nissen in den Kleidern nicht zu sehen und so bleibt uns nur das tägliche Absuchen nach den grauen Tierchen übrig.

Welch ein Anblick, wenn wir alle mit bloßem Oberkörper dasitzen und Läuse knacken! Wir bedecken auch nicht unsere Blöße, wenn der Natschelnik vorbeigeht oder gar Alex. Der Natschelnik lobt unsere Aktivität: „Praijlna, praijlna, Djewuschki" — richtig, richtig, Mädchen.

Durch die Untersuchungen beim Arzt, die ja immer vor versammelter Wachmannschaft stattfinden, sind wir abgestumpft, haben anscheinend jedes Schamgefühl verloren.

Der zweite Grund, weshalb wir lieber Nachtschicht machen, ist, daß wir so gern in die erleuchteten Fenster der Häuser schauen. Stores oder Scheibengardinen hängen keine davor, und so können wir die „guten Stuben" sowie auch die äußerst ärmlichen Bewohner in Augenschein nehmen.

Mich erfaßt beim Einblick in die Stuben stets aufs Neue eine Sehnsucht nach Zuhause, nach der Familie, nach Geborgenheit. Den anderen aber ergeht es bestimmt nicht anders, warum wohl sonst wären wir so versessen darauf, in die Fenster zu schauen.

„Ach, sieht es da drinnen aber schön aus“, rufen wir schon aus, wenn wir in einem Zimmer eine Kommode mit einem Spitzendeckchen darauf entdecken. Darüber hängt dann meistens auch eine Ikone, oder Familienbilder zieren die Wand. Immer beansprucht der große Ofen, in dem sich auch, kaminähnlich, die Kochstelle befindet, den größten Platz des Raumes. Die Oberfläche des Ofens ist fast immer auch die Schlafstätte der Familie. Reicht der Platz für alle Familienmitglieder nicht aus, so ist zusätzlich ein Verschlag gemacht, weiterführend von der Oberfläche des Ofens aus. Selten nur sehen wir ein Bett im Zimmer stehen.

Schon beim Klingeln, wenn ich eintreten durfte, ist mir aufgefallen, daß bei vielen Familien der Wohnraum, der auch zugleich Küche ist, einer gewissen Gemütlichkeit nicht entbehrt. Hat der Holzfußboden nicht einen Flickenläufer, so ist er doch zumeist weiß gescheuert, ebenso die Sitzbank vor dem Tisch. In der Nähe des Herdes bzw. Ofens hängt Hausrat wie Pfannen und Töpfe, Geschirr steht im Regal, auf einer kleinen Bank steht der Wassereimer mit der Schöpfkelle darin. Diese „Wasserbank“ erinnert mich stets an zuhause. Wir, die wir auf dem Lande lebten, hatten auch so eine Wasserbank in der Küche stehen, und schon als Kind gehörte es zu meinen Aufgaben, die Wassereimer stets mit frischem Wasser aus der Pumpe zu füllen.

Mein einundzwanzigster Geburtstag

Unsere Geburtstage waren für uns keine Festtage, nein. Daran konnte auch die Portion Weißbrot, die wir anstelle des nassen Schwarzbortes seit ein paar Wochen am Geburtstag bekamen, nichts ändern.

Jeden Tag muß für unsere Kranken, die im russischen Krankenhaus liegen, ihre tägliche Brotportion hingebracht werden. Das besorgen diejenigen von uns, die im Lager krank geschrieben sind oder die Geburtstag haben und außerdem Nachtschicht.

Das russische Krankenhaus liegt ganz am anderen Ende der Stadt, und so nutzen die Mädels, die das Brot hinbringen, die Gelegenheit aus und gehen auf dem Heimweg klingeln.

Als mein Geburtstag naht, melde ich mich rechtzeitig bei Alex, damit ich Weißbrot erhalte und auch zum Krankenhaus gehen darf. Seit etwa vierzehn Tagen besteht strikte Anordnung vom Natschalnik, daß alle, die von der Arbeit kommen, sofort ins Lager müssen. Wir vermuten, es sind Beschwerden aus der Zivilbevölkerung gekommen wegen unserer Bettelei. Dieser Weg vom Krankenhaus bietet uns die einzige Möglichkeit, vielleicht doch etwas Eßbares heranzuschaffen.

Am Morgen meines Geburtstages kommt unser Natschalnik in die Baracke, kommt zu meinem Bett (wir hielten uns ja meistens auf den Betten auf, es gab nur einen Stuhl im Raum) und sagt zu mir, natürlich auf russisch: „Mischke, du bringst doch heute das Brot ins Krankenhaus. Hol dir ein Pferd und Schlitten aus der Fabrik, dann fährst du zum Sägewerk, ladest einen Sarg auf — die wissen Bescheid — und bringst die Erna S. vom Krankenhaus mit. Paar Männer können sie später im Wald begraben. Nimm dir noch die Volkmann mit.“

Ich wollte den Natschalnik schon unterbrechen, weil ich das russische Wort für „Sarg“ nicht verstehe, aber als ich das weitere höre, weiß ich Bescheid: Wir hatten schon gehört, daß Erna gestorben sein soll.

Zunächst bin ich ärgerlich, daß es nun nichts mit meiner Klingeltour wird und ich dafür auch noch meine Freizeit opfern muß, denn abends muß ich schließlich zur Nachtschicht.

Ich gehe zu Frau Volkmann, die in einer anderen Baracke wohnt, und sage zu ihr:

„Frau Volkmann, Sie sollen mit mir zum Krankenhaus gehen.“

„Mensch, das ist ja prima —" fällt sie mir begeistert ins Wort. Aber jetzt unterbreche ich sie:

„Nein, nein, ist nich! Mit Klingeln gehn ist nichts. Wir müssen die Erna, die gestorben ist, nach hier holen. Sie soll im Wald beerdigt werden."

„So 'ne Scheiße", sagt sie bloß.

Wir jüngeren reden Frau Volkmann alle mit „Sie" an, sie ist schon über fünfzig Jahre alt, und die älteren reden wir grundsätzlich alle so an.

Wir ziehen unsere Wattejacken und Filzstiefel an und gehen zum Fabrikhof, wo sich der Pferdepark befindet. Draußen ist herrlichster Sonnenschein und sogar etwas Tauwetter, für März durchaus etwas Seltenes im südlichen Sibirien.

„Na, da werden unsere Filzstiefel aber ganz schön durchweichen", sagte ich zu Frau Volkmann.

„Ach", meint sie, „meine sind sowieso kaputt, da kommt der Schneematsch auch so durch. Ob die überhaupt halten werden bis wir Battinkis kriegen, ist fraglich. Ich war ja schon im Magazin fragen, ob ich andere Stiefel bekomme, aber die haben nur solche, die noch schlimmer aussehen als meine; außerdem sind mir alle zu klein."

Ja, sie hat wirklich sehr große Füße, ist auch sonst sehr groß und hat einen kräftigen Knochenbau. Ich arbeite gern mit ihr zusammen. (Leider hat sie die Heimfahrt auch nicht mehr erlebt.)

In der Fabrik angekommen, spannen wir unser Pferdchen ein, setzen uns auf das primitive Schlittengestell und fahren zum Sägewerk, um den Sarg zu holen. Der Sarg ist eine roh zusammengezimmerte lange Kiste.

Bis zum Krankenhaus fahren wir etwa eine knappe Stunde. Während Frau Volkmann am Schlitten bleibt, frage ich mich erst einmal durch, wo die „kranke Njemka" liegt. Berta, der ich das Brot geben soll, das ich mir aus der Lagerküche geholt hatte, liegt mit mehreren Russenfrauen in einem Raum zusammen. Sie erzählt mir, daß die Frauen alle sehr freundlich zu ihr sind und ihr auch so manchen Leckerbissen zustecken, die sie von ihren Angehörigen beim Besuch erhalten.

„Na, weißt du, du bist ja direkt zu beneiden. Das Glück möchte ich auch mal haben", lache ich. „Aber ich kann dir sagen, ich habe vielleicht Pech: Ich muß die Erna S. von hier mitnehmen, die ist gestorben."

„Nanu, die war doch im Waldkommando beim Bäumefällen, nicht wahr?“ fragt Berta.

„Ja“, sage ich, „stell dir vor, die hat der ‚Kujjel‘ so zusammengeschlagen, daß sie bald danach gestorben ist.“ Etwa zweihundert Kilometer von uns entfernt waren 30 Frauen ständig dort in einem Lager, um Bäume zu fällen und für den Transport fertig zu machen, d. h. sie auf Lkw oder Waggons zu verladen. Oft kamen auch zu uns die Waggons, die wir entladen mußten. Die Baumstämme waren nun nicht auf offene Waggons gelagert, nein, die Waggonwände reichten bis hoch über unsere Köpfe, und die dicken Stämme mußten wir, allein mit unserer wenigen Kraft hochhieven und über die Bordwand kippen. Wahrscheinlich war das Beladen noch schwieriger gewesen. Der Natschalnik in dem Lager war berüchtigt wegen seiner Brutalität. Frauen, die von dort zu uns gekommen waren, hatten es erzählt. Er tobte und schlug rücksichtslos auf die Mädels ein, wenn sie nicht schnell genug arbeiteten, außerdem entzog er noch die Brotration. So hatten ihn die Frauen „Kujjel“ getauft. Es ist ein ostpreußisches Schimpfwort für das männliche Schwein, dem Eber. (Frauen, die später von dort zu uns kamen, erzählten, daß „Kujjel“ nach dem Tod von Erna wie umgewandelt war, er war die Güte selbst!)

Als ich mich von Berta verabschiedet habe, frage ich beim Pförtner nach der toten „Njemka“ (Deutsche), wo ich sie finde. Er verweist mich an die Oberschwester, diese holt einen jungen Mann, anscheinend ist es ein Krankenpfleger, der mit mir zu einem kleinen Gebäude geht und die Tür aufschließt:

„Wodt, wasemji tfoja Djewke!“ sagt er und geht fort. (Da, nimm dein Mädchen.)

Ich winke erstmal Frau Volkmann mit dem Schlitten heran: „Kommen Sie mit dem Schlitten nach hier, Frau Volkmann!“

Gemeinsam gehen wir in den Raum hinein, ein durchdringender Karbolgeruch schlägt uns entgegen. Durch ein winziges Fenster fällt ein wenig Licht, wir müssen uns erst an das Halbdunkel gewöhnen. —

Mein Gott! Welch ein Anblick bietet sich uns da! Wir erstarren förmlich: Leichen — Leichen, ringsum an den Wänden sind Tische mit Leichen darauf. Alle nackend, seziert, blutverschmiert, die Bäuche und der Brustkorb sind mit einer groben, wulstigen Naht versehen. Neben zwei Greisen mit langem grauen Bart liegen zwei kleine Kinder mit unwahrscheinlich großen Köpfen. Auch ihr kleiner Bauch ist zerschnitten. Ein

Blick hat genügt, um mich dieses Bild nie vergessen zu lassen. Wir sind aber gezwungen, hinzusehen, wir müssen ja unsere Erna heraussuchen.

„Kuck, — da is se!" sagt Frau Volkmann mit zittriger Stimme.

Mein Gott, ja, da ist ihr schmaler, abgemagerter, geschundener Körper. Es sind noch blaue, blutunterlaufene Stellen zu sehen. Sie ist auch seziert worden.

Mit Tränen in den Augen ziehen wir sie unter dem Körper einer anderen Frau, die halb über ihr liegt, hervor. Wir holen den Sarg, stellen ihn vor die Tür und legen unsere Erna, nackt wie sie ist, in die kahle Kiste.

Auf die Idee, ein Gebet zu sprechen, kommen wir gar nicht, so durcheinander sind wir; dieses fiel mir erst am anderen Tag ein, da lag Erna schon unter der Erde Sibiriens.

Wir laden den Sarg auf den Schlitten, und unser Pferdchen trottet langsam ab. Zuerst gehen wir nebenher, jedoch ist der Schnee inzwischen so matschig geworden, und wir setzen uns beide auf den Sarg. Nebenbei ist kein Platz zum Sitzen.

Den ganzen Weg bis zum Lager laufen mir die Tränen, zwischendurch schluchze ich ein paarmal auf. Ein Satz hat sich bei mir festgefressen, ich kann nichts anderes denken, nur immer:

„Mamachen, wenn du wüßtest, ... Mamachen, wenn du wüßtest."

Ein Gruß aus der Heimat

„Djewke, ßiwodnai ja wi isgrusitje Waggonow is Berlin", — Mädchen, heute ladet ihr Waggons aus Berlin aus — sagt Natascha, der Dispätscher, zu uns mit wohlwollendem Lächeln. Wir sitzen im Nebenraum des Dispätschers auf der Bank und warten auf unsere Arbeitseinteilung. „In der Bude", wie wir sagen, denn es ist eine Bude, die abseits von den langgestreckten Fabrikgebäuden steht.

„Wir alle sollen Waggons ausladen?" fragt Anni.

„Ja, ihr alle", antwortet Natascha.

Noch nie waren wir so schnell aus der Bude wie jetzt. Wir laufen beinahe zur Ploschatka!

„Russisch-Schwein erwartet uns schon bei den Waggons — es sind zwei — er hat die Türen beiseite geschoben, „Mäd-chen kommt — kommt — schnell, Berrlin — Berrlin — haha", ruft er und klatscht sich vor Freude auf die Schenkel.

„Nu dawai Berlinska-Dama, komm arbeiten", schubst er Tuta an. „Na, nu mal immer mit der Ruhe, ja" erwidert Tuta lachend.

„Ru-che — Ru-che, hahahaha, ja — Ruu-che — nix Ruu-che dawai dawai", fuchtelt er mit den Armen, uns in den Waggon scheuchend.

Neugierig schauen wir uns im Waggon um: Maschinen dicht bei dicht, anscheinend sind sie aus einer Fabrik abgebaut. Wozu sie wohl benutzt worden sind? So weit reichen unsere technischen Kenntnisse natürlich nicht, um dieses zu erkennen. In welcher Fabrik sie wohl gestanden haben? Ein verdrecktes Namensschild an den Maschinen gibt nur Auskunft über den Hersteller aus Leipzig.

Wir machen uns an die Arbeit. Mit Brechstangen und „ras-dwa-usjelli- — „Hauruck" heben wir die Maschinen an, legen armdicke runde Holzstämme unter und rollen so die Maschinen auf die Ploschatka. Es geht mühsam, aber wir sind so aufgeregt dabei, fast munter. Es ist, als sei ein Stück Heimat zu uns gekommen.

„Kuckt mal, was hier ist", schreit Lilo plötzlich auf. Sie zieht ein Stück Zeitung hervor, das hinter einer Maschine gesteckt hat.

„Zeig mal — zeig mal — gib mal her —", jeder möchte das Blatt sehen. Lilo hält das Blatt hoch, damit es nicht in der Aufregung zerrissen wird. „Russisch-Schwein" sieht unsere Aufregung und das Papier in Lilos Hand: „Was iist das?“ (Er hat schon gut deutsch gelernt.)

„Da — eine deutsche Zeitung!“

„Kommt Mäd-chen, kommt chinsetzen — kucken — kucken!“

Wir setzen uns alle auf die Ploschatka, bilden einen Kreis um Lilo, die das Blatt behalten hat. Es ist ein Blatt aus einer Zeitung, voll mit Anzeigen.

Mein Gott, ist das aufregend!

„Hört mal“, sagt Lilo, „da spielen sogar schon die Kinos, auch Theateranzeigen sind drin: Metropoltheater, Theater am Schiffbauerdamm, — und Kinos sind eins - zwei - drei - fünf Kinos spielen!“

Das Blatt geht nun von Hand zu Hand, wir wollen es alle sehen, befühlen. Ansonsten sind Tauschanzeigen darin. Die kuriosesten Dinge werden gesucht.

„Tausche Herrenhalbschuhe, Gr. 43, gegen Nägel“, lese ich. „Da könnten wir ja sogar tauschen“, lache ich. Nicht auszudenken, wenn wir eine ganze Zeitung gefunden hätten! Was könnten wir Informationen haben! Denn wir wissen nichts — nichts — absolut nichts von zu Hause. Immerhin wissen wir nun, das Kulturleben ist wieder erwacht — das Leben in der Heimat geht weiter.

„Russisch-Schwein ist traurig, daß er unsere Schrift nicht lesen kann, er schickt uns wieder an die Arbeit.

Als wir die letzte Maschine ausladen, gibt es noch eine Überraschung: wir finden einen Kanten Brot. Brot aus Berlin — eine Sensation! Es ist vollkommen vertrocknet, aber jeder von uns darf einmal davon abknabbern. Ja, — so schmeckte einst unser Brot zuhause! Es ist genau wie früher — nur hatten wir diesen Geschmack schon vergessen.

Nicht einer ist unter uns, der nicht feuchte Augen vor Freude bekommen hat. Brot aus der Heimat!

Noch tagelang sprechen wir von diesen beiden Ereignissen, erzählen es den anderen Mädels im Lager.

Sonst dreht sich unsere Unterhaltung fast nur über Essen, das es früher zu Hause gab. Haben wir eine Arbeitspause — sei es, daß wir auf die nächste Maschine zum Beladen warten müssen oder sei es, daß sie eine Panne hat, jemand von uns fängt immer an, vom Essen zu sprechen: „Wie habt ihr zuhause die Rouladen gemacht“ oder „Kennt ihr Kratenis“, „Machte deine Mutter auch Knoblauch an die Rauchwurst“ usw. usw.

Rezepte werden in allen Einzelheiten diskutiert, erklärt, der Geschmack der verschiedensten Gerichte beschrieben, erzählt, was es bei der Kartoffelernte zu essen gegeben hat, bei Hochzeiten, Begräbnissen, wir kochen, kochen, kochen...

Wir sprechen manchmal auch über unsere Zukunft. Gibt es noch eine für uns? Bleiben wir für immer im Lager? Werden wir vielleicht einmal entlassen und müssen in Rußland bleiben, müssen für uns selbst sorgen, arbeiten, werden Lohn empfangen? Werden wir vielleicht einmal heiraten? Einen Russen? Auch diese Möglichkeit diskutieren wir. Niemand kann uns unsere Fragen beantworten, die Zukunft steht als graue Wand vor uns.

Wie aber, wenn wir nun eines Tages doch nach Hause fahren würden! Nach Hause. Aber wohin? Wohin sollten wir, die wir aus Ostpreußen sind, fahren? Sollten unsere Angehörigen vielleicht zurückgegangen sein in die verlassene Heimat, hatten sie vielleicht neu angefangen? Aber womit sollten sie neu anfangen, es war ja dort nichts mehr vorhanden: kein Pferd, keine Kuh, kein Schwein, Huhn, ja nicht einmal ein Hund oder eine Katze lebte dort mehr. Schon vier Wochen, nachdem wir geflüchtet waren und ich einmal mit meinem Vater noch nach Hause gefahren war, fanden wir nichts mehr vor außer den Gebäuden. Alles war gespenstisch leer, es herrschte Totenstille. Auf einem Hof, der sonst mit den Geräuschen, die die Tiere von sich geben, erfüllt war. Wie wir im Dezember erfahren hatten, wurde auch das Getreide auf den verlassenen Höfen von Dreschkommandos gedroschen und abgefahren, ebenso die Kartoffeln, die wir noch eingebracht hatten. So war also nicht einmal mehr Saatgut vorhanden. Vielleicht auch lebten unsere Angehörigen, genau wie wir, im Lager?

In einem sind wir uns alle einig: Uns genügen Brot, Kartoffeln, Milch, Salz und vielleicht hin und wieder ein wenig Zucker, — wenn wir nur nach Hause dürften. Sollten wir vielleicht aber doch mal ein wenig mehr Lebensmittel haben, wir würden nie — nie einen Vorrat haben können. Alles würde sofort aufgegessen werden. Unvorstellbar, daß wir vielleicht einmal eine Büchse voll Zucker besitzen würden — oder vielleicht gar Butter. — Butter! Wie schmeckt sie überhaupt? Einmal haben wir ein kleines Häufchen Schmalz, Rohschmalz, erhalten als Zuteilung, und zu gleicher Zeit erhielten wir auch die Brotportion. Wir hatten eine Schmalzstulle gegessen, eine richtige Schmalzstulle!

Wir wußten allerdings nicht: Hatten wir zu Hause das Schmalz dicker gestrichen, hatten wir es dünner gestrichen? Die Meinungen gingen auseinander.

Auf dem Basar werden Kartoffelplätzchen aus gefrorenen, zerquetschten Kartoffeln verkauft. Ich frage eine Frau, woher sie die gefrorenen Kartoffeln hat. Sie erklärt mir, daß einige Kilometer von der Stadt entfernt eine Kolchose ist mit einem ganz großen Feld, wo noch viele Kartoffeln vom Herbst drinstecken. Sie beschreibt mir genau den Weg. Als ich Nachtschicht habe, frage ich unseren Natschalnik, ob wir zu dem Feld gehen dürfen, um uns gefrorene Kartoffeln zu holen. Ich erkläre ihm alles genau, wo es ist.

„Na, ladna, Galia, idjitje", gibt er mir die Erlaubnis. So ziehen wir alle, die wir Nachtschicht haben, los. Es ist ein warmer Tag, Ende April. Einige Kilometer laufen wir durch den Wald und zweifeln schon, ob wir auch das Feld finden werden. Dann, als wir aus dem Wald kommen, sehen wir schon von weitem, wie auf einem Feld Russenfrauen dabei sind, das Feld abzusuchen.

Als wir das Feld betreten, versinken wir beinahe bis zu den Knöcheln in dem aufgeweichten Erdreich. Na, da werden unsere Filzstiefel aber aussehen!

Erst einmal finden wir nicht eine Kartoffel, anscheinend ist hier schon alles abgesucht, und wir gehen weiter ins Feld hinein, verteilen uns in einer Reihe. Mühsam, mühsam das ganze, hin und wieder finden wir eine Kartoffel, die weich und schwammig ist. Wir packen sie in unsere Beutel, die bald tropfen. Einige Stunden suchen wir, stapfen über den aufgeweichten Acker, sind enttäuscht, nicht mehr zu finden. Wollen wir nicht zu spät zur Nachtschicht kommen, müssen wir uns beeilen, ins Lager zurück zu gehen. Hundemüde treten wir zur Nachtschicht an, unsere paar Kartoffeln haben wir in eine Butz gepackt und unter der Decke verstaut. Hoffentlich finden wir sie morgen noch vor.

Es hatte sich niemand an den Kartoffeln vergriffen, und so ist am anderen Morgen am Ofen Hochbetrieb. Wir waschen die Kartoffeln, zerquetschen sie und backen uns auf der Herdplatte kleine Plätzchen. Alles geht hübsch der Reihe nach, mit Voranmeldung, wehe, wenn sich jemand vordrängeln will!

Mir schmecken die Plätzchen hervorragend, leicht süßlich wie sie sind, gaukeln sie sogar etwas Zuckergeschmack vor. Schade, daß wir nur so wenige gefunden haben.

Die ersten fahren nach Hause

Im Mai gibt es eine Sensation: Ein Transport zur Heimfahrt soll zusammengestellt werden! Es gibt sie also doch, die Heimfahrt! Hoffentlich ist es nicht wieder einer der üblichen „Scheißhausparolen"; denn diese gibt es nur allzu oft. Woher sie kommen, weiß niemand zu sagen. „Hast du schon gehört, auf dem Bahnhof sollen Waggons für uns bereitstehen", „wir sollen alle neu eingekleidet werden, wir fahren bestimmt nach Hause", „wir sollen mehr Brot bekommen", „im nächsten Jahr sollen wir Geld für unsere Arbeit erhalten", immer wieder tauchen irgendwelche Gerüchte auf, nie stimmt etwas.

Als uns aber Alex sagt, daß „wir Polen", damit schließt er sich ein, nach Hause fahren, da wissen wir, daß es wahr ist. Wie er weiter verrät, sollen noch einige Kranke und besonders Schwache fahren. Wer dieses sein wird, muß aber erst eine ärztliche Kommission entscheiden.

Da sind wir nun aber gespannt! Schwach sind natürlich die meisten von uns. Schließlich werden ca. 30 Frauen „ausgemustert", die fahren dürfen. Von unserer Brigade sind es vier Frauen, darunter die große Eva, mit der ich einst auf der Sowchose in der Küche war. Schon allein durch ihre Größe wirkt sie besonders ausgemergelt. Glücklich kommt sie aus unserer Küche mit ein paar Knochen: „Die röste ich mir jetzt für die Heimfahrt", verkündet sie fröhlich. Knochen werden bei uns in der Küche nämlich nicht fortgeworfen. Frau Runge, die Küchenchefin, gibt sie uns, sofern welche vorhanden sind, und wir rösten sie auf der Herdplatte, knabbern das Geröstete ab, rösten weiter, bis auch der letzte Rest gegessen werden kann.

Für Dora, die auch zu den Glücklichen zählt, gebe ich die Adresse von meinen Verwandten aus Berlin mit. Sie verspricht mir fest, dort hinzuschreiben. (Sie hat es auch gemacht und meine Verwandten haben meine Eltern benachrichtigt, die nun wußten, daß ich lebe.)

Bei uns Zurückgebliebenen geht, als der Transport fort ist, das Einerlei des Lagerlebens weiter. Wir leben aber jetzt doch mit neuer Hoffnung. Da Alex auch fort ist, bekommen wir einen neuen Lagerkommandanten. Er heißt Klages, ist Litauer und ist aus einem anderen Lager gekommen. Ulla ist geblieben, also nicht nach Hause gefahren, obwohl sie eine gebürtige Polin ist. Sie hat aber einen deutschen Ehemann und gilt somit als Deutsche. Sie lebt nicht schlecht und hat wohl noch nie gehungert. Oft sehen wir sie nach Milch gehen und fragen uns, woher sie wohl das Geld hat. Da sie meistens auch das Brot auswiegt, wird sie sich wohl nicht mit 500 Gramm begnügen. Sie hat auch ein Zimmer, das heißt einen Raum für sich allein. Allerdings hält hier die Lagerschwester, die jeden Tag herkommt, ihre Sprechzeit ab. Unsere häufigsten Krankheiten sind Durchfall, Fieber, Erbrechen, Furunkel, Flegmone, aber auch Arbeitsunfälle geschehen. Mir ist es einmal passiert, daß mir ein 200-l-Faß Öl den großen Zeh zerquetscht hat. Ich ging abends zur Schwester, um den Zeh, der stark blutete, verbinden zu lassen. Der Zeh war vorn aufgeplatzt, der Nagel etwas angehoben. Die Schwester nimmt, ohne ein Wort zu sagen, eine kleine Schere, schneidet den Nagel längs auf, und zieht mir mit einer Zange den Nagel. Ohne Betäubung! Zwei Tage später zog sie den Rest des Nagels. Ohne zu eitern verheilte der Zeh, der neue Nagel wuchs einwandfrei nach. Einige Tage war ich krankgeschrieben, aber dann mußte ich zur Arbeit. Es war wie verhext: Überall stieß ich mit dem kranken Zeh an. Fiel etwas herunter, so fiel es mir garantiert auf den kranken Zeh! Nun ja, zimperlich durfte man nicht sein.

Im Juni haben wir eine neue Nahrungsquelle entdeckt: Im Wald gibt es Erdbeeren und wenig später gibt es Pilze. Allerdings nur Boviste, die aber manchmal faustgroß sind, und wir kochen sie uns. Zusammen mit Brennesseln und Ackermelde ergibt es einen dicklichen Pamps.

Als ich einmal mit Ulla N. zusammen auf Erdbeerensuche bin, kommen wir am Waldrand an einem großen Rüben- und Kartoffelfeld vorbei. Kartoffeln gibt es natürlich noch keine, aber die jungen Rüben sind schon fingerdick, und wir schleichen uns in das Feld. Plötzlich hinter uns: „Stoij!“ Wir drehen uns um, ein alter Mann, mit grünen Wickelgamaschen steht da, in der Hand ein vorsintflutliches Gewehr haltend, das er auf uns gerichtet hat. Uns fallen vor Schreck die gesammelten Erdbeeren aus der Hand.

„Dawaij, iditje ßuda“, deutet er uns mit der Hand, mit ihm zu kommen. Wir müssen vor ihm gehen, das Gewehr hat er auf uns im Rücken gerichtet.

„Du Ulla“, meine ich, „ob das Gewehr überhaupt schießt, das sieht doch uralt aus. Laufen wir ihm doch einfach weg. Der holt uns nicht ein.“

Ulla ist jedoch ängstlich: „Also ich riskier' das nicht. Versuch du es doch." Allein will ich jedoch auch nicht davonlaufen.

Der Mann bringt uns zu seiner kleinen Bude, die man schon ein „Versteck" nennen könnte. Halb ist sie in der Erde, alles ist von Gestrüpp umgeben. Hätten wir uns vorhin das Feld genau angeschaut, wäre uns dies Mißgeschick nicht passiert. Wir hätten uns denken können, daß dieses das Versteck des Wächters ist.

Der Mann schimpft in einer Tour, vieles davon verstehen wir. Er will uns zur Miliz bringen, wir müssen nur warten, bis seine Frau ihn ablöst, er wird auch unseren Natschalnik verständigen. Nun haben wir große Angst und bitten ihn, uns doch laufen zu lassen, wir hätten die Pflanzen doch nur aus Hunger genommen. Ein kurzes „Njet" ist die Antwort. Um die Mittagszeit kommt seine Frau, ein kleines, rundliches Frauchen. Sie sieht so freundlich und gutmütig aus und wir schöpfen Hoffnung. Ein paar Rübenpflanzen, die wir noch in der Hand halten, essen wir, und hoffen so, ihr Mitleid zu erregen. Wie ein Wasserfall redet sie auf ihren Mann ein, er möge uns laufen lassen: „Siehst du nicht, was die Mädchen für großen Hunger haben?" Zuerst schüttelt der Mann eigensinnig den Kopf und brabbelt etwas von „Miliz" und „Natschalnik", aber — o Wunder — seine Frau schafft es, daß er plötzlich sagt „Dawai", wir sollen nach Hause gehen. Wir machen, daß wir schleunigst fortkommen. Nicht auszudenken, wenn der Aufseher uns der Miliz übergeben hätte, 25 Jahre wären uns sicher gewesen. Ein Mädel aus unserer Brigade, Irmgard B., ist im vergangenen Herbst dabei erwischt worden, als sie Kartoffeln vom Feld stahl, sie erhielt 25 Jahre Zuchthaus vom russischen Gericht. Des öfteren können wir sie mitten unter den russischen Strafgefangenen sehen, wenn diese auf dem Fabrikgelände arbeiten. Sie werden sehr streng bewacht, sogar Hunde sind im Einsatz, aber einmal hat ihre Schwester Traute von weitem mit ihr sprechen können.

„Mir geht es hier viel besser als euch, ich habe satt zu essen", rief sie ihrer Schwester zu.

(1952 las ich einen Bericht in einer Illustrierten, daß Irmgard entlassen worden war, sie hatte ein Kind in Rußland zur Welt gebracht.)

Ein Kirchgang

Am Stadtrand von Schadrinsk ist eine kleine Kirche, vor ihr liegt der Friedhof. Fast alle Gräber schmückt ein Holzkreuz, das unter den zwei waagerechten Balken noch einen schrägen Balken zu stehen hat. Das Kreuz des russisch-orthodoxen Glaubens.

Wie ich von Natascha erfahren habe, ist dies die einzige Kirche im ganzen Umkreis, in der noch Gottesdienst abgehalten wird. Gewiß sind in den entlegenen, größeren Dörfern noch Kirchen, aber sie sind alle zweckentfremdet, in ihnen werden landwirtschaftliche Maschinen untergestellt, Getreide gelagert oder es sind Magazine daraus geworden.

Als ich einmal mit Dora auf dem Heimweg ins Lager an der Kirche vorbeikomme, äußert sie den Wunsch, einmal in die Kirche zum Gottesdienst zu gehen.

„Einmal wieder in der Kirche zu sein — wäre das wunderbar! Obwohl ich bestimmt nichts verstehen würde, du weißt ja, ich kann nur ein paar Worte russisch, — aber trotzdem würde ich zu gern mal hineingehen. Aber ob wir überhaupt da hinein dürfen als Deutsche?"

„Warum eigentlich nicht? Ich glaube nicht, daß die Russen Anstoß daran nehmen würden, vielleicht freuen sie sich sogar darüber, daß wir daran Interesse haben. Am besten, ich frage mal unseren Natschalnik, ob wir gehen dürfen und wann Gottesdienst ist."

Gleich am anderen Tag ergibt sich die Gelegenheit, daß ich dem Natschalnik unser Anliegen vortragen kann. Erna, Doras Freundin, Trautchen und Lydia möchten auch mit. Der Natschalnik hat nichts dagegen, daß wir fünf zur Kirche gehen und sagt uns auch, daß am Sonntag-Vormittag Gottesdienst ist.

Wir können natürlich nur hin, wenn wir Nachtschicht haben, und das ist am nächsten Sonntag der Fall.

Es ist für uns dies ein außergewöhnliches Ereignis und so ist es selbstverständlich, daß wir uns Kleider anziehen. „Zivil", wie wir sagen. Allerdings sind unsere Kleider, Röcke oder Blusen durch das lange Liegen in Beuteln, am Kopfende des Bettes verstaut, durchaus nicht mehr sehr salonfähig. Sie sind zerknautscht, und sauberer sind sie dadurch auch nicht geworden. Oh ja, wir haben auch manchmal „große Wäsche", alles wird in Sodawasser gewaschen! Auch unsere Haare waschen wir mit Soda, das wir uns aus dem Magazin der Fabrik heimlich mitbringen. Gebügelt kann natürlich keine Bluse oder Rock werden, ein Bügeleisen existiert im Lager nicht.

So zeigt auch an diesem Sonntag mein Faltenrock, den ich anziehe, mehr Falten als die, die abgenäht sind. Aber mein selbstgestrickter Pullover aus den Fäden der Binden sieht ganz passabel aus. Schuhe und Strümpfe haben wir nicht, der liebe Gott wird es uns verzeihen, daß wir barfuß in Battinkis zu ihm beten werden.

Zaghaft treten wir durch die offenstehende Tür ins Kircheninnere. Rund, wie die Kirche von außen ist, ist auch der Innenraum. Sitzbänke gibt es keine, die schon anwesenden Russen, meist sind es ältere Frauen, stehen alle. Sie mustern uns ein wenig verwundert, aber freundlich. Wie fast überall in den Kirchen, so ist auch hier der Altar der Eingangstür gegenüber, er ist umgeben von Madonnenbildern und Ikonen. Links vom Altar stehen einige Bänke, auf denen weißgekleidete Frauen sitzen, auch die Haare sind durch weiße Leinentücher verdeckt. Ihre Gesichter heben sich kaum vom Weiß der Kleider ab, man könnte meinen, sie hätten nie das Sonnenlicht gesehen.

Wir fünf stellen uns etwas abseits an die Wand, aber kurz vor Beginn des Gottesdienstes ist der Raum so voll geworden, daß wir doch inmitten der Russen stehen. Nicht weit von mir entdecke ich den jungen Bettler, der mir im vergangenen Herbst so herzlich die Kartoffeln spendete. Andächtig hat er die Hände zusammengelegt und schaut mit verklärtem Blick zum Altar, wo gerade der Pope eintritt. Ihm folgen zwei Männer mittleren Alters. Alle drei tragen sie lange, weiße Gewänder, den Popen ziert ein gepflegter, weißer Bart, unter dem ein großes goldenes (?) Kreuz auf der Brust baumelt.

Die Liturgie beginnt. Orgelklang ist nicht zu vernehmen, aber der Chor singt. Es sind die weißgekleideten Frauen auf den Bänken neben dem Altar. Ihre Stimmen sind unwahrscheinlich hell und zart. Dafür ist die Stimme des Popen mit einem gewaltigen Baß ausgestattet, seine Worte kommen wie Donnerschläge, schwer und gewichtig. Ich verstehe nur vereinzelte Worte, die Ausdrücke der Bibel oder des Gebets fehlen in meinem Wortschatz. Während der Predigt muß ich immer wieder zu dem jungen Bettler hinschauen, der die Worte des Popen förmlich aufzusaugen scheint. Und immer wieder schlägt er das Kreuz, verneigt sich tief und sagt mit ehrfürchtiger Stimme: „O Gospodin — o Gospodin“ — o Herr! Zwischendurch, beinahe mit kindlichem Ausdruck im Gesicht: „Was du nicht sagst!!“ Es ist alles so fremdartig, neu und interessant, so daß eine echte Andacht in mir nicht aufkommen will. Vielleicht liegt es auch daran, daß ich versuche, den Sinn der Predigt zu erfassen; denn Dorchen sagt mir hinterher, daß sie mit Andacht ein langes Gebet halten konnte. Allerdings ist sie auch, wie ich schon erwähnte, besonders gläubig.

Auf dem Weg ins Lager zurück sind wir schweigsam, jeder hängt seinen Gedanken nach: Der Kirchgang daheim — die Konfirmation — steht noch unsere Kirche, die eigentlich, gemessen an dörfliche Verhältnisse, recht stattlich war. Zu Hause nach dem Kirchgang gab es ein schmackhaftes Sonntagsessen, es war Feiertag. Wir empfangen im Lager unsere Brennesselsuppe, klebriges Brot, ziehen unsere dreckigen Arbeitssachen an und werden uns wieder mit Eisen, Blei, Öl, Kisten, Autokühlern oder Zementausladen plagen. „Dawai bisträ“, wird auch heute unser Wort für den Sonntag heißen.

Auf „Maschine"

Sitzen wir in der Bude und warten auf unseren Arbeitseinsatz, spitzen wir die Ohren, um zu hören, was der Dispätscher im Nebenraum am Telefon mit der Lkw-Station, der „Avto-Basa", verhandelt und welche Maschinen zum Einsatz kommen werden. Die Nummern stehen alle groß an den Seiten- und Rückwänden der Maschinen angeschrieben, nicht wie in Deutschland, auf einem kleinen Schildchen. Oft verabreden wir schon, bevor der Dispätscher uns einsetzt, wer mit wem auf welche Maschine geht. Problematisch wird es nur, wenn die Maschine 42—42 kommt oder eine Arbeit bevorsteht, die absolut niemand tun will. Dann trifft der Dispätscher die Entscheidung. Die Maschine 42—42 ist eine Benzinmaschine und der Chauffeur unfreundlich und besonders genau. Er paßt stets auf, ob die Maschine auch optimal ausgenutzt wird. Außerdem ist die Ladefläche dieser Maschine besonders hoch und hat fast nie eine Panne, wie die Holzgasmaschinen. Wenn die Chauffeure bei den Holzgasmaschinen nicht aufpassen beim Nachlegen der Feuerung, geht sie nämlich aus, und das Fahrzeug muß abgeschleppt werden. Zumeist haben wir dann eine Pause. Nicht immer geht das Feuer nur zufällig aus, wir helfen auch nach, indem wir das luftzuführende Loch am Ofen zuhalten.

Den meisten Chauffeuren ist es gleichgültig, wieviel oder wie lange wir an einer Maschine laden. Wenn wir sagen, er soll losfahren, dann fährt er. Müssen wir z. B. eine bestimmte Anzahl Maschinen Koks oder Schlacke fahren, beladen wir die Maschine möglichst wenig, um schnell die gewünschte Anzahl zu erreichen. Heißt es aber z. B. 10 Tonnen Eisenerz, Blechplatten oder Eisenstangen fahren, können wir kaum mogeln, die Maschine muß jedesmal mit der Ladung auf die Waage fahren. Viel hilft es da nicht, wenn wir versuchen, auf der Ladung sitzen zu bleiben. Dieses gelingt auch nur selten, meist jagt uns die Frau, die die Waage bedient, herunter.

Während der Nachtschicht ist es schon vorgekommen, daß wir beim Transport von Eisenerz — es ist zu Barren zusammengeschmolzen — nur die eine Hälfte abgeladen haben, mit dem Rest wieder zum Beladen gefahren sind und neu zugeladen haben. So hatten wir in der halben Zeit unsere Tonnenzahl geschafft und konnten unsere Schicht beenden und bekamen noch ein großes Lob vom Dispätscher unserer schnellen Arbeit wegen.

So etwas ging natürlich nur zu machen, wenn der Chauffeur „in Ordnung“ war und wir keine Russenfrau zur Beaufsichtigung hatten.

Ob es Serjoscha, Walodja, Kolja oder Pjotr sind, freundlich sind sie alle. Mitunter bieten sie an, mit ihnen zu rauchen und geben uns eine Zigarette, gedreht aus „gutem“ Machorka und dem Papier der „Prawda“. Auch ich, als Nichtraucherin, habe schon mitgeraucht, ist doch die Zigarette ein Objekt, das man zum Mund führen kann. So lehne ich z. B. auch nie das saure Gurkenwasser ab, das mir mitunter eine Frau auf dem Basar anbietet.

Die Chauffeure sind auch auf uns angewiesen; denn bei den katastrophalen Straßenverhältnissen bei Matschwetter, bei den aufgeweichten Ladeplätzen, oder im Winter, kommt es nur zu oft vor, daß die Maschine stecken bleibt und wir sie herausschieben, oder mit Hebebäumen herauswuchten müssen. Schnell geht dies jedoch nur, wenn wir auch wollen! Ansonsten tun wir nur so, als ob wir schieben. Da kann der Chauffeur noch so fluchen, und weiß Gott, das können sie bestens! Flüche, deren Bedeutung wir allmählich alle schon wissen, aber niemand spricht sie von uns aus. In unserer Muttersprache würde das so abscheulich, so obszön sein, unfaßbar, wie sich Menschen solche Flüche überhaupt ausdenken können! Wenn ich nur an einen Fluch denke, in dem aufgefordert wird — im ordinärsten Wortschatz — Unzucht mit der Mutter Gottes zu treiben — !

Sitzen wir im Winter zusammengekauert hinter dem Kabinendach der Maschine, so stehen wir im Sommer auf das Kabinendach gelehnt und oft singen wir Wanderlieder, Volkslieder, was uns gerade so einfällt. Ist mit uns eine Russenfrau und fordert uns auf, was besonders Schönes zu singen, machen wir uns stets einen Spaß daraus und singen „Deutschland, Deutschland über alles“. Besonders die dicke Wallia strahlt dann über das ganze Gesicht.

Vielleicht denken die Russen in der Stadt, daß wir ein besonders fröhliches Völkchen sind, wir, die „Njemtse“. Vielleicht denken sie auch, daß es uns hier noch viel zu gut geht, uns ist dies egal: Man kann nur alles ertragen, wenn man immer wieder ein Lied auf den Lippen hat. Es hilft über vieles hinweg. Die Stimmung kann noch so mies und gedrückt sein, stimmt jemand ein Lied an, fallen die anderen alle ein.

Der Sonntag ist ein Arbeitstag wie jeder andere. Dafür ist jeder zehnte Tag ein Ruhetag, der „Wichadnoj djänj". Müssen wir an einem „Wichadnoj djänj" trotzdem zur Arbeit, so sei es, daß Waggons ausgeladen werden müssen oder ein wichtiger Transport erledigt werden muß, können wir Darbietungen besonderer Art in der Stadt erleben: Zu beiden Seiten eines Harmonikaspielers haben sich, in einer Reihe Mädchen und Burschen untergehakt und ziehen singend und tanzend die Straßen lang. Sie nehmen die ganze Straßenbreite ein und singen Lieder mit schier endlosen Strophen. Der Refrain endet in einem „juch, juch, juch", dabei stampfen sie den Rhythmus mit ihren Stiefeln und schwenken die Arme im Takt. Obwohl die Stimmen der Mädchen schrill, fast keifend klingen, hört sich doch alles harmonisch an, weil sie zweistimmig singen, und wir hören es gern.

Da bei uns, seit die Polen nach Hause gefahren sind, immer noch sechzehn Männer im Lager sind, bleibt es nicht aus, daß sich einige Liebschaften entwickeln. Der Natschalnik weiß dieses und freut sich sogar darüber. So hat sich unser neuer Lagerkommandant gleich die fesche Maria angelacht, sie wohnt mit ihm in einem kleinen seperaten Raum, von den anderen Männern getrennt. Lilo, mit ihren braunen Naturlocken und tiefliegenden, braunen Augen gut aussehend, ist zu Paul gezogen, der einst geflüchtet war. Paul ist gelernter Ofensetzer, und der Natschalnik vermittelt ihm laufend Arbeit in russischen Häusern. Paul braucht sich um sein Sattwerden keine Sorgen mehr zu machen und Lilo wird wohl auch nicht leer ausgehen. So wundern wir uns auch nicht, daß Lilo zu Pauls Liebeswerbung nicht „nein" sagen kann.

Wir sind alle sehr, sehr froh darüber, daß wir keine Periode haben. Wir unterhalten uns darüber ganz ungeniert, die meisten von uns haben sie schon auf der Flucht verloren. Es würde schwere Probleme geben, wenn wir damit behaftet wären. Womit sollten wir uns wohl schützen? Vielleicht könnten wir die abgewickelten Binden dazu verwenden, aber trotzdem — es ist besser so.

Eines Morgens bei der Prowerka fragt der Natschalnik, wer von uns Akkordeon spielen kann. Außer mir meldet sich noch Kätchen H., die auch auf der Kolchose in der Küche arbeitete.

„Na gut", meint der Natschalnik, „ihr kommt morgen abend mit mir in die Stadt."

„Was der wohl mit uns vor hat“, rätseln Kätchen und ich herum.

Am nächsten Abend holt uns der Natschalnik wirklich aus der Baracke, und wir gehen mit ihm zu einem Haus, das, wie er es uns erklärt, das Kulturhaus der Stadt ist. Ein Mann dort begrüßt uns, er gibt uns sogar die Hand, und bringt ein Akkordeon an. Wir sollen darauf spielen, irgendwas.

Ob wir noch spielen können? Wir haben ja lange kein Instrument in der Hand gehabt. Ich spiele sowieso nicht sehr gut, ich habe das Spielen ohne fremde Hilfe gelernt. Dann jedoch geht es doch recht passabel. Kätchen aber spielt besser als ich, sie hat Unterricht gehabt. Sie darf jedenfalls den ganzen Sommer über in einem Erholungsheim für Offiziere in der Nähe unseres ersten Lagers zur Unterhaltung spielen und ist von der Arbeit freigestellt.

Im Herbst ist die Tätigkeit von Kätchen im Erholungsheim beendet, und sie bringt das Akkordeon in's Lager mit. Nun haben wir ein Akkordeon! Der Natschalnik hat es zwar in Verwahrung, aber ein paar mal rückt er es heraus und wir beide mit Kätchen spielen abwechselnd, die anderen singen dazu. Einige wagen sogar ein Tänzchen. Seitdem wir wieder Kartoffeln haben, ist unsere Stimmung sowieso besser.

Zu Kartoffeln kommen wir nicht nur durch das „Klingeln“ oder durch Kauf von dem Geld, das wir für Nägel usw. erhalten. Wir gehen in diesem Herbst auch in die Kartoffelfelder und buddeln uns mit den Händen die blanken Knollen heraus. Einige Felder haben wir bei unseren Streifzügen durch den Wald erkundet, andere bei den Fahrten mit der Maschine entdeckt. Wir wissen, daß die Kartoffelfelder den Einwohnern von Schadrinsk gehören, am Stadtrand haben viele von ihnen ein Stückchen Land, das sie beackern dürfen. Aber wir sind skrupellos geworden, der ständige Hunger hat uns dazu gemacht. Unsere einzige Sorge ist, daß wir dabei nicht erwischt werden.

Etwa zwölf Mädels aus unserer Baracke verabreden sich, in der nächsten Nacht durch ein loses Brett im Zaun zu kriechen und in ein großes Kartoffelfeld am anderen Ende der Stadt zu gehen. Agnes fragt mich, ob ich nicht mitgehen will. „Nein“, sage ich, „ihr seid mir zu viel. Das ist mir zu riskant.“

Niemand von ihnen kam in der nächsten Nacht mit Kartoffeln zurück, dafür mit blauen Flecken, einige bluteten, Agnes hatte einen gebrochenen Arm. Der Lagerschwester erzählte sie, daß sie von der Maschine gestürzt sei.

Was war geschehen?

Da das Feld schon einige Male vorher von unseren Frauen „heimgesucht“ worden war, hatte man ihnen aufgelauert und sie mit Hacken und Mistgabeln traktiert. Zum Glück hat man keine von den Frauen festhalten können, alle konnten türmen. Die Leute beschwerten sich jedoch beim Natschalnik, und die Folge davon war, daß das gesamte Lager mehrere Wochen Ausgangssperre hatte; d. h. daß wir weder „nach Milch“ gehen noch später von der Arbeit nach Hause kommen durften.

Lucie, die im Bett unter mir schläft, überredet mich eines Tages, gemeinsam mit ihr und ihrem Cousin, der auch hier im Lager ist, in ein Kartoffelfeld zu gehen.

„In der Nähe unseres alten Waldlagers ist ein großes Feld, das nicht bewacht wird. Willi hat es ausgekundschaftet. Willst du mitkommen?“

„Ist das auch sicher, daß es nicht bewacht wird“, frage ich skeptisch.

„Ja, Hildchen, du kannst dich darauf verlassen, wenn Willi das sagt, ist das schon in Ordnung.“

„Also gut, ich komme mit.“

Wir verabreden uns für den nächsten Abend, so gegen Mitternacht wollen wir losgehen. Natürlich können wir die Zeit immer nur schätzen, die einzige Uhr, die wir zu Gesicht bekommen, ist auf dem Fabrikhof. Morgens, wenn unsere Arbeit um sieben Uhr und wir durch das große Fabriktor kommen, fällt unser Blick gleich auf die Uhr. Daneben ist ein großer Lautsprecher angebracht, und genau um sieben ertönt die russische Nationalhymne. Danach der Sprecher: „Gawaritj Moskwa.“ — Hier spricht Moskau. Dann folgen die Nachrichten. Mittags um 12 und um 17 Uhr heult die Sirene der Fabrik.

Am nächsten Abend, als alles schläft, schleichen wir zum Zaun, finden das lose Brett und schlupfen durch. Wir gehen hinten herum um das Lager, damit wir nicht am Posten vorbei müssen und schlagen den Weg zum nahen Wald ein. Im Wald ist es fast finster, der Mond hat sich leider hinter den Wolken versteckt, aber wir brauchen nur den breiten, ausgefahrenen Weg einzuhalten, er führt uns genau dorthin, wo das ehemalige Lager ist. Willi erzählt uns, daß das Lager jetzt unbewohnt ist, es liegt vollkommen verlassen da. Wir scheuen uns, uns laut zu unterhalten, wir flüstern beinahe. Es ist windstill, kein Rauschen in den Bäumen, direkt ein wenig unheimlich.

Nachdem wir etwa eine Stunde gegangen sind, erkennen wir eine Lichtung und sehen auch schon den ersten Wachturm des Lagers gegen den Himmel ragen.

„Wartet mal", flüstert Willi, „ich schau mal nach, ob das Feld schon hier links anfängt."

„Ach Lucie, wenn wir doch bloß wieder erst im Lager wären", sage ich leise zu Lucie. „solche Angst hatte ich noch nie. Wenn das nur gut geht!"

„Laß man, Hildchen, warum soll was schief gehen, hier ist bestimmt niemand", tröstet mich Lucie.

Willi kommt zurück.

„Na, denn macht man eure Beutel klar, wir sind richtig hier. Ein kleines Stück nach links fängt das Feld an. Am besten wir knien uns hin und bücken uns so tief wie möglich, man kann nie wissen. Und seid ja leise!" Ich knie mich nicht nur hin, ich lege mich lang in die Furche, taste nach den Kartoffelstauden und pule mit den Fingern die größten Kartoffeln hervor. Robbe weiter, nehme die nächste Staude, einmal links, einmal rechts, bis ich meinen Beutel fast voll habe. Es sind bestimmt sieben bis acht Pfund darin.

Da taucht auch schon Lucie auf, ein Weilchen später Willi.

„Na, Mädchen, habt ihr genug?"

„Ja", sage ich, „kommt bloß schnell weg von hier. Es wird bestimmt bald hell."

Im Eiltempo gehen wir zurück. Als wir schon beinahe aus dem Wald heraus sind, hören wir aus der Richtung des Lagers Motorengeräusche und laute Männerstimmen.

Was mag da los sein?

Wir verschwinden schnell vom Weg, legen uns hinter einen Erdhügel und beobachten den Weg zum Lager. In der beginnenden Morgendämmerung können wir schon die Umrisse des Lagers erkennen. Vor dem Lagertor stehen einige Lkw, deren Motoren laufen und Männer unterhalten sich laut. Hin und wieder flammt ein Streichholz auf, Zigaretten werden anscheinend angezündet.

Ein schrecklicher Gedanke kommt mir: Sollte etwa unsere Abwesenheit bemerkt worden sein und diese als Flucht gedeutet werden? Mir ist ganz schlecht vor Aufregung. Ist es vielleicht besser, wir gehen in's Lager zurück, anstatt hier zu warten?

Plötzlich wird das Motorengeräusch lauter, die Lkw fahren ab. Erleichtert atmen wir auf. Aus dem Lager ist nichts zu hören, es liegt vollkommen ruhig da. Wir nehmen nun unsere Beutel und laufen schnell zum Zaun, um durch das Loch zu schlüpfen. Von weitem schon sehen wir ein paar Mädels auf der Treppe unserer Baracke stehen, aufgeregt winken sie uns zu.

„Gott sei Dank, daß ihr da seid, wir dachten schon, die haben euch mitgenommen", ruft Gertrud. „Habt ihr ein Glück gehabt! Was meint ihr, was hier los war!"

„Ja", spricht Else aufgeregt weiter, „und den Niels haben sie mitgenommen, der draußen am Natschalnik sein Kartoffelfeld geschlafen hat." Niels war unser „Mann für alles" im Lager und mußte auf des Natschalniks Kartoffelfeld aufpassen, damit wir nicht auch dort mausen. Das Feld war außerhalb des Lagers, wo auch der Natschalnik seine Wohnung hatte.

„. . . und wir mußten alle antreten und die Baracken wurden durchsucht. Ein Glück, daß wir nicht gezählt wurden, dann wärt ihr aber dran gewesen!"

„Ja — aber um Himmels willen, warum dies alles — was ist denn passiert?" fragen wir.

„Also, Ulla erzählte uns, daß zwei Soldaten erschossen worden sind, genau da, wo ihr vorbei gegangen seid, in dem roten Ziegelhaus, das am Weg steht, wo es nach dem alten Lager geht. Das soll ein Munitionsdepot sein. Drei Soldaten haben es bewacht und nun sind zwei tot. Der dritte Soldat ist fort. Vielleicht haben die bei uns im Lager den anderen Soldaten gesucht."

Mein Gott, haben wir ein Glück gehabt — wir sind ja an dem Gebäude dicht vorbei gegangen!

Ein paar Tage später erzählt uns Katja, mit der wir oft zusammen arbeiten, daß sie den dritten Soldaten gefangen hätten, „er wird bestimmt erschossen", meint sie.

Er wurde nicht erschossen, er wurde gehenkt! Wir konnten seine Leiche sehen, als er auf dem Kasernengelände baumelte. Die Kaserne lag mitten in der Stadt und war von einem hohen Bretterzaun umgeben. Da wir auf der, hoch mit Kisten beladenen, Maschine saßen, konnten wir über den Zaun hinwegschauen.

Die dritte Weihnacht in Sibirien

„Ploschatka-Leute, vier Mann freiwillig in den Sand!“ ruft Lagerkommandant Klages in unsere Baracke hinein. Verflixt! Gerade haben wir die Tagschicht hinter uns, die wir heute schon um vierzehn Uhr beenden durften, allerdings erst, nachdem wir unsere Arbeit verrichtet hatten. Sieben Stunden lang haben wir Waggons mit Zinnbarren entladen, auf Maschinen gepackt, zum Magazin gefahren, dort wieder auf die Waage gepackt und dann gestapelt. Immerhin wiegt ein Barren dreißig bis fünfunddreißig Kilogramm — den wir natürlich nicht zu zweit getragen haben, weil sie zu klein dafür sind — und das wird wohl jeder glauben, daß wir ganz schön geschafft waren. Nun hatten wir uns so beeilt, um schnell fertig zu werden, und jetzt wieder ’raus!

Darum erhebt sich auch sofort Protest, alle schreien wir auf den Kommandanten ein:

„Also ich geh’ nicht, ich war erst das letzte mal freiwillig“, „ich hab’ gerade meine Kartoffeln im Feuer“, „ich hab’ mir meine Hand gequetscht“, „mir sind meine Stiefel ganz durchgeweicht vom Benzin“, ruft Ruth, die heute eingeteilt worden war, Benzin abzufüllen und zur Fabrik zu fahren.

Als nun alle aufgeregt durcheinander schreien, denn wer will schon freiwillig am Heiligabend noch mal raus, verschafft sich Klages erst mal Gehör:

„Ruhe — verflixt noch mal, nun seid doch mal ruhig! Hört doch erst mal zu, was ich euch zu sagen habe! Ihr beladet nur die eine Maschine und kommt dann wieder mit der zurück. Dafür habt ihr dann aber zwei Tage frei. Ich versprech’ euch das!“

Ich stoße schnell Lilo an: „Du, Lilo, wollen wir? Mensch — zwei Tage dafür frei, das wäre doch prima! Klages hat immer Wort gehalten. Wir hätten zwei freie Weihnachtsfeiertage!“

Lilo macht mit, ebenso Edith und Franz, die eigentlich „Edeltraud“ heißt. Sie hatte sich, als sie gefangengenommen wurde, Männerkleidung angezogen gehabt und als Mann ausgegeben und so kannten wir sie auch nur in Männerkleidung. Sie blieb für uns „Franz“. Es gab großes Gelächter, als sie sich einmal ein geborgtes Kleid angezogen hatte.

„Mensch, zieh das bloß wieder aus“, riefen gleich mehrere Mädels gleichzeitig, „so kannst als Vogelscheuche gehen, bei uns zieh’ dich anständig an!“

So ziehen wir vier unsere Filzstiefel und Wattejacken wieder an, setzen die Schappka (Wintermütze) auf und gehen vor das Lagertor, wo unsere Maschine schon wartet. Gott sei Dank, es ist Serjoscha mit seiner Holzgasmaschine, da können wir uns auf der langen Fahrt am Ofen wärmen. Eine Russenfrau ist nicht mit.

Serjoscha fordert uns auf, auf die Maschine zu steigen und los geht die Fahrt. Wir haben etwa dreißig Kilometer vor uns. Die Sandgrube liegt am Rande eines großen Waldgebietes, in der Nähe befinden sich ein paar ärmlich aussehende Hütten.

Der Sand wird für die Eisengießerei, die der Fabrik angeschlossen ist, benötigt. Im Sommer reißen wir uns alle darum, „in den Sand“ zu fahren. Der lange Weg dahin gestattet uns eine ausgiebige Ruhepause, das Beladen der Maschine mit Sand ist sauber und auch nicht schwer, und bis die nächste zu beladende Maschine kommt, legen wir uns auf den warmen Waldboden oder wir lausen uns. Natürlich wird auch hierbei „gekocht“, jede Unterhaltung endet sowieso beim Thema „Essen“.

Als wir aus der Stadt draußen sind, steht die Sonne als riesiger Feuerball am Horizont und färbt die weite unberührte Schneedecke leicht violett. Es ist ungewöhnlich mild draußen, höchstens zehn Grad minus, windstill. Es liegt eine etwa zehn Zentimeter dicke Schneeschicht. Nur unsere Straße unterbricht die fast ebene Winterlandschaft. Die Strecke sind wir schon öfter gefahren, nur einmal sehen wir in der Ferne ein Dorf liegen; sonst nur weites Land, große Wälder. Schweigend sitzen wir hinter der Kabinenwand, mit dem Rücken gegen den wärmenden Holzgasofen gelehnt. Jeder hängt seinen Gedanken nach: Heiligabend. Was machen unsere Lieben, leben sie, wo sind sie, haben sie etwas zu essen? Die dritte Weihnacht wissen wir nichts voneinander. Aber vielleicht haben sie Nachricht über uns von den Heimkehrenden erhalten?

Plötzlich sagt Edith, die kurz aufgestanden ist und auf die Straße schaut:

„Kuckt mal — schnell, kommt mal kucken, was liegt da langgezogen in der Fahrspur? Mensch — das sind doch Erbsen! Erbsen, — die ganze Spur voll Erbsen, so weit man kucken kann!“

Wir sind längst aufgestanden und schauen verblüfft über das Kabinendach nach vorn.

„Tatsächlich! Das ist ja nicht zu fassen! Anhalten! Der Serjoscha muß anhalten, schnell!"

Wir trommeln auf das Kabinendach: „Serjoscha — Serjoscha!" Er hält an und schaut aus dem Fenster: „Was willst du, Gallia?"

Ich zeige auf die Erbsenspur und bitte ihn, uns doch die Erbsen auflesen zu lassen. Er flucht erst ein bißchen, aber dann hält er doch. Flink springen wir von der Maschine, unsere Beutel haben wir schon in der Hand, und scharren die Erbsen, so schnell es mit den Handschuhen geht, in die Beutel. Schneller aber geht es ohne Handschuhe, was macht uns in dieser glücklichen Situation schon das bißchen Kälte aus! Überglücklich haben wir bald unsere Beutel bis zur Hälfte gefüllt und sind, unserer Maschine vorauseilend, zu einer kleinen Talmulde gekommen. Da steht eine Maschine, vollbeladen mit Erbsen! Sie ist mit der Hinterachse vom Weg abgekommen und liegt schräg, im Schnee festgefahren.

Der Chauffeur dieser Maschine kommt aus der Kabine geklettert, freut sich, daß endlich eine Maschine kommt. Die Strecke wird nicht oft befahren. Selbstverständlich helfen wir, die Maschine wieder fahrbereit zu machen, so gern wie jetzt haben wir es noch nie gemacht. Lilo stößt mich an. „Du Hildchen, frag doch mal den Chauffeur, ob wir nicht unsere Beutel mit Erbsen vollfüllen dürfen, der läßt das bestimmt."

Ich kann inzwischen schon ganz gut russisch und erzähle ihm, daß heute unsere Weihnacht ist (die Weihnacht der orthodoxen Russen ist ja bekanntlich im Januar) und ob wir uns nicht ein paar Hände voll Erbsen nehmen dürften.

„Nehmt nur, Mädchen, nehmt", sagt er, „wenn ich die verloren hätte, wären sie ja auch fort."

Wir füllen unsere Beutel randvoll, ein paar Hände voll wandern noch in Jacken- und Hosentaschen. Wir bedanken uns freudestrahlend bei dem netten Chauffeur, und ich versuche, ihm zu erklären, daß er unser Weihnachtsmann gewesen ist. Damit weiß er jedoch nichts anzufangen, und er zuckt verständnislos mit den Schultern.

Gleich darauf sitzen wir wieder hinter der Kabinenwand, kauen die trockenen Erbsen, und jetzt sind wir nicht mehr schweigsam. Na, die anderen Mädels werden staunen, wenn wir unsere prall gefüllten Beutel aufs Bett schmeißen werden. Wir können es gar nicht erwarten, nach Hause zu kommen.

Aber erst mal müssen wir ja noch die Maschine mit Sand beladen.

Als wir an der Sandgrube sind, ist es schon dunkel, aber der Schnee gibt uns noch Helligkeit genug. Im Dunkeln zu arbeiten, sind wir sowieso gewöhnt. Mit Brechstangen lockern wir erst die oberste Schicht, die gefroren ist, und dann beeilen wir uns, schnell die Maschine voll zu bekommen. Vorn, vor der Kabine, lassen wir etwas Platz frei zum Sitzen für uns, aber Serjoscha sagt, wir sollen alles vollschaufeln. Verständnislos fragen wir, wieso denn das, wir müssen doch Platz haben für uns. Ja, es käme noch eine Maschine, — gleich. Es ist doch immer wieder dasselbe! Immer wieder fallen wir auf Versprechungen herein!

Jetzt fängt es auch noch zu schneien an, als die Maschine losgefahren ist, und es ist durchaus möglich, daß dann überhaupt keine Maschine mehr kommt. Haben wir alles schon gehabt. Wir warteten einmal eineinhalb Tage im Sand auf die nächste Maschine. Als keine kam, fuhren wir einfach mit dem Zug nach Schadrinsk zurück, denn in der Nähe war eine Bahnstation. Als einzige kam ich in Schadrinsk an, die anderen Mädels wurden vom Kontrolleur auf der nächsten Station aus dem Zug gewiesen und mußten mehrere Stunden nach Schadrinsk zurücklaufen. Ich hatte mich hinter einigen Russen versteckt, und dann zu der anderen Seite durchgeschmuggelt, wo schon kontrolliert worden war.

In der Nähe unserer Sandgrube steht ein kleines Haus, das von einer alleinstehenden Frau bewohnt wird. Sie hatte uns, als wir im Sommer hier waren, mit Trinkwasser versorgt, und wir fragen nun bei ihr an, ob wir bei ihr warten dürften.

„Aber selbstverständlich, kommt nur herein, Mädchen", sagt sie freundlich.

Wir dürfen zu ihr in die, auch für dortige Verhältnisse, ärmlich eingerichtete Stube, die auch zugleich ihre Küche ist. Außer dem Stuhl, der vor ihrem Spinnrad steht, ist nur noch einer vorhanden, und die Frau holt uns eine wackelige Bank von draußen herein. Wir dürfen unsere Wattejacken ausziehen, es ist schön warm im Zimmer. Die Wärme strahlt ein großer Kachelofen aus, auf dem, nicht einmal durch eine Gardine verdeckt, sich die Schlafstätte der Frau befindet.

Wir setzen uns auf die Bank, die Frau nimmt an ihrem Spinnrad Platz, und bald ertönt das anheimelnde, mich an meine Kindheit erinnernde Schnurren des Spinnrades. Nur eine kleine Kerosinlampe spendet ein wenig Licht, auf einem kleinen, einfachen Tischchen summt der Samowar.

Ich erzähle der Frau, daß heute unser Weihnachtsfest, Christi Geburt, ist, daß wir in der Heimat am Heiligabend Geschenke bekommen haben, erzähle von den bunten Tellern mit Süßigkeiten, daß es am ersten Feiertag immer Gänsebraten gab, von dem geschmückten Weihnachtsbaum und daß wir Weihnachtslieder gesungen haben.

Die Frau hört sehr interessiert zu, stellt Fragen und erzählt, daß die älteren Russen auch Weihnachten feiern, aber im Januar, und ein Baum wird auch geschmückt. (Tatsächlich haben wir auch in den vorigen zwei Jahren vereinzelt geschmückte Weihnachtsbäume sehen können, wenn wir von der Maschine aus durch die Fenster schauten.)

Ostern feiern jedoch alle, wie sie weiter erzählt, da gäbe es auch bei ihnen gutes Essen und würden Opfergaben in die Kirchen gebracht, das dann die Armen erhielten. Sie gibt uns den Ratschlag, wir sollten uns doch Ostern auch einmal vor die Kirche in Schadrinsk zwischen die Bettelnden stellen.

Nun steht sie auf, sucht in ihrem Regal und holt doch tatsächlich einen Kerzenstummel hervor, den sie anzündet. Sie fragt, ob wir nicht ein paar unserer Weihnachtslieder singen könnten, sie würde sie sehr gern mal hören. Oh ja, das machen wir nur zu gern! Und so stimmen wir an „O du fröhliche", „Es ist ein Ros' entsprungen", „Süßer die Glocken nie klingen", und zum Schluß singen wir „Stille Nacht".

Das Spinnrad schnurrt leise, der Samowar summt, die Kerze flackert leicht, während wir singen, — und draußen fallen dicke Schneeflocken, setzen sich auf die dicht vor dem Fenster stehenden Kiefern.

Uns kullern die Tränen, auch unsere gute Frau wischt sich über die Augen. Ihr Mann war übrigens, wie sie uns schon im Sommer erzählt hatte, im Krieg gefallen. „Mädchen, Mädchen, — was tut ihr mir leid", sagt sie ein paarmal.

Sie geht noch einmal zum Regal, wo die Töpfe und das Geschirr stehen, holt ein paar Blechtöpfchen hervor und füllt sie mit heißem Wasser aus dem Samowar. Auch heißes Wasser ist bei den Russen Tee, „Tschai". Sie gibt jedem von uns einen Becher, dazu ein Stückchen Zucker.

„Ich würde euch ja gern etwas zu essen geben, aber es reicht ja für mich kaum. Ich könnt es mir glauben."

Das glauben wir ihr auch.

Franz kommt auf eine gute Idee: „Sagt mal, wollen wir der Frau nicht von unseren Erbsen geben? Jeder gibt ihr einen Becher voll mit Erbsen."

„Au ja, das machen wir, ganz prima Idee von dir, Franz." Unsere Becher, die wir inzwischen leer getrunken haben — wir haben das Wasser, genau wie die Russen, durch das Stück Zucker geschlürft — füllen wir mit Erbsen aus unseren Beuteln und überreichen sie der Frau.

„Fröhliche Weihnachten", wünschen wir ihr dazu, auf Deutsch. Sie ist so gerührt und möchte unsere Spende nicht annehmen, aber ich erzähle ihr, wie wir dazu gekommen sind und daß wir ihr diese gern geben.

Sie umarmt uns alle nacheinander und wiederholt sagt sie: „Ihr seid so gute Mädchen, ihr seid so gute Mädchen." Ich habe ein ganz seltsames Gefühl in mir: Freude, Wehmut — eines weiß ich, diese Weihnacht, diese Stunde in der Hütte der Frau, werde ich nie, nie vergessen.

Als wir die Hoffnung schon beinahe aufgegeben haben, kommt doch noch unsere Maschine, wir brauchen jedoch keinen Sand mehr zu laden. Der Chauffeur ist froh, wie er sagt, wenn er noch leer durch den inzwischen gefallenen Schnee nach Schadrinsk zurückkommt.

Es ist bestimmt kurz vor Mitternacht, als wir im Lager ankommen und — welche Überraschung — in unserer Baracke sind noch alle wach, sie haben sogar mit der Weihnachtsfeier auf uns gewartet.

Wir haben in diesem Jahr einen Weihnachtsbaum! Schon Wochen vorher haben wir alles zusammengetragen, was zum Schmücken des Baumes geeignet sein könnte. So hängen nun an dem Baum, den wir uns im nahen Wald geholt haben, dünne Messingringe, gedrehte Weißblechabfälle, die wie Eiszapfen aussehen, aus gelbem Wachstuch geschnittene Sterne, alles an Fäden gehängt, die wir aus den Binden gezogen haben. Nur Kerzen haben wir keine. Aber unser Baum ist wunder-wunderschön, und wir freuen uns darüber mehr, als ein Kind sich darüber je gefreut hat.

Als erstes erzählen wir natürlich unsere Neuigkeit von dem Erbsensegen, spendieren allen eine Handvoll. Dann beginnen wir mit unserer Feier. Alle sitzen wir an den Fußenden unserer Betten zum Mittelgang hin und singen andächtig „Stille Nacht". Danach holt jeder seine Geschenke hervor. Meistens wird die Bettnachbarin bedacht, mit der man ja besonders engen Kontakt hat. Ja, wir haben Geschenke! Alle hatten wir schon Wochen vorher emsig gebastelt, gestrickt und genäht, damit man ein wenig Freude machen konnte. Oft waren es ganz unnütze Dinge, die angefertigt wurden, denn wozu brauchten wir z. B. Brieftaschen, Taschentuchbehälter oder Einholetaschen? Diese drei Sachen wurden aus handtellergroßen Wachstuchplättchen zusammengenäht, die irgendwelche Dichtungen für Vergaser waren. Aber auch andere Dinge wechseln ihren Besitzer: selbstgefertigte Blechkämme, Löffel aus demselben Material, gestrickte Schals, Handschuhe, verzinkte Eßnäpfe, die unbearbeitet auch ein Autoteil darstellen, und Poesiealben. Der Deckel davon ist auch aus Wachstuchplättchen gearbeitet, die Einlage dafür ist gelbes Seidenpapier, das wir zur Verpackung von Autoteilen in der Fabrik verwenden. Von Ulla, der Lagerkommandantin, hatten wir uns die Schere ausgeborgt und aus diesem Seidenpapier sogar Gardinen für die Fenster und eine Tischdecke für den wackeligen Tisch, auf dem der Weihnachtsbaum stand, zurechtgeschnitten. All dieses trägt natürlich viel zu unserer Weihnachsstimmung bei.

Lydia, die jetzt meine Bettnachbarin ist und die aus meiner Gegend in Ostpreußen ist, überrascht mich mit einer kleinen Torte, aus Kartoffelbrei angefertigt. Liebevoll hat sie die Torte mit roten Beeten und kleinen gerösteten Brotstückchen verziert. Ist das ein Weihnachtsgeschenk! Da komme ich mir ganz armselig vor mit meinem gebastelten Hampelmann, und ich gebe ihr noch einen Topf voll von den erbeuteten Erbsen.

Als besondere Überraschung habe ich noch für alle ein Lied gedichtet und singe es vor, nach der Melodie „Gefangen in maurischer Wüste“. Ich schenke den Text, den ich mit Bleistift auf Seidenpapier geschrieben habe, Lydia. (Von ihr erhielt ich vor drei Jahren den Text, sie hatte das Blatt noch.)

Man hält uns im Ural gefangen,
dieses ist unser traurig Geschick.
Wir warten mit Sehnen und Bangen;
daß wir kommen in die Heimat zurück.
Teuere Heimat, wir grüßen dich aus der Ferne,
wann schenkt uns Gott mit dir ein Wiedersehn?
Wann kommt die Zeit — die Zeit, da dieses wird geschehn.
Schon dreimal die Weihnacht ist kommen
und so schwer ist uns heute ums Herz.
Die Gedanken der Heimat entronnen,

weilen bei den Lieben in bitterem Schmerz.
Weihnachtsglocken jetzt in der Heimat läuten,
sie grüßen uns mit ihrem trauten Klang,
und um den Weihnachtsbaum ertönt ganz leis Gesang.

Auch uns wird die Sonne einst scheinen,
kehrt der Sommer erst wieder ins Land:
Ein jeder kehrt heim zu den Seinen,
alles reicht sich so glücklich die Hand.
Drum ihr Lieben, müßt noch ein wenig warten,
auch wir hier harren geduldig auf die Zeit,
bis daß uns Gott erlöst von diesem schweren Leid.

Das Lied ist recht kitschig — aber alle heulen.

Kommandant Klages hat sein Wort gehalten, wir bekommen wirklich zwei Tage frei, faulenzen, kochen unsere Erbsen, erzählen von zu Hause, singen Weihnachtslieder.

Winterliche Eindrücke

Der Winter ist hier, im südlichen Sibirien, vielleicht nicht so hart wie in den nördlicher gelegenen Gebieten, aber immerhin sind 45 Grad minus bei uns keine Seltenheit. Wir können die Temperaturen mitunter selbst an einem großen Thermometer am Bahnhof ablesen oder wir erfahren es von den Chauffeuren, Dispätschern und von Russisch-Schwein, dem Brigadeur.

Gehen wir morgens im Winter zur Arbeit, haben wir unsere Gesichter mit einem Schal aus Binden geschützt, so daß nur die Augenpartie freibleibt. Unseren Kopf schützt die recht warm haltende Schappka, die mit Watte abgefüttert ist. Die fellbesetzten Klappen haben wir uns unter dem Kinn zusammengebunden. Wir sind keine hundert Meter gegangen, dann ist der Schal über dem Mund mit dickem Reif überzogen, unser Atemdampf quillt dahinter hervor und vermischt sich mit der eisigen Winterluft. Unter unseren unförmigen Filzstiefeln knirscht und quietscht der bläulich schimmernde Schnee. Rechter Hand sehen wir die schneebeladenen Kiefernäste des nahen Waldes, aber mich fasziniert immer wieder der Anblick der links von uns liegenden kleinen Holzhäuser, die sich unter der dicken Schneelast, die auf den Dächern liegt, förmlich zu ducken scheinen. Wenn dann noch die tiefliegende Wintersonne als roter Feuerball über den Dächern steht und dicker Rauch aus den Schornsteinen kerzengerade aufsteigt, ist dies ein Bild von einmalig friedvoller Schönheit.

Zu Hause in Ostpreußen kehrten in jedem Winter mit Beharrlichkeit meine Frostbeulen an Händen und Füßen wieder, die ich mir schon als Achtjährige „angeschafft“ hatte. An den Händen war der Juckreiz mitunter so quälend, daß ich die Handrücken an die dick befrorenen Fensterscheiben legte. Nun ist hier das Unwahrscheinliche geschehen, daß ich gerade in dieser extremen Kälte keine Frostbeulen habe. Wohl sind meine beiden großen Zehen durch Frost offen und schmerzen immer, aber Frostbeulen habe ich nicht. (Nach meiner Entlassung hatte ich gleich im ersten Winter meine Frostbeulen wieder!)

Obwohl wir nur sehr selten einen Schnupfen haben, bildet sich an der Nase ständig ein Tropfen, der allmählich zu einem langen Faden anwächst, wischen wir ihn nicht ab. Dies geschieht mit dem Handrücken oder dem — vor Dreck starrendem Handschuh, denn Taschentücher haben wir ja nicht. Ich habe sogar eine besondere Routine darin, mir die Nase zu schnäuzen, indem ich mir mit dem Daumen das eine Nasloch zuhalte, kräftig schnaube und ganz gekonnt den lästigen Schleim für kurze Zeit loswerde. Es bleibt nicht aus, daß wir alle durch die Bank um die Nasenpartie herum aussehen wie Maulwürfe.

Noch ein anderes Übel plagt uns: Wir müssen sehr oft Wasser lassen und meist kommt dieses Bedürfnis mit solcher Plötzlichkeit, daß wir Mühe haben, eine Deckung zu erreichen oder gar das Klo neben der Ploschatka. Unsere Hosen haben wir immer, damit sie auf den Hüften halten, oben zugebunden (aus Bindenmaterial geflochten), und diesen Knoten nun mit den steifgefrorenen Fingern schnell auf zu bekommen, ist nur mit Geduld zu bewerkstelligen — die uns in dieser Situation aber nicht gegeben ist. Derweil wir am Knoten fummeln, führen wir einen regelrechten Indianertanz auf: mit gekreuzten Beinen und den Füßen trampelnd, drehen wir uns im Kreise, bekommen den Knoten nicht auf und zerreißen das Band schließlich mit einem kräftigen Ruck.

Das ganze nehmen wir aber durchaus mit Humor, es trägt ein wenig zur Erheiterung unseres tristen Alltags bei.

Wir erhalten Arbeitslohn

Anfang Februar sagt Natascha, der Dispätscher, etwas ganz Unglaubliches zu uns, die wir gerade die Tagschicht beendet haben:

„Mädchen, geht ins Büro. Ihr bekommt Geld."

Wir glauben, nicht richtig gehört zu haben. Geld sollen wir erhalten? Geld für unsere Arbeit?"

„Ja, ja, richtig — geht nur, geht ins Büro."

Im Büro, das neben dem großen Fabriktor liegt, empfängt uns die Büroangestellte und schaut in eine Liste. Sie liest die Namen derer vor, die Geld erhalten sollen. „Neumann, Fiischbach — Bartz — Chennings (die Russen sprechen das „h" als „ch") — Glas — Miischke . . ." Mein Gott — Mischke! Noch nie habe ich meinen Namen so gern gehört wie soeben!

Leider stellt sich heraus, daß nicht alle Geld erhalten, auch ist die Höhe der Beträge sehr unterschiedlich. Nach welch unerfindlichen Gesichtspunkten die Geldverteilung vorgenommen wurde, ist uns schleierhaft. Wir tun alle die gleiche Arbeit. Ich erhalte 23 Rubel, das sind — in Brot umgerechnet — zwei Brote. Seit der letzten Währungsreform, Anfang 1948 (die erste war 1946), erhält man mehr für den Rubel. Wir können nun allerdings nicht so einfach ins Magazin gehen und Brot kaufen, nur auf dem Basar zu überhöhten Preisen. Das Brot ist auch jetzt noch rationiert bei den Russen, aber wie wir gehört haben, sollen sie jetzt ein Kilo pro Person und Tag erhalten. Es hört sich sehr viel an, aber Brot ist nun mal in Rußland das Hauptnahrungsmittel, es wird zu jedem Gericht zusätzlich gegessen, trocken. Man kennt es auch nicht, daß das Brot in dünne Scheiben geschnitten und bestrichen wird. Es wird eine dicke Scheibe abgeschnitten, die dann zerbrochen wird.

Im darauffolgenden Monat erhalten wieder einige von uns Geld, auch diejenigen, die an den Maschinen in der Fabrik stehen, aber ich bin leider nicht unter den Glücklichen.

Immerhin wissen wir nun, daß wir für unsere Arbeit entlohnt werden. Wie hoch mag unser Arbeitslohn wohl sein, und wieviel erhält das Lager? Im ganzen Lager wird diskutiert, beratschlagt, Ulla und Klages werden von uns bestürmt, den Natschalnik danach zu fragen.

In uns keimt nämlich eine Idee auf; eine Idee, wie wir unsere Lage verbessern könnten: Wenn wir nun unseren gesamten Arbeitslohn bekämen, auf das Essen aus der Lagerküche verzichten würden und uns selbst verpflegen? Sicherlich müßten wir an das Lager einen Betrag für Bekleidung und Wohnen abgeben. Die „Miete“ dürfte, bei unseren mehr alsbescheidenen Wohnverhältnissen, wohl nur einen geringen Betrag ausmachen. Und Bekleidung? Was ist es denn, das wir erhalten? Einmal zum Sommer unsere Hose und Jacke und Batinkis, und zum Winter die Wattehosen und -jacken, Filzstiefel und Schappka. Wir von der Ploschatka bekommen sowieso die abgelegte Kleidung vom Vorjahr derer, die eine saubere Arbeit haben. Noch nie haben wir den Vorzug gehabt, neue Winterkleidung zu tragen. „Bei euch ist ja sowieso gleich alles zerrissen und dreckig, hat keinen Sinn, euch neue Kleider zu geben“, sagt der Natschalnik. Als wenn wir Schuld daran hätten!

Auf alle Fälle glauben wir, uns besser verpflegen zu können, wenn wir über den übrig bleibenden Lohn selbst verfügen können und beschließen gemeinsam, daß Ulla und Klages unserem Anliegen dem Natschalnik vortragen. „Mal sehen“, ist dessen Antwort, und für uns heißt es abwarten.

Im Mai darf ich einer russischen Familie beim Kartoffelpflanzen helfen, im Herbst soll ich für die Hilfe einen ganzen Eimer Kartoffeln erhalten.

Dieses Pflanzen geschieht an einem Wichadnoje-Tag. Morgens früh um sechs holt mich ein Lkw vom Lager ab, auf dessen Ladefläche schon dicht gedrängt Frauen und Männer stehen; alle fahren sie zum Kartoffelpflanzen. Mein „Chef“ nimmt mich aber erst mal mit zu sich nach Hause, wo seine Frau schon mit einer kräftigen Suppe auf uns wartet. Kartoffelsuppe, mit Fleischstücken gekocht.

„Nun guten Appetit, Galia“, wünscht mir die gute Frau. Welch ein Genuß für meinen entwöhnten Gaumen, wo ich dazu die Suppe noch aus einem Porzellanteller (oder ist es Steingut?) löffeln darf.

Nach dem Essen gehen wir zur Straße, wo auch bald eine Maschine kommt, die uns aufs Feld hinausbringt. Auf dem großen Feld scheint die Hälfte der Einwohner von Schadrinsk versammelt zu sein: Männer, Frauen, Kinder, Babys am Feldrand — ein bunt bewegtes Bild. Es erinnert mich an unsere Kartoffelernte in Ostpreußen. Bis zum späten Nachmittag sind wir dabei zu graben, Kartoffeln zu stecken, die Furchen zuzuschütten. In der Mittagspause essen wir, d. h. „meine Familie“ und ich, ein großes Stück Brot und trinken Milch dazu.

Ich besuche das Ehepaar, das eine achtjährige Tochter hat, schon seit einiger Zeit, etwa einem Dreivierteljahr, ca. alle drei Wochen. Die Frau hatte mich aufgefordert, wiederzukommen, nachdem ich bei ihr mein Sprüchlein nach ein paar Kartoffeln hergesagt hatte. Immer gibt sie mir ein Stückchen Brot, mal Kartoffeln, eine Zwiebel oder ein — zwei Knoblauchzehen. Wie mir die Frau erzählt hatte, arbeitet ihr Mann in der Mühle und es ginge ihnen besser als vielen ihrer Bekannten. Allerdings früher— früher unter dem Zaren, wäre es ihnen besser gegangen. Damals wäre sie ja noch ein Kind gewesen, aber sie erinnerte sich noch sehr gut, daß die Mutter ihr oft Weißbrot gegeben hätte.

Ich bin froh, daß ich mich schon so gut russisch unterhalten kann. Auch lesen kann ich schon. Ich habe es durch die Straßennamen gelernt. Da ich weiß, wie die Hauptstraßen heißen, prägte ich mir die Buchstaben ein und versuche nun, die Spruchbänder, die alle öffentlichen Gebäude zieren, zu enträtseln. Auch über dem großen Fabriktor prangt stets, neben dem obligatorischen Sowjetstern, ein Spruchband in aufdringlichem Rot, das alle paar Wochen ausgewechselt wird. Ständig wird etwas begrüßt: Der 1. Mai, die friedliebenden Völker der Welt, der Fünfjahresplan, die sozialistischen Arbeiter, das neue Jahr „Da sdrastwitje — da sdrastwitje ...“

Im Juni eröffnet uns der Natschalnik, daß wir von Juli an unser Geld abzüglich fürs Wohnen und Bekleidung, ausgezahlt bekommen werden. Allerdings müßten wir dann noch die Hälfte unseres Lohnes im Juli und August für die Verpflegung abgeben, die wir im Monat Juni noch von der Lagerküche erhalten. Dann aber wären wir frei von Schulden und könnten über unser Geld alleine verfügen.

Wir rechnen uns alles genau aus: Für Kartoffeln, Milch, Brot, etwas Margarine und hin und wieder mal einer Pirogge vom Basar, müßte es reichen, wenn wir ungefähr 150 bis 170 Rubel erhalten. Man kann jetzt schon Margarine frei im Magazin kaufen, wie wir gesehen haben. Das Kilo kostet dreißig Rubel. Fleisch wird für uns wohl unerschwinglich sein, aber so anspruchsvoll sind wir gar nicht. Marmelade, die aus Rüben hergestellt ist, gibt es billig zu kaufen und wäre auch ein Brotaufstrich. Die Hauptsache, wir haben die vier genannten Grundnahrungsmittel. Wenn wir uns vielleicht mal eine Zwiebel oder Knoblauch leisten könnten, könnten wir unseren Kartoffelgerichten sogar ein wenig Geschmack verleihen.

Manchmal, wenn jemand eine Knoblauchzehe beim Klingeln geschenkt bekommt, macht diese Zehe die Runde, bis sie verbraucht ist: Wir reiben das Brot mit Knoblauch ein und bilden uns ein, eine Wurststulle zu essen. Am 2. Juli erhalten wir tatsächlich unser Geld, der Betrag für die Lagerküche ist schon abgezogen. Wieder erhalten wir keine einheitlichen Beträge und sind darüber empört. Wir hatten gehofft, nicht mehr in die Häuser klingeln gehen zu müssen, aber wir wissen schon, daß uns dies die zwei kommenden Monate nicht erspart bleiben wird, wir können unmöglich mit dem Geld auskommen. Nur können uns jetzt, im Sommer, die Russenfamilien auch nicht viel geben, ihre Kartoffeln gehen auch zur Neige. Aber irgendwie wird es schon gehen, uns ist keine Bange, Hunger sind wir ja gewöhnt.

Müssen wir immer im Rußland bleiben?

Es ist ein heißer Julitag. Walter und ich arbeiten an der Bahnstrecke, d. h. an dem Bahngleis, das vom Bahnhof zur Fabrik führt, wie müssen Schwellen auswechseln. Ohne Aufsicht. Schwellen auswechseln heißt Schwerstarbeit. Mit großen Schraubenschlüsseln müssen die eingerosteten Schrauben gelöst werden, einer wuchtet mit einer Brechstange die Schienen an, der andere zieht die dicken Holzbohlen hervor.

Meine Hosenbeine kleben an den Waden vor Schweiß, dazu quält mich ein Höllendurst. Daran ist aber nicht nur die Hitze schuld, die schon seit Tagen herrscht, sondern ein Pfund getrockneter, kleiner Salzfische. Diese gab es in einem Kiosk am Bahnhof zu kaufen, und Walter und ich kauften uns jeder ein halbes Kilo davon. Ein halbes Kilo für vier Rubel, das war spottbillig, und da die Fischchen so leicht waren, hatten wir eine ganze Tüte bis oben hin voll. Wir setzten uns beide mit Walter an den Bahndamm und verputzten hintereinander die von Salz starrenden Fischleichen. Essensreste aufzuheben ist uns noch nie gelungen in diesen Jahren. Wir haben uns viel zu erzählen, ein Gerücht ist wie ein Lauffeuer durch das Lager gegangen: Eine Frau von uns war beim Klingeln in ein Haus geraten, in dem ein Natschalnik wohnte, der wohl eine hohe Position einnahm. „Jedenfalls nehme ich das an", erzählte Frida, „ich konnte sehen, daß im anderen Zimmer Polstermöbel standen, und sogar ein Klavier stand da."

Nun, dieser vermeintliche Natschalnik, der etwas Deutsch konnte, fragte Frida, ob wir noch an das „Nachhausefahren" glaubten. Ob wir nicht wüßten, daß Stalin eine große Anzahl Deutsche dazu bestimmt hat, für immer hier zu bleiben, und dazu würden wir auch gehören.

So dreht sich heute unser Gespräch nur um das eine Thema: „Wie wird unser künftiges Leben in Rußland aussehen?" Walter rückt mit einer seltsamen Idee heraus:

„Was meinst du, Hildchen, wenn wir wirklich hierbleiben müssen, — wir könnten dann doch beide heiraten."

Ich hatte schon seit einiger Zeit bemerkt, daß er mich wohl ein wenig verehrte, aber nun bin ich doch überrascht und weiß nicht recht, was ich dazu sagen soll. So meine ich, verlegen lachend: „Na, warten wir doch erst mal ab, ob etwas Wahres an dem Gerücht ist, kannst mich ja dann später nochmals fragen."

Walter arbeitet mit noch drei anderen Jungs, seit etwa einem Jahr in unserer „Ploschatka-Brigade". Die Jungs sind achtzehn und neunzehn Jahre alt, waren noch nicht zum Militär eingezogen worden. Wie sie erzählten, haben sie alle ihren

Müttern geholfen, die Flüchtlingswagen bis in die Gegend von Karthaus—Danzig zu bringen.

Der große, etwas unbeholfen wirkende Kurt ist sogar aus meiner Gegend in Ostpreußen. Er wohnte nur zehn Kilometer von uns entfernt, aber wir haben uns zu Hause nicht gekannt. Jedoch sprechen wir oft von früher, entdecken gemeinsame Bekannte, und wir sind auch beim gleichen Pfarrer zum Konfirmanden-Unterricht gegangen. Zu meinem 22. Geburtstag schenkte Kurt mir ein selbstangefertigtes kleines Herz aus Messing, das ich seitdem als Anhänger an einer Schnur befestigt um den Hals trage. Mich stört zwar etwas das fein säuberlich eingravierte „Dein Kurt“ auf dem Herz, aber was soll's, — ich habe Schmuck!

Als es vom nahen Bahnhof „Fünf Uhr“ heult, bringen wir unser Werkzeug in den kleinen Schuppen neben dem Bahndamm und gehen dann zum Basar, um uns Kartoffeln zu kaufen.

„Kinder, ihr fahrt nach Hause"

Als ich zum Lager zurück komme und auf den Hof trete, sehe ich, wie mehrere Gruppen beieinanderstehen, die erregt diskutieren. Was mag geschehen sein?

Ich frage Lilo: „Was ist los? Warum benehmt ihr euch wie ein aufgescheuchter Bienenschwarm?"

Mit völlig ernstem Gesicht sagt Lilo:

„Hildchen, wir fahren nach Hause."

So oft ist dieser Satz schon völlig aus der Luft gegriffen worden, daß ich ärgerlich sage: „Ach, macht doch nicht immer so 'n Quatsch!"

„Aber wirklich, das ist wahr! Else hat es auf der Kommandantur gehört, als unser Natschalnik mit der Lagerleitung in Kurgan telefoniert hat. Kannst es glauben!" Ich umarme stürmisch die mir am nächsten Stehenden: „Das ist ja gar nicht zu fassen — nein — nein — nein —! Wir sollen nach Hause fahren! Wenn das nur wirklich wahr ist!"

Wir fiebern förmlich dem Abend entgegen, ob uns der Natschalnik antreten läßt, denn dieses ist gewöhnlich der Fall, wenn es etwas Wichtiges gibt, das er uns mitzuteilen hat.

Kaum, daß wir heute die Ruhe aufbringen, unsere Kartoffeln oder Brennesseln zu kochen. Es ist so unglaublich, so unfaßbar für uns! Und ausgerechnet an dem Tag kommt die Nachricht, da für uns beinahe die letzte Hoffnung erloschen war; denn wie ich von den anderen Frauen höre, hat man sich auf allen Arbeitsstellen über die Möglichkeit des Hierbleibens unterhalten.

Da! Klages bimmelt zum Antreten, er brüllt zusätzlich über den Hof: „Alles zur Prowerka!!"

So schnell waren wir noch nie zur Stelle!

Der Natschalnik kommt, stellt sich lächelnd vor uns mit leicht gespreizten Beinen hin, — es ist mucksmäuschenstill — und er sagt nur einen Satz:

„Rebieta — wi Domoij po esditje!" — Kinder ihr fahrt nach Hause.

Wir jubeln auf! Nach Hause — nach Hause — nach Hause —fallen uns in die Arme, lachen — weinen, weinen vor Freude. Nach langer, ach so langer Zeit, Freudentränen!!

Am nächsten Tag kommt ein Offizier aus dem Lager Kurgan, und jetzt gibt es die nächste Sensation: Lilo, Paul und eine Frau aus der Kohlenschipper-Baracke erhalten Briefe. Lilo hat einen Brief von ihrem Mann erhalten, und sie liest ihn uns, die wir sie alle umringt haben, vor. Ihr Mann, der bei Lüneburg wohnt, hat ein Stück Land gepachtet mit einem Haus drauf, hat Schweine und Hühner, ja, er hat sogar Lilos Mutter und deren Schwester, die noch in Westpreußen lebten, hergeholt und sie wohnen alle zusammen.

Lilo ist überglücklich. Sie weiß jetzt, wohin sie kann nach der Entlassung, hat ein Zuhause, und anscheinend wird sie auch satt zu essen haben. Ihr Mann hat von Hunger nichts geschrieben.

Wie wird es jedoch bei uns anderen aussehen? Wen von unseren Angehörigen werden wir wiederfinden? Müssen wir in der Heimat weiterhungern? Schließlich haben wir ja den Krieg verloren. Wenn hier, in einem Land, das gesiegt hat, die Bevölkerung nur das Nötigste zum Leben hat, wie soll es da in Deutschland aussehen? So ist unsere Freude auf die Heimfahrt doch sehr mit diesen Fragen der Ungewißheit belastet.

Doch zunächst gehen wir weiter zur Arbeit, schuften, plagen uns mit Fässern, Eisen, Kisten, Kabelrollen usw. herum. Was wird das für ein Gefühl sein, wenn wir am letzten Tag zur Arbeit gehen? Ein leiser Zweifel besteht bei uns immer noch, ob auch alles wahr ist, und wir glauben es erst, als am 4. August abends die leeren Waggons auf das Gleis neben dem Lager geschoben werden.

Wir haben in den letzten Tagen schon die Baracken innen und außen neu weißen müssen, alte Arbeitssachen werden zu großen Haufen verbrannt, ebenso Filzstiefel, Wintermützen. Und nun werden wir gar noch neu eingekleidet, erhalten Jacke und Rock (!), die aus dem gleichen blauen Material geschneidert sind wie unsere Arbeitskombinationen. Was wir in den ganzen dreieinhalb Jahren unseres Hierseins nie bekamen, — man gibt uns Hemden, Schlüpfer und ein Kopftuch. Das Kopftuch ist rotbunt, die Unterwäsche aus einem rosafarbenen Baumwollstoff. Als wir dann zwei Tage vor der Abfahrt noch jeder 150 Rubel erhalten, werden wir schier kopflos! Dieses Geld erhalten wir, weil wir während der ganzen Zeit keinen Urlaub erhalten haben. Es ist kaum zu glauben, ist kaum zu fassen.

Ich beschließe, ganz leichtsinnig zu sein und kaufe mir auf dem Basar einen Becher mit richtiger Sahne und ein kleines Weißbrot dazu. Gleich am Basar setze ich mich auf eine Bank und schwelge. Eine alte Bettlerin setzt sich neben mich, hält die

Hand bittend hin und bettelt: „Gib mir ein Stückchen“. So breche ich ein Stückchen Brot ab, tauche es in die Sahne und reiche es ihr — schweren Herzens. Doch schon ist die nächste Bettlerin da und möchte auch etwas abhaben. Sie bekommt auch ihr Teil, aber nun bekomme ich es mit der Angst zu tun, daß noch mehr kommen und schlinge den Rest schnell hinunter.

Jetzt, nachdem die Waggons angekommen sind, erfahren wir auch den Abfahrtstermin: der 6. August, am Nachmittag. Am 5. kommen die Frauen der Außenkommandos, Frauen, die beim Holzfällen oder bei der Torfproduktion tätig waren, zu uns ins Lager, sie fahren mit uns.

Wir staunen nur, was man uns an Produkten für die Fahrt einlädt. Unsere Männer die beim Verladen helfen, berichten uns: „Stellt Euch vor — sogar Käse haben wir eingeladen, und Bonbons, richtige Bonbons! Zarten, jungen Kohl, Kartoffel, Graupen, Sonnenblumenöl.“ Sollen wir zum Abschluß so verwöhnt werden? Auf alle Fälle muß wohl auf der Fahrt für uns gekocht werden, in dem Küchenwaggon befindet sich ein Herd.

Für unseren Natschalnik wird unsere Heimfahrt wohl das größte Erlebnis seines Lebens werden, er und sein Adjudant werden den Transport begleiten. Bewachung gibt es keine.

Der 5. August ist unser letzter Arbeitstag. Zum letztenmal treten wir den Weg zur Fabrik an, den Weg, den wir so oft fluchend, frierend, hungernd, gegangen sind.

Heute gehen wir im Singen, unsere Schritte sind fest, fast beschwingt.

Zum letzten Mal hören wir auf dem Fabrikhof das gewichtige „Gawarit Moskwa“ aus dem Lautsprecher. Zum letzten Mal besteigen wir die Maschinen, zum letzten Mal fahren wir vollgepackte, schwere Kisten zum Bahnhof —alles zum letzten Mal!

Als unsere Schicht um ist, ganz pünktlich um 17 Uhr heute, verabschieden wir uns von Natascha, die uns immer gut behandelt hat; sie war zwar streng, aber immer gerecht und sachlich. Sie bedankt sich für unsere Arbeit, wünscht uns alles Gute in der Heimat. Wir drücken Katja und der dicken Wallia die Hand und „Russisch-Schwein“ „Mädchen nach Chause fahren — Deutschland — guut — guut —“, bemüht er sich noch einmal, uns seine Deutsch-Kenntnisse zu zeigen. Selbst der weibliche Posten am Fabriktor wünscht uns, als wir hinausgehen, alles Gute.

Die Nachtschicht braucht heute nicht zur Arbeit anzutreten und so beschließen wir, den Abend alle gemeinsam auf dem Lagerhof mit Singen zu verbringen. Der Natschalnik gibt uns das Akkordeon und wir beide mit Kätchen wechseln uns beim Spielen ab. An jedes Lied hängen wir zum Schluß an „In der Heimat, in der Heimat da gibt's ein Wiedersehn ..." Wir singen, tanzen, singen bis wir beinahe heiser sind und es völlig dunkel geworden ist.

Daß mein alter, ramponierter Koffer noch die Heimfahrt erleben darf!

In ihm habe ich meine, aus Binden genähten Hemden eingepackt, ebenso den aus den Fäden der Binden gestrickten Pullover und Schal, den alten Faltenrock und noch eine Bluse, die auch noch von zu Hause ist. Bis auf den Faltenrock habe ich alles in scharfer Sodalauge gewaschen. Obenauf packe ich die neue Unterwäsche und das Kopftuch. Bei der Gepäckkontrolle soll alles einen möglichst guten Eindruck machen. Mein Eßgeschirr und sonstigen Kleinkram verstaue ich in der Tasche, die ich mir aus den gelben Wachstuchplättchen zusammengenäht habe.

Der Zug soll am Nachmittag abfahren, und so bleibt mir noch Zeit, um mich noch von „meiner" Familie verabschieden zu gehen. Auf dem Weg dorthin schießt mir ein ganz unsinniger Gedanke durch den Kopf, und ich ärgere mich darüber: Durch die Heimfahrt komme ich um meinen Lohn für's Kartoffelpflanzen, den Eimer Kartoffel im Herbst.

Ich treffe die Frau alleine an, die Tochter ist in der Schule und der Mann zur Arbeit. Sie freut sich, daß wir nun nach Hause fahren und schreibt mir auf einen Zettel ihre Adresse auf, ich möchte ihr doch von Deutschland schreiben. (Leider ist mir der Zettel bei der Gepäckkontrolle in Brest abgenommen worden) Die Frau gibt mir noch ein ordentliches Stück Brot mit auf den Weg, und sie umarmt mich herzlich beim Abschied.

Heimfahrt

Klages bimmelt zum Antreten. Dieses Bimmeln, das wir so oft verflucht haben wenn wir morgens dadurch aus dem Schlaf gerissen wurden, ist heute für uns die schönste Musik. Auch — zum letzten Mal! Wir nehmen unser Gepäck und sammeln uns auf dem Hof. Ein letzter Blick zurück zur Baracke — ein Abschied, der nicht weh tut.

Klages macht uns, als wir angetreten sind, mit den Verhaltungsmaßregeln während der Fahrt bekannt, ruft die Namen derer auf die zusammen in einem Waggon fahren werden. Von den Männern, die bei dem Verladen der Produkte dabei gewesen sind, hatten wir schon erfahren, daß, genau wie auf der Hinfahrt, wieder obere Plätze eingerichtet worden sind. Jedoch wird jetzt ein Waggon nur mit je zwanzig Frauen belegt. Die Türen werden während der Fahrt nicht verschlossen werden, wir können sie selbst nach Belieben öffnen und schließen. Diese Mitteilung von Klages begrüßen wir mit Klatschen und Jubelrufen.

Als wir zum Zug kommen, sehen wir, daß auf dem Gleis in Richtung zur Fabrik Waggons mit Koks angekommen sind. Leute sind beim Entladen — aber wer? Wer macht jetzt unsere Arbeit? Auf den Schaufeln gestützt schauen sie zu uns herüber und winken. Oh, was freuen wir uns, als wir alle die erkennen, die uns jahrelang herumkommandiert haben: den „Teddy", „Russisch-Schwein", Katja und Wallia, und sogar Trussow, der Natschalnik der Ploschatka ist dabei. „Trussow ladet Koks aus", jubeln wir und können es uns nicht verkneifen ganz laut „Nu dawai, dawai bisträ" rüberzurufen.

Im Waggon einigen wir uns, daß diejenigen, die die oberen Plätze einnehmen, nach der Hälfte der Fahrt nach unten ziehen. Vorerst bekomme ich einen oberen Platz neben der Wand, zur anderen Seite neben mir wird Ulla Neumann liegen, mit der ich einst im Rübenfeld erwischt wurde.

Ein langgezogenes Heulen kündet die Ankunft der Lokomotive an. Der Zug wird angekoppelt, der Natschalnik und „Bubi", der Adjudant, steigen in ihren Waggon, und wir fahren ab. Die Türen der Waggons stehen offen, und wir stehen, dicht gedrängt davor. Einige sitzen am Boden und lassen die Beine aus der Tür baumeln. In der offenen Tür ist, von Wand zu Wand, eine dicke Stange als Barriere angebracht, damit wir nicht hinausfallen. Man hat an alles gedacht. Sogar das Rohr zum Austreten ist da. Wir hoffen aber, daß wir es nicht allzu oft benutzen müssen, der Zug hält bestimmt des öfteren, sodaß wir dann bestimmt mal schnell hinausspringen können. Langsam entschwindet das Lager unseren Blicken. Unser Zug fährt auf den Gleisen entlang an denen wir so oft, der Verzweiflung nahe, gearbeitet haben, fährt durch den Bahnhof den wir durch unsere Arbeit in allen Einzelheiten kennen, und bald sehen wir Schadrinsk nur noch aus der Ferne. Der kleine Kirchturm ist noch weit zu sehen.

Am späten Abend sind wir in Swerdlowsk, von Weitem sehen wir große Fabriken. Der Zug hält hier lange und wir schieben die Türen zu, legen uns schlafen.

Die Sonne ist noch gar nicht aufgegangen, da sind wir schon alle wach und schieben als erstes die Türen auf. Uns bietet sich ein grandioser Anblick: Aus Nebelfeldern ragen hohe, dunkle Tannen, davor breiten sich grün-saftige Wiesenhänge aus — der Ural! Weit im Osten sind hohe Berge zu erkennen, über denen gerade die Sonne aufgeht. Es ist ganz still geworden bei uns im Waggon, alle drängen zu den Türen, schauen, staunen. Daß dieses Land so viel an Schönheit zu bieten hat!

Es ist bestimmt eine Hauptstrecke die der Zug benutzt, aber sie ist eingleisig. Deswegen muß der Zug auf Ausweichgleisen halten, muß andere Züge vorbeilassen. Mitunter stehen Russenfrauen an den Haltestellen und bieten ihre Waren an: Milch, Piroggen, gekochte Kartoffel, Brot. Als einmal eine Frau gekochte Eier anbietet, kann ich nicht wiederstehen und kaufe mir ein Ei. Es ist sündhaft teuer, aber ich war schon immer ein Leckermaul. Beinahe habe ich ein schlechtes Gewissen als ich die begehrlich-neidischen Blicke meiner Kameradinnen sehe, aber auch nur beinahe. Schließlich hätten sie sich ja auch ein Ei kaufen können, wenn sie, wie ich, auf ca. ein Kilo Brot verzichtet hätten, denn so viel kostete das Ei.

Das nächst größere Erlebnis ist der Anblick der Wolga. Der Natschalnik hatte uns darauf aufmerksam gemacht, daß wir gegen Morgen in Kasan wären, und danach käme die Wolga. Damit wir diese nun nicht etwa verpassen, halten wir in der Nacht abwechselnd Wache.

Gertrud, die gerade Wache hält, weckt uns recht unsanft mit ihrem Geschrei „Die Wolga — die Wolga", und schlaftrunken hasten wir alle zur Tür. Langsam, fast majestätisch, rollt unser Zug über die Brücke dieses unwahrscheinlich breiten, grauen Stromes, der in der beginnenden Morgendämmerung träge dahinfließt. Einige von uns stimmen an „Wolga, Wolga, Mat Rodnaja“, aber das Singen versiegt kläglich, sei es, daß wir den Text nicht weiterkennen, oder wir so früh am Morgen noch keine Lust zum Singen haben.

Das nächste zu erwartende Ereignis wird Moskau sein. Schon der rege Autoverkehr auf den Vorortstraßen von Moskau ist für uns etwas Neues. Hier fahren sogar Personenkraftwagen und an einer Stelle sehen wir, wie ein Schutzmann den Verkehr regelt. In Schadrinsk gab es nur zwei Pkw's, die der Fabrik S. I. S. gehörten und den die beiden Direktoren nur zur Verfügung standen. Mit Chauffeur versteht sich.

Leider bekommen wir außer den Vororten von Moskau nichts zu sehen, wir halten auf einem großen Güterbahnhof außerhalb der Stadt. Einen ganzen Tag bleiben wir hier stehen und haben Gelegenheit, uns auf dem großen Gelände umzuschauen. Natürlich fragen wir immer vorher dem Natschalnik wie lange der Zug hält und ob wir uns entfernen dürfen. Inmitten der Gleise entdecken wir einen Kiosk der Brot verkauft, für nur vier Rubel das Kilo! Demnach ist in Moskau das Brot nicht rationiert. Ich kaufe mir ein ganzes Brot und noch ein halbes. Mein Geld ist beinahe alle. Auf dem Rückweg zum Waggon komme ich an einem Güterzug vorbei, der unserem Zug sehr ähnlich aussieht: Männer und Frauen stehen an den offenen Türen, stehen davor, unterhalten sich. Aber es sind nicht, wie ich zuerst vermutet hatte, Deutsche, es sind Russen. Strafgefangene scheinen es nicht zu sein, sie werden offensichtlich nicht bewacht. Ihre Kleidung ist recht dreckig, teilweise zerrissen. Ich frage woher sie kommen und wohin sie fahren. Niemand will mir so recht Antwort geben. Schließlich kichert eine Frau und sagt hinter vorgehaltener Hand: „Wir haben nach Gold gesucht. Kamschatka.“ Ich schaue sie skeptisch an. „Ja, ja, Gold! Wir haben nach Gold gesucht!“ sagen auch die anderen und lachen. Ich weiß nicht was ich davon halten soll und gehe kopfschüttelnd weiter. Ob sie vielleicht im Goldbergwerk gearbeitet haben?

In Brest muß ich zum ersten Mal während meiner Gefangenschaft in den Karzer! Zum Karzer ist ein leerer Waggon bestimmt worden, der am Ende des Zuges ist.

Wir hatten kurz zuvor jeder ein großes Stück Seife erhalten, die zwar nicht duftete, aber auch nicht stank. So beschlossen wir, da wir alle aus unserem Waggon kein Geld mehr hatten, in Brest zum Basar zu gehen und die Seife zu verkaufen. Der Natschalnik aber hatte es verboten, daß wir uns hier entfernen. Als wir, etwa zehn Frauen, zurückkommen, erwartet uns schon der Natschalnik, sein Gesichtsausdruck verheißt nichts Gutes. Er macht nicht viel Worte, fluchend schickt er uns in den Karzer. Neben dem Natschalnik steht ein russischer Soldat, er grinst über das ganze Gesicht.

An unserem Zug waren schon in Minsk Waggons angekoppelt worden, in denen deutsche Soldaten die Heimkehr aus der Gefangenschaft antraten. Sie wurden aber noch von Posten bewacht, und so ein Posten ist es auch, der uns nun in den Karzer begleitet.

Anstatt daß nun dieser Mensch draußen vor dem geschlossenen Waggon Wache hält, klettert er vergnügt zu uns hinein, will sich mit uns unterhalten, bietet Zigaretten an. Kein Zweifel, er flirtet mit uns! Und besonders mit mir, die ich ziemlich gut russisch spreche.

Wir sind vielleicht eine gute Stunde eingesperrt, da kommt unser Natschalnik, grinst in den Waggon hinein: „Na, ist es schön hier drin, ja?“ Und zu mir gewandt sagt er, kopfschüttelnd: „Mischke — Mischke — schämst Du Dich nicht? Mußt jetzt zum Schluß noch in den Karzer!“ „Nun, was soll's“, erwidere ich schlagfertig, „der Mensch muß schließlich alles mal kennenlernen.“ Darauf sagt er lachend: „Macht, daß Ihr rauskommt, los!“ Da der Zug hier bis zum anderen Morgen stehen bleibt, taucht im Laufe des Nachmittags immer wieder der Posten bei uns auf, fragt wie es mir geht, bietet wieder zu rauchen an: „Dawai, sakurium, Gallia.“

Übrigens haben wir immer wieder in Rußland erlebt, daß Arbeiter ganz selbstverständlich einen Natschalnik — also einen Vorgesetzten — um eine Zigarette bitten. Der Bitte wurde stets nachgekommen, der Natschalnik zuckte seinen Tabaksbeutel, meist holte der andere paßgerechte Zeitungsstückchen aus der Hosentasche, und beide drehten sich ihre Zigaretten.

Am Abend sage ich zu Ulla Neumann: „Also weißt du, ich habe ein ungutes Gefühl, womöglich taucht der Posten hier in der Nacht auf. Seine Besuche waren etwas zu oft.“

Meine Ahnung sehe ich bestätigt, als wir uns zu Schlafen hingelegt haben und die Tür von außen aufgeschoben wird. Klages mit dem Posten stehen davor, Klages sagt etwas verlegen: „Hilde, du sollst zu den Posten in den Waggon kommen.

Die Posten müssen Wache halten, und es muß jemand da drin aufpassen."

„So — so. Aufpassen soll ich! Worauf soll ich denn aufpassen?? Das kann doch einer von den Männern machen."

Klages übersetzt dem Posten, was ich gesagt habe. „In dem Waggon sind unsere Gewehre drin, da dürfen keine Männer hinein", höre ich den Posten antworten. „Na, dann nehmt doch jemand anders — ich gehe nicht!"

Klages übersetzt wieder, und der Posten sagt zu mir: „Wir brauchen eine, die russisch spricht."

„Nun, denn könnt ihr doch Frau Brinkmann nehmen!" Und ich frage Frau Brinkmann: „Würden Sie gehen? Bitte!" „Ja, warum nicht? Vielleicht gibt es da was Gutes zu essen." Sie steht auf und geht zur Tür. Klages schaut etwas ratlos zum Posten. Der winkt ab und sagt leise — ich höre es aber doch: „Die ist zu alt."

„Aha", sage ich triumphierend, „das habe ich doch gewußt. Mich kriegen keine zehn Pferde dorthin! — Ihr könnt machen, was ihr wollt, lieber gehe ich nochmals in den Karzer!" Und ich lege mich wieder auf meinen Platz. Wütend schiebt der Posten die Türe zu, polternd knallt sie gegen die Seitenwand.

Am anderen Morgen geht der Posten bei uns vorbei, ohne „dawai sakurium", ohne Gruß, er schaut nicht einmal zu uns hin.

Am Sonntag, dem 22. August, rollt der Zug gegen Abend über die Oderbrücke bei Frankfurt.

Ohne uns vorher verabredet zu haben, fallen wir alle nacheinander auf die Knie und singen „Nun danket alle Gott". Können bald nicht weitersingen, die Kehle ist wie zugeschnürt, die Stimme versagt. Wir sind auf deutschem Boden!

Kurz vor dem Bahnhof hält der Zug, an der Schranke stehen einige junge Mädchen. Wir möchten uns mit ihnen unterhalten, rufen zu ihnen herunter „Wie geht's hier in der Heimat? Wie lebt ihr?" Albern kichern sie, tänzeln etwas, und ein Mädchen sagt leichthin „Immer zeitgemäß, immer zeitgemäß". Sie haben anscheinend kein Interesse an einer Unterhaltung. Wir schauen uns betroffen an: Ist man hier so leicht über alles hinweggekommen?

Als wir am Bahnhof halten, richtig am Bahnsteig, nicht wie sonst auf dem Güterbahnhof, steht auf dem Nebengleis ein Zug, dessen Schild zeigt, daß er nach Berlin fährt. Aus unserem Zug springen fast alle hinaus, laufen zu dem Zug, der nach Berlin fährt, möchten mit den Leuten sprechen, die aus den geöffneten Fenstern schauen, wir wollen hören, wie das Leben in der Heimat ist.

Ich komme mit einer Dame ins Gespräch, die aus Berlin ist. Ich frage sie, ob sie Kleinmachnow kennt. In Kleinmachnow hat meine Tante ein Haus. Die Tante, die zu Haus in Ostpreußen bei uns gewohnt hat, sie heiratete 1944 nach Kleinmachnow. „Ja, ich arbeite in Kleinmachnow", gibt mir die Dame zur Antwort. So ein glücklicher Zufall! Ich bitte sie, ob sie vielleicht dort Bescheid sagen könnte, daß ich in Frankfurt an der Oder bin und gebe ihr die Adresse. Sie verspricht mir, hinzugehen. Der Zug nach Berlin fährt ab.

Es dauert noch eine Weile, und es fängt bereits an, dunkel zu werden, bis wir unser Gepäck aufnehmen dürfen und uns zum Abmarsch bereit aufstellen. Wir werden in die Hornkaserne gebracht, unser Natschalnik kommt noch mit dorthin.

Zwei Besonderheiten begrüßen wir in der Kaserne mit lautem Hallo. Es gibt hier richtige Toiletten mit Wasserspülung, und es kommt mir zum Bewußtsein, daß ich nie mehr auf den „Donnerbalken" muß. Nie mehr brauche ich mit anderen Frauen zusammen, wie Hühner auf einer Stange gereiht, zu sitzen. Die zweite Sensation sind die Türklinken! Immer wieder stehen einige von uns auf dem Flur, drücken die Klinken herunter, öffnen und schließen die Türen. Nie gab es in Rußland eine Tür, an der ein Drücker war, immer nur ein Griff aus Holz oder aus Eisen.

Am anderen Morgen bekommen wir richtigen Malzkaffee mit Milch und ein Stückchen Brot. Ja, so hat der Kaffee bei uns früher geschmeckt, den Mutter gekocht hat. Und so also schmeckt wieder das Brot in Deutschland! Noch am Vormittag werden wir zum Lager Gronenfelde gebracht. Unser Natschalnik und „Bubi" sind nicht mehr zu sehen, sie haben sich nicht einmal von uns verabschiedet. Schade.

Im Lager Gronenfelde werden wir registriert, entlaust, können unter die Duschen und bekommen jeder zwanzig Mark. Auch einen Entlassungsschein erhalten wir, der noch in russischer Sprache ausgedruckt ist.

Am Nachmittag werden wir durch Lautsprecher aufgefordert, zu dem großen Platz, der sich auf dem Lagergelände befindet, zu kommen. Es wird die Führerin des Deutschen sozialistischen Frauenbundes sprechen. „Deutscher sozialistischer

Frauenbund", was soll das? Gibt es hier etwa schon wieder Parteien?

Wir haben in Schadrinsk nichts, aber auch gar nichts über Politik gehört, noch sind wir in irgendeiner Weise beeinflußt worden. Nie haben wir etwas Lesbares in die Hand bekommen, geschweige denn Zeitungen; es sei denn, zum Zigarettendrehen die „Prawda". Und nun dies: „Frauen, kommt zu uns, zum Frauenbund, wir Frauen müssen helfen, ein neues Deutschland zu schaffen ..." Worte wie „Sozialismus", „Arbeiterbewegung", „Deutsch-sowjetische Freundschaft" — für uns lauter unsinniges Zeug, wir wissen damit nichts anzufangen.

Uns beschäftigen andere Probleme: Werden wir unsere Angehörigen wiederfinden? Wir haben ein Formular ausfüllen müssen, in denen nach den Namen unserer Angehörigen gefragt wird, wo wir, bzw. sie gewohnt haben, und es heißt, daß ein Kurier mit diesen Angaben nach Berlin zum Roten Kreuz fährt.

Alle, die nicht wissen, wo ihre Angehörigen sind — und es sind fast alle von uns — fahren am anderen Tag mit dem Zug nach Pirna in ein Heimatlosen-Lager. Wir müssen dort in eine 14tägige Quarantäne und sollen dort Nachricht über unsere Angehörigen erhalten.

Hoch über die Elbe liegt die Festung „Sonnenstein", was — hoffentlich — unser letztes Lager ist. Wir werden in kleinen Zimmern untergebracht, zu viert. Einmal am Tag bekommen wir warmes Essen, schöne große Pellkartoffeln, als Beilage Kohl. Morgens erhalten wir 200 Gramm Brot, etwas Marmelade, dazu wieder den schönen Malzkaffee. Die 200 Gramm Brot-Portion ist so groß wie unsere 600-Gramm-Portion in Rußland.

Auch hier wird wieder der Versuch unternommen, uns in die Partei zu locken. Diesmal ist es die SED. Ein kleiner Mann in Knickerbockern spricht zu uns in einem großen Saal, preist die Vorzüge der SED. Beim Eintritt in den Saal fällt mein Blick gleich auf vier große Porträts, alles bärtige Männer. Den einen kenne ich, es ist Lenin. Wer mögen die anderen sein? Ein kleines Schild unter den Bilder verrät es: Bebel, Marx, Engels.

Der Knickerbockermann redet und redet. Guter Mann, du kannst reden so viel wie du willst, denke ich, von Parteien habe ich die Nase voll. Andere denken wohl genau so wie ich, und als einer nach dem anderen den Saal verläßt, schließe ich mich ihnen an.

Schon am dritten Tag sind die ersten Namen derer am schwarzen Brett angezeigt, die Nachricht über ihre Angehörigen haben. Voller Ungeduld schauen wir anderen immer wieder, paarmal am Tag, nach, ob unsere Namen angezeigt sind.

Am 30. August steht mein Name auf dem Brett! Ich stürze förmlich zur Kommandatur, bekomme die Rot-Kreuz-Karte ausgehändigt, und mein Blick fällt zuerst auf die Worte „Blachfeld 25". Das ist die Straße, in der meine Tante wohnt. Dann erst lese ich „Franz Mischke, Anna Mischke". Mein Gott — meine Eltern leben und sind bei meiner Tante in Kleinmachnow! Immer wieder lese ich die Karte, lache — weine.

Was tun als nächstes? Ich frage, ob ich ein Telegramm aufgeben darf. Ja, das könne ich machen, wird mir gesagt. Nachdem ich mich noch vergewissere, ob meine Mutter mich abholen darf und dann die Quarantäne früher beendet ist, schicke ich das Telegramm mit diesem zusätzlichen Bescheid ab.

Am 4. September werde ich zur Kommandantur gerufen, es sei Besuch für mich da.

Von weiten sehe ich ein kleines Frauchen in einem schwarzen Mantel vor der Kommandantur stehen, eine schmale Gestalt mit gekrümmtem Rücken. Das soll mein Mamachen sein? Sie, die ich nur als rund und wohlgenährt kenne? Wir stürzen aufeinander zu, fallen uns in die Arme, ich küsse ihr runzelig gewordenes Gesicht ab.

Auf meinem Zimmer packt sie ihren kleinen Koffer aus: Herrliche Williams-Christ-Birnen, Schokolade, Kuchen, gekochte Eier! Gierig stopfe ich alles abwechselnd in mich hinein, teile mit Dorchen und Erna, die meine Bettnachbarn sind. Dorchen liegt auf ihrem Bett und weint bitterlich. Sie hat soeben die Nachricht vom Tode ihrer Eltern erhalten.

Ich komme aus dem Staunen überhaupt nicht mehr heraus, als meine Mutter von den Schätzen erzählt, die sie in Kleinmachnow haben: Eine Ziege, Hühner, Karnickel, im Garten ist Gemüse und Obst, ja, sogar zwei Fahrräder haben sie. Und auf mich wartet ein ganzes Care-Paket. Mutter muß mir erst erklären, was das ist. Zwei Brüder von ihr leben schon seit 1914 in Amerika und sorgen nun rührend für die beiden Schwestern. Sie schicken Pakete mit Lebensmittel, Kleider und eben diese Care-Pakete. Ich kann es gar nicht erwarten, nach Hause zu kommen. Nach Hause! Ich kann wieder „nach Hause" sagen. Meine Mutter erzählt mir noch, daß die Dame, die ich in Frankfurt gesprochen hatte, ihnen die Nachricht von meiner

Heimkehr überbracht hat. Leider erst nach vier Tagen. Meine Mutter war sofort nach Frankfurt losgefahren, aber man sagte ihr dort, daß ich in Pirna sei und 14 Tage in Quarantäne bleiben müsse. So fuhr sie wieder nach Kleinmachnow zurück.

Noch gegen Abend gehen wir zum Bahnhof, nachdem ich mich abgemeldet habe. In Dresden müssen wir bis zum anderen Morgen auf den Zug nach Berlin warten. Wir sitzen im Wartesaal, erzählen, erzählen. Ich erfahre von ihr, wie sie mit Vater aus Polen herausgekommen ist. Kurz nachdem ich gefangen genommen war, wurden alle deutschen Flüchtlinge in ein Lager nach Seefeld gebracht, so auch meine Eltern und meine Freundin Irmchen mit ihrer Mutter. Mein Vater wurde nach 14 Tagen von einem polnischen Bauern geholt und durfte, auf Bitten meines Vaters, auch meine Mutter mitnehmen, die im Haushalt helfen sollte. Irmchen mußte mit ihrer Mutter zu Fuß nach Ostpreußen zurück, und Aussiedler hatten berichtet, daß beide dort unter Qualen gestorben waren.

Als ich dieses erfahre, weiß ich, daß meine Entscheidung, nach Sibiren zu gehen, richtig war. Der polnische Bauer hätte gewiß nicht zwei Frauen als zusätzliche Arbeitskraft brauchen können, und so wäre uns das gleiche Schicksal zuteil geworden wie meiner Freundin und ihrer Mutter.

Mein Bruder Alfred ist anscheinend vermißt. Die letzte Nachricht von ihm hatten wir erhalten, daß er, der in Italien eingesetzt war, sich zur Heimatverteidigung nach Ostpreußen gemeldet hatte.

Am anderen Morgen fahren wir weiter nach Berlin, vorbei an Gärten, in denen große, gelbe Kürbisse leuchten. Meine Mutter lächelt still, als ich immer wieder ausrufe: „Schau doch bloß, Mama, die großen Kürbisse, und da — die Äpfel, Birnen, — und die großen Kohlköpfe!“

Schon am Gartentor erwartet mich meine Tante, mein Vater kommt gelaufen. Beide sind grau geworden, schmal ihre Gesichter. Tantes Mann ist gestorben, wir vier sind übrig geblieben.

Tante hat Erbsensuppe gekocht.

„Hm, — Tante, du hast ja Fett an der Suppe! Das schmeckt ja richtig nach Fett“, rufe ich erfreut aus, und ich erzähle, wie ich in Rußland einmal zwei Hühnerpfoten geschenkt bekommen hatte und wie die Brühe köstlich geschmeckt hat.

Als wir über Kleidung sprechen, erzähle ich von den segenspendenden Binden und zeige stolz meine selbstgenähten

Hemden. „Ihr seht, Unterwäsche habe ich. Und alles ist sauber gewaschen!"

Ich bin schwer beleidigt, als meine Mutter meint, daß die nur noch für Aufwischlappen taugen würden. Sie wären ja total grau — und dann so ein grobes Zeug am Körper, nein.

Ich kann mich gar nicht sattsehen in den Zimmern. Die Sonne scheint auf die gediegenen Eichenmöbel, auf Sessel, Couch und Teppiche, und immer wieder sage ich fassungslos: „Daß es so etwas noch gibt — daß es so etwas noch gibt!"

Abends darf ich dann in die Badewanne steigen, wasche mich mit herrlich duftender, amerikanischer Seife. Dann soll ich ins Bett gehen. Als ich das weiß bezogene Bett sehe, in das ich mich hineinlegen soll, sage ich ratlos: „Aber da kann ich mich doch nicht hineinlegen! Das mache ich doch schmutzig!"

Und dann lege ich mich ganz behutsam, beinahe andächtig, in das weiche Federbett, kuschele mich ein und schließe die Augen.

Ich fühle mich geschützt, geborgen. Ich bin zu Hause.

1989 neuer Kontakt mit Schadrinsk

Immer, wenn ich in den letzten Jahren einzelne Passagen meines Geschriebenen las, sei es, um mich für eine Lesung vorzubereiten oder aus anderen Gründen, fragte ich mich, wieso ich mich noch an so viele Einzelheiten habe erinnern können. Ich hatte nie irgendwelche Aufzeichnungen gemacht, oder gar Tagebuch geführt. Wie sollte ich auch? Papier und Bleistift hatte ich nicht besessen, diese Dinge gehörten zu den Luxusartikeln im Lager.

Anscheinend hatte ich alles unbewußt in meinem Gedächtnis gespeichert, und nun, da ich es abgerufen habe, ist manches Erlebte ins Dunkel getaucht. Ich habe es abgelegt.

Und da ist noch etwas: Lange Jahre hatte ich den immer wiederkehrenden Traum, daß ich von Sibirien heimkehre, dabei aber genau weiß, daß ich wieder dorthin zurück muß.

Nachdem ich alles niedergeschrieben hatte, gab es diesen Traum nie mehr!

Nein, den Traum hat es nicht mehr gegeben, aber – ich bin wirklich dort gewesen! Dort im sibirischen Schadrinsk hinter dem Ural, an dem Ort, wo ich einst gehungert, gefroren und gebettelt, wo ich Schwerstarbeit geleistet hatte.

Schon während des Schreibens an diesem Buch regte sich in mir eine, zunächst noch recht wage, Neugier, wie es wohl heute, nach fast vierzig Jahren, dort aussehen mag. Sicherlich würden Fernsehantennen die liebenswerten, geduckten Holzhäuser verschandeln, sicherlich würden deren Bewohner aus dem Radio nicht mehr das staatlich verordnete Einheitsprogramm empfangen, sondern andere Sender wählen können, und sicherlich würden auch zahlreiche PKW das Straßenbild der sibirischen Stadt beleben. Wahrscheinlich sind einige Straßen mit festem Belag versehen worden, wahrscheinlich sind am Stadtrand gesichtslose, neue Wohnblocks entstanden. Aber sonst? Meine Fantasie reichte nicht aus, sich dort grundlegende Veränderungen vorzustellen.

Mit der Zeit wuchs meine Neugier. Ja, sie ging sogar so weit, daß ich mit dem Gedanken spielte, an Gorbatschow zu schreiben, und um eine Reiseerlaubnis nach Schadrinsk zu bitten. Diese Stadt war zu der Zeit Touristen noch nicht zugänglich. Sicherlich wäre auf meine Anfrage ein „Njet“ gekommen, bestimmt hätte Gorbatschow den Brief nie zu Gesicht bekommen, und welch ein sowjetischer Apparatschik hätte gegen eine bestehende Vorschrift verstoßen.

Natürlich war mein sehnlichster Wunsch, der sich mit zunehmendem Alter beängstigend verstärkte, mein geliebtes Dorf Dickschen an der Szeszuppe wiederzusehen. Immer wieder suchte ich im Traum mein Elternhaus und fand es nicht. Oft wachte ich mit Tränen in den Augen auf.

Dann kam das Jahr 1991, und ich sah meine Heimat im nördlichen Ostpreußen wieder. Aber mein Dickschen gab es nicht mehr. Und auch nicht mein Elternhaus. Nur Lindenbäume, die einst als Hecke unseren Garten gesäumt hatten, waren zu einem kleinen Wald geworden und gaben mir die Gewißheit, daß hier unser Hof gestanden hatte. Ringsum meterhohes Gras mit dicken Ähren, das von dem guten fruchtbaren Ackerboden zeugte und ein ausgedehntes wogendes Roggenfeld vortäuschte. Kein Haus war zu sehen, nur Gras, Büsche, vereinzelt Bäume, und nach drei Seiten hin der Wald.

War es auch ein Wiedersehen gewesen das schmerzte, so gab es mir doch den inneren Frieden; meine Gedanken, die zuvor die verschiedensten bildhaften Vorstellungen produziert hatten, wissen jetzt meine Heimat zu finden. Und als ich in diesem Jahr (1992) wieder bei meinen Linden war, verspürte ich ein jähes Glücksgefühl: Sie standen in einem ausgedehnten Roggenfeld!

Das Bild von diesem Fleckchen Erde hat – für manch einen vielleicht unbegreiflich – eine neue Sehnsucht in mir geweckt, und wird sie zu übermächtig – dann fahre ich wieder zu meinen Linden.–

Bis 1987 waren aus dem Gebiet des nördlichen Ostpreußen nur spärlich Informationen gekommen, meist aus illegalen Besuchen. Ein Jahr zuvor schon hatte das Monatsheft „SOWJETUNION HEUTE" einen recht ausführlichen Bericht über Königsberg/Kaliningrad gebracht. Davon hatte ich gehört, und ich abonnierte das Heft, in der Hoffnung, auch mal etwas über die gesamte Region des „Kalingradskaja Oblast" zu lesen.

Es waren in der Folgezeit dann auch tatsächlich Berichte solcherart darin enthalten, was jedoch für mich persönlich Bedeutung hatte, stand im Juliheft 1989 unter der Rubrik „Briefpartner gesucht": die Adresse des Pädagogischen Institutes Schadrinsk. Das konnte nur ein Wink des Schicksals sein! Einen Briefpartner dort zu haben bedeutete, daß ich etwas über die Stadt erfahren würde, und ich schrieb hin. In Deutsch und in Russisch. Ich schrieb, daß ich eine der Frauen war, die von 1945 bis 1948 im Lager gewesen war und an einem Briefwechsel interessiert bin.

Walya, die Englischlehrerin und auch Dekan der Fremdsprachlichen Fakultät am Institut war, 53 Jahre, antwortete mir, weitere Briefe folgten, und wir tauschten auch Bilder aus.

„Walya hat so gütige Augen", sagte ich zu meinem Mann beim Betrachten ihrer Fotografie, „wollen wir sie zu uns nach Berlin einladen?" Er war einverstanden.

Und so fragte ich bei Walya an, ob sie uns besuchen würde.

"Sehr gern", schrieb sie daraufhin zurück, „aber das ist leider nicht zu realisieren, der Flug ist zu teuer."

Nun, das sollte kein Hinderungsgrund sein, gab ich ihr Bescheid, wir würden ihr die Hälfte des Fluges bezahlen.

Nachdem ich Walyas Zusage hatte, schrieb ich eine Einladung, die vom Notar bestätigt werden mußte, schickte sie hin, und schließlich teilte sie uns ihre Ankunft mit.

Am 5. Juli 1990 traf unser russischer Besuch auf dem Flugplatz Berlin–Schönefeld ein. Mein vor der Brust gehaltenes Burda–Modenheft, das wir als Erkennungszeichen verabredet hatten, verlor an Bedeutung, wir erkannten uns gegenseitig sofort. Herzliche Umarmung folgte, bei der Heimfahrt mit dem Auto lobte Walya immer wieder unsere ebenen Straßen, zu Hause ausgedehntes Frühstück, dann kramte Walya ihre Mitbringsel aus dem Koffer.

Auf ihre Anfrage hin, was sie uns mitbringen könne, hatte ich mir Fotografien von der Stadt und ein Schadrinsker Brot gewünscht. „Sonst bitte nichts", hatte ich betont. Nicht nur, daß ich wissen wollte wie heute das dort gebackene Brot schmeckt, vielmehr sollte es mir – gefühlsduselig wie ich manchmal bin – die Zeit des ständigen Hungerns gegenwärtig machen.

Walya muß, gemessen an ihren finanziellen Möglichkeiten, ein kleines Vermögen ausgegeben haben für das, was sie auf den Tisch packte: zwei entzückende Lackdosen, zwei große Lack–Holzlöffel, je einen Karton russisches Einheitskonfekt und Kekse, ja, sogar Stoff für ein Sommerkleid (!) und zwei Flaschen Wodka.

Mein Brot bekam ich nicht.–

Was für Walya dieser Besuch in Berlin bedeutet hat, ist kaum mit Worten zu schildern. Als ich mit ihr zum ersten Mal in einem Supermarkt war und sie das vielfältige Warenangebot sah, stand sie wie versteinert da und konnte nur hervorbringen: „Ich bin geschockt." Nach einem Museumsbesuch kamen wir an einem großen Möbelgeschäft vorbei. Ich sah, wie sie interessiert die Möbel in den Schaufenstern betrachtete, wir gingen hinein und begannen unseren Rundgang in der Englischen Stilmöbel-Abteilung. „Ist das hier auch Museum?", fragte sie . Als ich ihr sagte, daß man die Möbel alle kaufen kann und sie daraufhin die Preisschilder betrachtete, war sie fassungslos. Sie konnte es nicht begreifen, daß es hier Leute gibt, die sich die teuren Möbel leisten können.

Walya sprach etwas Deutsch, ich noch etwas Russisch, und wenn wir beide nicht klarkamen, mußte mein Mann helfen, der sich dann mit ihr in Englisch unterhielt. Unser Gast war aufgeschlossen, erzählte lebhaft, und wir haben viel gelacht. Es beeindruckte sie auch, daß hier die Menschen auf der Straße meist ein gelöstes, auch heiteres Gesicht zeigen. „Bei uns die Menschen machen Gesicht so", und sie verzog ihr Gesicht zu einer verbissenen Miene.

Wir zeigten unserem Besuch nicht nur Berlin und Umgebung, wir fuhren mit ihm auch durch das Gebiet der ehemaligen DDR über Goslar nach Celle, um ihm auch einen Eindruck von alten deutschen Städten zu vermitteln. Und überall fotografierten wir Walya inmitten oder neben den Sehenswürdigkeiten; sie konnte 72 Aufnahmen mitnehmen, und über 30 schickten wir ihr noch nach. Sie schrieb später, daß sie sich mit ihrem Mann fast jeden Tag die Aufnahmen ansehen.

Mehrmals waren wir mit ihr auch zu verschiedenen Freunden von uns eingeladen, so daß sie auch ein Bild von deutschen Wohnverhältnissen ganz „normaler" Familien machen konnte. Als wir, auf unserer gemeinsamen Fahrt nach Celle, bei meiner Cousine in Legende übernachtet hatten und sie bei einem Spaziergang die schmucken Einfamilienhäuser sah, kam sie aus dem Staunen gar nicht heraus. Sie meinte, darin müßten doch alles Millionäre wohnen. Als mein Cousin ihr die Berufe der Bewohner – Angestellte, Handwerker etc. – nannte, schüttelte sie ungläubig den Kopf.

Wie sollte sie so etwas verstehen?

Natürlich stand auf unserem Programm auch Einkauf.–

Im Vorwort dieses Buches hatte ich geschrieben: Ein stiller Dank sei den russischen Menschen gesagt ... Jetzt konnte ich an einem Menschen dieser Stadt, stellvertretend für die vielen, die mir zum Überleben verholfen hatten, einen kleinen Dank abstatten.

Schließlich stand Walya am Abflugtag nach 14 Tagen mit 40 Kilo Gepäck am Flugschalter. Ihre Befürchtung, für Übergepäck zahlen zu müssen, bestätigte sich nicht, die „Aeroflot“ war großzügig.

Schließlich hieß es Abschiednehmen. Walya bekräftigte nochmals ihre bereits mehrfach ausgesprochene Einladung. „Auf Wiedersehen in Schadrinsk“, waren ihre letzten Worte. Ein letztes Zuwinken von der Paßkontrolle aus – erlebnisreiche Tage waren für unseren Gast zu Ende gegangen.

Vorbereitung für eine Reise in die Vergangenheit

Im Mai 1991 erhielten wir die, von offizieller Seite bestätigte, Einladung von Walya, nach Schadrinsk zu kommen.

Nachdem ich mich mit meinem Mann – Heinz wollte mich begleiten – auf den 14. August als Reisetag geeinigt hatte, fuhren wir zum sowjetischen Konsulat, um die Visa zu beantragen und anschließend gleich zum Intourist–Reisebüro, um die Flüge zu buchen.

Hatten wir gedacht, daß wir unser Flug–Endziel Swerdlowsk vielleicht an einem Tag erreichen würden, so sahen wir uns getäuscht. Das klappte nicht, wir mußten in Moskau übernachten. Auf dem Hin– und Rückflug. Das hieß, daß wir vom Flugplatz zum Hotel und am anderen Morgen vom Hotel zum Flugplatz gebracht werden mußten. Ob es genügend Taxis in Moskau gäbe, fragten wir. Ja, die gäbe es wohl, meinte der freundliche Herr von Intourist, aber er würde uns nicht raten, ein privates Taxi zu nehmen. „Die sind fast alle in der Hand der russischen Mafia, und da kann es Ihnen passieren, daß Sie Ihr Gepäck loswerden – wenn nicht noch mehr", bekamen wir von ihm zu hören. Das gleiche hatte uns vor einem halben Jahr bei einer Gruppenreise durch den Kaukasus, wo mein Mann fast sechs Jahre in Kriefsgefangenschaft gewesen war, die russische Reiseleiterin Natascha gesagt.

Wir hatten die Möglichkeit, von Berlin aus einen Wagen zu buchen, der nur für Intourist fuhr, und das taten wir dann auch. Die Hotelreservierung klappte auch, so stand unserer – vielleicht doch etwas abenteuerlichen – Reise nichts mehr im Wege.

Wir teilten Walya unsere genaue Ankunft in Swerdlowsk mit, dort wollte sie uns in Empfang nehmen.

Nun kam der schwierigste Teil der Vorbereitungen. Was nahmen wir an Geschenken mit? Wir wußten um die schon damals schlechte Versorgungslage, und durch Walyas Erzählen, was sonst noch vonnöten ist. Es fehlte ja an allem! So z. B. konnte ich mir denken, daß Walya Küchengardinen braucht, als ich sah, wie sie nachdenklich meine betrachtete; oder daß ein Bügeleisen gebraucht wird, weil sie, als sie mich bügeln sah, sagte: „Meins oft kaputt, muß Wladik (ihr Mann) immer reparieren."

Also wurde, auf ostpreußisch gesagt, „auf Deiwel komm raus" eingekauft.

Großes Kopfzerbrechen machte mir, wie wir unser Gepäck nach Schadrinsk kriegen. Nicht nur Natascha hatte uns gesagt, daß in Moskau auf dem internationalen Flugplatz oftmals Gepäck, insbesondere das von Ausländern, gestohlen wird. Wir hatten solches auch mehrfach gelesen, u.a. im „Spiegel“.

Was also könnten wir dagegen tun? Zunächst beschlossen wir, so viel wie möglich, besonders das, was unbedingt in die Hände unserer Gastgeber gelangen sollte, in das Handgepäck zu verstauen. Ich überlegte, ob man vielleicht Name und Anschrift in Russisch auf den Kofferanhänger schreiben sollte; doch das würde auch nicht viel nützen, unser Name wies uns ja als Deutsche aus. Ein alter, ramponiert aussehender Koffer mußte her –das wars! Den hatten wir nicht, aber unsere Nachbarn, die ich danach gefragt hatte, gaben uns einen. „Den können Sie gleich dalassen, wir brauchen ihn nicht mehr“ sagten sie. Das paßte uns ausgezeichnet, so hatten wir auf dem Rückweg nur Handgepäck.

Das aufregende Abenteuer Sibirien

Flughafen Schönefeld, 14. August, morgens 10 Uhr.–

Ich habe mich mit Heinz, meinem Mann, in die Warteschlange zur Gepäckabfertigung am Aeroflot–Schalter eingereiht. „MOSKAU Abflugzeit 11 Uhr“ steht da und die Flugnummer. Vor uns eine deutsche Reisegruppe, die sich anscheinend alle kennen, wie man aus dem herumalbernden Gebaren schließen kann. Und, wie ich feststelle, alle mit Koffern, die westlichen Besitzer erahnen lassen. „Da wird bestimmt niemand ausgerechnet unseren schäbigen Koffer für eine lohnenswerte Beute halten“, schießt es mir durch den Kopf. Aber gleichzeitig schäme ich mich für ihn, und ich lege die Jeans–Jacke, die Walyas Mann erhalten soll, drauf. Sie hatte nicht mehr in den Koffer gepaßt, und ich trage sie über den Arm.

Im Flugzeug sitze ich neben einem jungen Vietnamesen, und wir kommen ins Gespräch. Wie er erzählt, studiert er in Moskau Musik und war in Berlin, um seine Frau zu besuchen, die Asyl beantragt hat und derzeit im Lager lebt. Das freundliche Kerlchen kann nur ein paar Worte deutsch, so unterhalten wir uns, so gut es geht, russisch. Als ich ihm erzähle wohin wir fliegen und daß wir in Moskau übernachten müssen, bietet er sofort an, uns zum Hotel zu begleiten, damit wir sicher hinkommen. Ich erkläre ihm, daß das nicht nötig ist, daß wir einen Wagen über Intourist bestellt haben.

Nach der pünktlichen Landung, Moskauer Zeit 15 Uhr, nehmen wir am Laufband unseren alten, prall vollgestopften Koffer in Empfang und gehen zur Paß– und Zollkontrolle. Wir, und soweit ich sehen kann auch niemand anderes, werden nicht kontrolliert.

Zunächst sehen wir uns in der Ankunftshalle nach einer Bank um. Wir möchten Walya, von der wir wissen, daß sie für einen Wagen sparen, etliche Rubelchen zustecken. Die Bank hat geschlossen. Der kleine Vietnamese, der noch immer in unserer Nähe ist, drängt uns förmlich 50 Rubel auf, er meint, daß wir sie brauchen werden. Mit der Absicht, ihm das Geld zurückzugeben, laden wir ihn beim Verabschieden ein, abends in unser Hotel zu kommen. Er sagt zu.

Als wir zum Intourist–Schalter kommen, wartet bereits unser Fahrer auf uns und nimmt uns zu seinem Wagen mit. Ich traue meinen Augen nicht! Das Gefährt, von dem er die Tür aufmacht, ist genau das Modell, das man im Fernsehen sieht, in dem Regierungsmitglieder oder andere Großkopfeten herumkutschiert werden. Das Auto ist fast doppelt so lang wie der davorstehende „Lada“ und dementsprechend die Geräumigkeit des Inneren. Wir sinken in dicke, weiche Velourpolster, links von mir ist ein Radio, in Mahagoni verpackt. Überhaupt – wo kein Velour ist, rötelt Mahagoni.

Während der Fahrt versuche ich, mit dem Fahrer ein Gespräch anzufangen, er antwortet kaum. Ich habe den Eindruck, daß er sich, seinem Prunkgefährt angepaßt, wohl seiner Wichtigkeit bewußt ist. Selbst die fünf Mark Trinkgeld nebst Feuerzeug quittiert er nur mit einem gnädigen Kopfnicken.

Nachdem wir im Hotel BELGRAD I alle Formalitäten erledigt haben und auf unserem Zimmer sind, ist es nach 17 Uhr. Nun können wir nur hoffen, daß die Bank, die sich im gegenüberliegenden Hotel BELGRAD II befinden soll, noch geöffnet hat, denn wir möchten doch unbedingt unsere Rubel. Wie wir von Walya wissen, gibt es in Schadrinsk keine Bank, so daß wir nur hier die Gelegenheit zum Tausch haben. Wir hasten vergeblich hin, die Bank ist geschlossen. An der nächsten Ecke sehen wir einen Zeitungskiosk, vielleicht kann der Verkäufer uns sagen, ob in der Nähe noch eine Bank geöffnet hat. Er bedauert, um fünf schließen die Banken. Was wir denn möchten, fragt er. Ich schöpfe Hoffnung, ob er vielleicht …? Wieviel ich denn umtauschen möchte? Als ich dreihundert Mark nenne, schüttelt er bedauernd den Kopf:„ So viel Rubel habe ich nicht.“

Schade. Wir hatten uns schon gewundert, daß wir weder auf dem Flugplatz, noch im Hotel zwecks Geldumtausch angesprochen worden waren, so wie das noch im vergangenen Jahr auf unserer Kaukasusreise der Fall gewesen war.

Abends kommt pünktlich zur verabredeten Zeit unser kleiner Freund aus dem Flugzeug. Er will uns zum Abendessen in ein vietnamesisches Restaurant einladen. „Essen seer, seer gut“, beteuert er, „Taxi wartet vor Hotel“.

Das wollen wir nicht annehmen, der Junge ist bestimmt nicht auf Rosen gebettet. Im Gegenteil, wir laden ihn zum Essen ins Valuta–Restaurant ein. Das nimmt er nicht an. Auch die 50 Rubel zurückzunehmen lehnt er ganz energisch ab. Ich verständige mich mit Heinz, ob wir seine Einladung doch annehmen sollten, vielleicht hat er unsere Ablehnung als Beleidigung aufgefaßt? Ich frage ihn, wann wir denn zurückkommen würden. Als er daraufhin „ein bis zwei Uhr“ nennt, müssen wir einfach absagen, um sechs soll uns bereits unser Taxi zum Flugplatz abholen.

Moskau hat bekanntlich mehrere Flugplätze. Unser Flugzeug nach Swerdlowsk soll vom fast 40 Kilometer entfernten Flugplatz DOMEDODOWA, von dem alle Flüge in östlicher Richtung abgehen, fliegen. Pünktlich um sechs holt uns der Fahrer ab, es ist nicht der gestrige. Er hat auch keinen „langen Schlitten“ nur einen alten „Wolga“, dessen rechte Tür laut rappelt und uns den Fahrtwind empfindlich spüren läßt. Aber sehr gesprächig wird dieser Fahrer, als er merkt, daß wir russisch verstehen. Allerdings – bei seinem Sprechtempo verstehen wir nicht annähernd die Hälfte von dem was er uns erzählt.

Die Abfertigungshalle, zu der uns der Fahrer hinbringt, ist ringsum angefüllt mit asiatisch aussehenden Leuten, vorwiegend jungen Männern. Mangels Sitzgelegenheiten lagern sie alle am Fußboden, um sich haben sie Berge von Taschen, Kartons, Rucksäcken und Taschen gestapelt, Papier, Flaschen, Essensreste – alles auf den Fußboden geworfen. Und ein beißender Gestank füllt die Halle, der uns beim Eintritt beinahe den Atem nimmt. Er scheint von der zerbrochenen Flasche auszugehen, die in einer Flüssigkeit liegt.

Der einzige Schalter in der Halle ist noch geschlossen, so plazieren wir unser Gepäck in der Nähe der Eingangstür, wo auch der einzige Stuhl im Raum steht. Immer abwechselnd geht einer von uns beiden nach draußen, um frische Luft zu schnappen. Etwa nach einer halben Stunde kommt eine ältere Frau mit einem Wassereimer und Wischlappen, beginnt den Unrat zu beseitigen. Wütend schimpft sie in einer Tour vor sich hin, was das nur für ein Volk sei – verfluchte Hunde – sind total verrückt geworden – der Teufel soll sie holen – und noch einige Flüche, die mir wohl bekannt, ich hier aber nicht übersetzt bringen kann. Ich weiß, ich bin wirklich in Rußland!

Endlich sitzen wir im Flugzeug. Man hat uns beide, vorbei an den anderen Passagieren, die an der Gangway warten müssen, als erste zu unseren Plätzen gebracht. Service von Intourist! Schließlich ist das Flugzeug dann bis auf den allerletzten Platz besetzt.

Meine Hoffnung, beim Überfliegen des Urals ihn von oben sehen zu können, erfüllt sich leider nicht, eine Wolkendecke nimmt uns die Sicht.

Nach guten zwei Stunden landen wir in Swerdlowsk. Wieder werde ich mit Heinz separat zum Flughafengebäude gebracht, sogar unser feudaler Koffer, den man im Frachtraum wohl extra plaziert hatte, ist schon zur Stelle. Ein Mann bringt ihn und auch uns direkt zum Büro von Intourist.

Während noch eine Dame mit unseren Papieren beschäftigt ist, werde ich plötzlich von hinten stürmisch umarmt. Walya! Fast hätte ich sie unter ihrer schicken, blau getönten Sonnenbrille und dem tizianroten Haar nicht erkannt. Sichtlich aufgeregt und erfreut sprudelt sie hervor, daß der Fabrikdirektor einen Wagen mit Chauffeur geschickt hat, um uns abzuholen, und draußen warten ihr Mann Wladik, auch Tochter und Schwiegersohn.

Als wir aus das Flughafengebäude treten, schießt mir durch den Kopf:

Sibirien hat mich wieder

War es richtig, daß ich hierher gefahren bin? Würde mich nicht die Vergangenheit einholen und alte Wunden aufreißen?

Nein, sage ich mir. Diese dreieinhalb Jahre gehören zu meinem Leben, ich will mich daran erinnern. Ich gehöre nicht zu den Leuten, die es sich bequem machen und sagen: „Ach – das ist alles so lange her und vorbei, was soll das."

Leider nur allzu vielen Menschen bei uns würde es gut anstehen, wenn sie sich, anstatt alles nostalgisch verklärt zu sehen, sich auch der üblen Dinge in unserer Geschichte erinnern und vergegenwärtigen würden – gerade jetzt, 1992!

Wladik strahlt über das ganze Gesicht bei der Begrüßung und umarmt uns beide herzlich. Seine Tochter auch, und sein Schwiegersohn überreicht mir Blumen. Walyas Kinder wohnen in Swerdlowsk, sie laden uns ein, sie bei der Rückfahrt zu besuchen.

Durch ein Neubaugebiet fahrend, verlassen wir die Stadt, auf der Straße nach Osten herrscht starker LKW Verkehr. Wir haben 250 Kilometer vor uns. Bald umgibt uns sibirische Weite, wechselt ab mit Waldgebieten, an dessen Ränder fast immer weiße Birkenstämme leuchten. Anhaltender Regen setzt ein. Oftmals kann unser Fahrer nicht schnell genug den, mit Wasser angefüllten, Schlaglöchern ausweichen, und wir werden ganz schön durchgeschüttelt. Jetzt kann ich verstehen, daß Walya unsere glatten Straßen bewunderte!

Während Heinz sich mit Walya in Englisch unterhält, wandern meine Gedanken 44 Jahre zurück. Wie oft mußten wir unsere Maschinen (LKW) trotz Regen be– und entladen, wie oft mußten wir sie aus dem Modder der unbefestigten Straßen schieben. Und unsere dreckigen und durchnäßten Sachen durchzogen mit ihrem Gestank die ganze Baracke, oftmals mußten wir sie am anderen Morgen noch feucht anziehen.

Die Dämmerung hat schon eingesetzt, als wir endlich Schadrinsk erreichen. Ganz sicherlich sind wir in der letzten Stunde auf der gleichen Straße entlanggefahren, auf der wir einst nach Sand fuhren, auf der uns Weihnachten 1948 der Erbsensegen beschert wurde. Aber ich kann keine mir bekannte Stelle entdecken. Kurz nach dem Ortsschild von Schadrinsk biegen wir rechts in eine Straße ein, die von, mir noch so gut in Erinnerung gebliebenen, alten bunten Holzhäuschen gesäumt ist. Natürlich erkenne ich kein bestimmten Haus wieder, sie ähneln sich alle. Allerdings:

Vor 43/44 Jahren konnten wir die Häuser sehr wohl unterscheiden, wir wußten genau, wo wir beim „Klingeln" etwas bekamen und wo nicht!

Nach etlichen Biegungen hält unser Auto, wir sind am Ziel. „Hier wohnen wir", zeigt Walya auf einen großen Wohnblock. Bevor wir die kahlen grauen – aber sauberen – Betonstufen hochstapfen, treten wir unten unsere Schuhe auf dem abgewetzten Läufer ab. Die Wohnung unserer Gastgeber ist im zweiten Stock. In der kleinen Diele ziehen Walya und Wladik gleich ihre Schuhe aus und schlüpfen in Pantoffel; auch für uns stehen schon Pantoffel bereit. Ob das im gesamten Ostblock so üblich ist? Ich muß daran denken, daß jeglicher Besuch, der nach der Wende aus der ehemaligen DDR zu uns kam, als erstes die Schuhe auszog.

Walya zeigt uns unser Zimmer, das, wie sie sagt, ihre beiden Töchter bis zu ihrer Heirat bewohnt haben. Es hat die Maße eines sogenannte „Halben Zimmers". Unter einem sehr neu aussehenden Wandteppich steht ein Bett. Na ja.– Fünf Nächte werden wir die uns verordnete Tuchfühlung wohl überstehen. Wie ich später sehe, hat das Ehepaar in seinem kaum größeren Schlafzimmer auch nur ein Bett zur Verfügung.

Das Wohnzimmer, wo Walya und ihr Mann gerade den Abendbrottisch decken, hat nichts an sich, was man als typisch russisch bezeichnen könnte. Mit Couch, Sesseln, Wohnzimmerschrank und Fernseher, ähnelt es manch deutschem Durchschnittshaushalt.

Als wir am Tisch Platz genommen haben, bin ich doch sehr, sehr erstaunt, was die beiden uns bieten: Butter, Käse, etwas Wurst, Kaviarpaste aus der Dose, eine Schüssel Rohkostsalat, ja, sogar Weintrauben, aus Georgien eingeflogen. Auch zwei Kuchen hat Walya gebacken, und Wodka und Wein fehlen nicht, sowie der Tee, für den selbstgekochte Himbeerkonfitüre zum Süßen bereitsteht.

Mir ist es sehr peinlich, daß die beiden sich wegen uns so in Unkosten gestürzt haben, denn bestimmt haben sie einiges davon für viel Geld auf dem Schwarzmarkt kaufen müssen. Als hätte Walya meine Gedanken erraten, sagt sie: „Denkt nicht, daß wir immer so leben, wir haben schon seit einem halben Jahr dafür gespart. Wenn ihr fort seid, wird bei uns wieder Qualität durch Quantität ersetzt." Es ist nicht schwer zu erraten, daß damit Brot und Kartoffeln gemeint sind.

Apropos Brot: Ich bin richtig gespannt auf den ersten Happen! Schon das Aussehen der Scheiben läßt ahnen, daß in Schadrinsk nicht mehr das nasse, schwere Brot wie früher gebacken wird. Den ersten Bissen probiere ich ohne Butter, trocken, vertiefe mich in den Geschmack, und ich rieche daran. Es schmeckt köstlich, kräftig – und es duftet nach einem ganzen Roggenfeld!

Wladik hebt das Weinglas, sagt uns, daß er sich über unseren Besuch freut und wünscht uns interessante, schöne Tage hier. Beim nächsten Glas stoße ich Heinz an: „Jetzt bist du dran."

Wir hatten es bereits auf unserer Kaukasusreise beobachtet: Saß eine größere Runde im Restaurant bei einer Feier beisammen, stand reihum jeweils einer auf, erhob sein Glas und sprach einige Worte, manchmal wurde daraus auch eine Rede. Darauf folgte dann das allseits bekannte „Na sdarowje". Die Damen schlossen sich dabei nicht aus, und wenn die Runden aus zehn bis zwanzig Personen bestand, stieg die Stimmung ganz beträchtlich.–

So folgt also auch Walyas Spruch, und auch ich schließe mich beim nächsten Glas nicht aus. Ich bin von dieser liebenswerten Geste – oder ist es ein Brauch? – so begeistert, daß ich beschließe, sie auch zu Hause einzuführen.

Nach dem Abendbrot ist es nun an der Zeit, unsere Geschenke an den Mann zu bringen. Mir ist gar nicht wohl dabei. Ich hoffe inbrünstig, daß sich unsere Gastgeber nicht beschämt oder gar beleidigt fühlen. Und was hören wir von Wladik? „Mir ist das so peinlich – mir ist das so peinlich", und dabei schaut er seine Frau wie hilfesuchend an. Wladik spricht nicht deutsch, wir können uns mit ihm nur russisch unterhalten.

Und Walya huscht immer wieder ins Schlafzimmer, bringt sechs lackierte Holzteelöffel, ein Weilchen später eine Bluse für mich, danach einen dicken handgestrickten Pullover, schließlich noch eine Bluse. Jetzt ist mir das peinlich, aber ich kann die Sachen nicht zurückweisen, das wäre eine Beleidigung für die beiden. In den nächsten Tagen machen wir noch mehrfach die Erfahrung, daß hier die Menschen in rührender Weise bestrebt sind, Geschenke, auch kleine, zu vergelten. Nur ein Beispiel: Auf der Straße begrüßt Walya einen jungen Mann, stellt ihn uns als einen ihrer Studenten vor. Ich habe nichts weiter bei mir als ein Päckchen Kaugummi und ein Feuerzeug, das ich ihm gebe. Als wir nach einer Stunde aus der Stadt zurückkommen, wartet dieser Junge auf uns und schenkt mir das Emblem von seiner Uniformmütze, die er noch aus seiner Soldatenzeit hatte. So ist es verständlich, daß viele der Russen bei den Hilfsaktionen beschämt sind, weil sie dem nichts entgegenzusetzen haben.

Ehrungen für mich, die „Njemka“

Bereits gestern hatte Walya mit gewichtiger Stimme mehrmals verkündet: „Morgen Nachmittag Empfang bei Direktor, Pressekonferenz, Rundfunk.“

Für den Vormittag jedoch hatte sie einen Stadtbummel geplant. Wladik kann uns nicht begleiten, er ist zur Arbeit in der Fabrik, er ist Ingenieur. Schon bei ihrem Besuch in Berlin hatte Walya gesagt, daß ich die Stadt nicht wiedererkennen würde, es seien viele Neubauten entstanden. Was sich aber jetzt meinen Augen bietet, erschreckt mich direkt, und es verwirrt mich auch. Ich kann mich überhaupt nicht orientieren, wo ich zuvor noch gedacht hatte, ich könnte die Straßen fast im Schlaf langgehen.

Vier– bis fünf–, ja, sogar neungeschossige Häuser prägen das Stadtbild, viele der Straßen sind befestigt und mit Bürgersteigen versehen. Die neue Hauptstraße, die „Swerdlowa“, muß etwa 80 Meter breit sein, die achtspurige Fahrbahn ist in der Mitte durch eine Promenade mit Grünfläche, Bänken und Blumenkübeln unterbrochen. Wieviele alte Holzhäuser müssen dafür geopfert worden sein! Wie Walya erzählt, hatten hier ihre Eltern ein Häuschen mit dazugehörendem Garten. Sie erhielten eine ganz geringe Entschädigung und mußten in eine kleine Neubauwohnung ziehen, was ihr Vater nicht verkraften konnte. Bald nach dem Umzug wurde er krank und starb.

Wir kommen zum Bahnhof. Auf ihn bin ich ganz besonders gespannt, hatten wir hier doch fast täglich zu tun mit dem Verladen der produzierten Autoteile. Nichts, aber auch gar nichts erkenne ich wieder! Der Bahnhof ist vollkommen neu gebaut worden, großzügig erweitert, eine Fußgängerbrücke führt über die Gleisanlagen. Während über Lautsprecher durchgegeben wird, daß der Zug nach Nowosibirsk Verspätung hat, gehen wir auf die Brücke, um zu fotografieren. Von hier aus sehe ich erst richtig das Ausmaß der Anlage, ich zähle acht Gleise.

Auf den beiden Bahnsteigen sehe ich keine Salzklumpen mehr liegen, keine Tafeln aus gepreßten Sojabohnen oder Sonnenblumenkernen, – nur Reisende, die geduldig auf den mit Verspätung ankommenden Zug warten.

Um 15 Uhr werden wir bei Fabrikdirektor Vesitch erwartet, pünktlich machen wir uns zu Fuß auf den Weg. Vor der Fabrik erwartet uns Valentina Nikolajewna, eine Dame mittleren Alters, und begrüßt uns freundlich. Wie wir später erfahren, engagiert sie sich stark für kulturelle Belange in der Stadt und weiß auch in allem Bescheid, was die Fabrik betrifft.

Über dem Eingang zur Fabrik prangt kein Sowjetstern mehr, keine Spruchbänder mit Parolen, kein „Flintenweib" kontrolliert den Eingang. Jetzt geben mehrere Drehkreuze Einlaß, dahinter befindet sich die Anlage für die Stempelkarten, die den Anwesenheitsnachweis der Belegschaft führen.

Der gesamte Fabrikkomplex scheint neu erbaut zu sein: das Verwaltungsgebäude, die Werkshallen, die Eisengießerei, überall verbinden blitzblanke Rohrleitungen die Hallen, und zwei hohe Schornsteine sind weithin sichtbar.

Direktor Vesitch, ein sympathischer Mann in den 50er Jahren, empfängt uns in seinem repräsentablen Direktionszimmer, eine Dolmetscherin, Nadja, ist anwesend und übersetzt seine warmherzige Begrüßung. Ich bringe meine, vorher wohl überlegten, Sätze in Russisch an, mein Gegenüber ist sichtlich erfreut.

Am langen Konferenztisch Platz genommen, erzählt der Direktor uns etwas über die Entwicklung und Erweiterung der Werksanlagen. Das gesamte Fabrikgelände umfaßt heute 93 Hektar. So war es auch interessant zu erfahren, daß die Fabrik ein eigenes Sanatorium für Prophylaxe (Vorbeugung von Krankheiten) unterhält, einen eigenen Sportplatz, acht Kindergärten für Vorschulklassen und acht Kantinen hat; sie gibt für 20 000 Menschen in der Stadt Arbeit. Im Werk werden Autoteile, u.a. Kühler, Vergaser und Heizungen für sämtliche Automobilwerke der Sowjetunion hergestellt. Zur Zeit sind Verhandlungen mit zwei deutschen Firmen über die Bildung einer Aktien-Gesellschaft im Gange.

Im Dezember soll der 50. Jahrestag des Werkes groß gefeiert werden, und Direktor Vesitch bedauert es, daß wir nicht anwesend sein werden (Walya hatte uns schon im Frühjahr seine Einladung „ zur großen Jubelfeier" übermittelt gehabt. Aber im Dezember nach Sibirien – nein!). Zu diesem Anlaß ist als Dokumentation ein Buch herausgegeben worden, das ich jetzt als Erste überreicht bekomme. Die Widmung übersetzt Nadja.

Für Hilde und Heinz Rauschenbach
zum Andenken an das Treffen zu Schadrinsk
im Maschinenwerk, wo Frau Hilde in der Nachkriegszeit
gearbeitet hat.
Für das deutsche und das russische Volk war die Kriegszeit
gleich schwer, und die zukünftigen Generationen
sollen nie erfahren, was ein Krieg bedeutet.

Alles Gute für Sie!
Unterschrift des Direktors und der Autoren.

Auch ich kann einen Teil zur Dokumentation beitragen, zumindest der Jahre 1945 bis 1948, und gebe dem Direktor vorliegendes Buch „Lager 6437". Es soll nicht nur auf der Ausstellung zum Jubiläum präsentiert werden, sondern übersetzt und in der Werkszeitung veröffentlicht werden. (Nach einem halben Jahr schrieb Nadja mir, daß es nicht nur in der Werkzeitung sondern auch in der Stadtzeitung gebracht worden ist. Und – wie sie schrieb – der Bevölkerung wurde damals gesagt, daß wir alles Frauen von Nazi–Verbrechern seien!)

Während der ganzen Zeit unserer Unterhaltung ist ein Fotograf um ums herumgewieselt und hat Aufnahmen gemacht. Ich bitte den „Natschalnik Direktor" noch zum Abschied, ein Foto von ihm hinter seinem Schreibtisch sitzend, machen zu dürfen, dann verabschieden wir uns.

Wir gehen eine Etage tiefer, wo uns Vertreter der Redaktion von der werkseigenen Zeitung erwarten. Die Chefredakteurin begrüßt uns und stellt uns zunächst ihre Kollegen vor, dann einen Herrn – sie lächelt bedeutungsvoll: „Das ist Aleksej Petrowitsch Menschikow. Erkennen Sie ihn?" – „Menschikow – Menschikow", überlege ich, der Name ist mir geläufig. Aber wer zum Teufel ist das? Erst als er sagt, daß er uns mit unserem Lager–Natschalnik Waraksin bis nach Frankfurt an der Oder auf der Heimfahrt begleitet hat, fällt bei mir der Groschen, und ich rufe aus: „Dann sind Sie ja der ‚Bubi'!"

„Was bedeutet das – ‚Bubi'?", fragt er. Ich erkläre ihm, daß ‚Bube' ein Junge ist, und ‚Bubi' man zu einem hübschen Jungen sagt. „Und Sie waren hübsch", sage ich. Bubi lächelt verlegen, fühlt sich aber sichtlich geschmeichelt. (Bubi ist inzwischen verstorben.)

Und dann gibt mir ein kleines rundliches Persönchen die Hand, lächelt gespannt: „Na, erkennen Sie mich?" Ich mustere sie ein paar Sekunden. Kein Erkennen. „Ich bin die Dussia", ruft sie, „ich habe für euer Lager die Büroarbeiten gemacht!" Nun erkenne ich sie, ich umarme sie erfreut. Ich freue mich wirklich. Daß man sich die Mühe gemacht hat, Leute aufzuspüren, mit denen ich damals zu tun hatte, zeigt mir, daß unser Besuch wohl ein Aufsehen erregendes Ereignis in der Stadt ist. Nadja sagt, daß man nach anderen „Ehemaligen" geforscht hat, aber entweder war deren Aufenthalt nicht zu erfahren, oder sie waren verstorben. So auch, erst vor zwei Jahren , unser Lager–Natschalnik, Leutnant Waraksin. Und auch Namenslisten hat man im Archiv ausfindig gemacht, auf denen alle, die wir für die Fabrik gearbeitet haben, verzeichnet sind. Ein Dublikat darf ich mitnehmen. Es entwickeln sich lebhafte Gespräche in unserer Runde, Nadja übersetzt, aber oft habe ich bei Fragen schon spontan russisch geantwortet, was die Damen immer wieder schmunzeln läßt.

Auf Wunsch der Chefredakteurin schildert Walya ihre Eindrükke von ihren Besuch in Deutschland, Dussia und Menschikow erzählen von ihren damaligen Kontakten mit uns Deutschen.

Was Dussia erzählt, will ich hier wiedergeben, es zeigt ein Zipfelchen von der oft zitierten „russischen Seele“ und gibt auch wieder, wie sich der größte Teil der Bewohner von Schadrinsk sich uns gegenüber verhalten hat. Die Gespräche dieses Nachmittags waren vom werkseigenen Rundfunk aufgezeichnet worden – am Montag auch gesendet –, und in einem Protokoll zusammengefaßt, hatte Nadja sie mir später zugeschickt.

Dussia erzählt: Ich bin als Siebzehnjährige 1946 in das Lager arbeiten gekommen. Mein Vater war an der Front gefallen. Mama sagte damals zu mir: „Bist du verrückt, daß du zu den Deutschen arbeiten gehst?“ Ich antwortete ihr: „Mama, die sind doch am Krieg genauso wenig Schuld wie wir. Die im Lager sind doch friedliche Leute.“

Anfangs war es schrecklich, das Elend der Frauen anzusehen, aber ich habe ihnen geholfen, wo ich nur konnte. Heimlich habe ich manchmal einige von ihnen aus dem Lager gelassen, damit sie sich was zu Essen besorgen konnten. Sie hatten doch immer Hunger. Und von zu Hause habe ich, wenn wir was hatten, auch öfter was mitgebracht. Als sie nach Hause fuhren, habe ich beim Abschied geweint, wir hatten uns aneinander gewöhnt.

Ich hätte mich ja auch anders verhalten können, schließlich hatte der Krieg alle meine Pläne zunichte gemacht. Der Vater gefallen, für mich war kein Geld für eine Ausbildung da … Meinem Sohn habe ich später von allem erzählt, und es ergab sich, daß er seinen Armeedienst in Deutschland absolvieren mußte. Er erinnert sich sehr gern daran. „Mama“, sagte er zu mir, „wir beide sind schicksalhaft mit Deutschland verbunden, komm, irgendwann fahren wir mal da hin.“…

Bei Tee aus dem Samowar und russischem Konfekt geht unsere Unterhaltung weiter, besorgt stellt die Chefredakteurin die Frage nach dem Anwachsen des Neofaschismus in Deutschland, es ist erstaunlich, wie gut die Damen über vieles bei uns informiert sind.

Auf die Frage nach dem Verlauf meines Lebens berichte ich in groben Zügen alles Wesentliche, sage auch, daß ich darüber in meinem Buch „Marjellchen wird Berlinerin“ geschrieben habe. Als ich erzähle, daß ich über fünfzig Lieder getextet und auch vertont habe, will man unbedingt ein Lied hören, und ich singe mein Lied, das vor Jahren bei Hans Rosenthal „Dalli – Dalli“ vorgestellt worden war, „Jeder Mensch braucht einen andern“. Nadja übersetzt den Text.

Unsere Gespräche gehen dem Ende zu. Verschiedene Wünsche werden gegenseitig ausgesprochen, einen Wunsch spricht die Chefredakteurin im Namen aller Anwesenden aus: daß zwischen unseren beiden Völkern nie mehr ein Krieg entfesselt werden darf! Herzliche Umarmungen beenden diese Begegnung, die offensichtlich alle von uns bewegt hat.

Anschließend führt Valentina uns, Walya, Heinz und mich, noch durch einen Teil der Werksanlagen. Leider verwehrt sie es mir zu fotografieren. Ich hätte den Direktor fragen sollen, meint sie.

Es ist mir unmöglich, mich zwischen all dem neu Erbauten zu orientieren. Ich weiß nicht, wo es zur „Ploschadka“ ging, wo das Magazin gestanden hat, in dem wir die Kisten zum Transport fertig gemacht haben, und ich habe auch keinen Schimmer, wo einst unsere Bude gestanden hat, in der uns die Dispätscher täglich zur Arbeit eingeteilt haben.

Mir fällt die peinliche Ordnung auf. Früher, auf dem alten Fabrikgelände, lagen an vielen Stellen Eisenstangen, Blechplatten, Haufen von Industrieabfällen wie Öllappen (die wir uns mitgenommen hatten zum Feuermachen), vermischt mit Eisenspänen von den Fräsmaschinen, und Ausschuß, den Formpressen produziert hatten; von diesem Haufen hatten wir damals uns und das ganze Lager mit Essnäpfen versorgt.

Plötzlich stutze ich: „Ja – das ist doch die alte Waage, auf der die Ladung der LKW gewogen wurde“, rufe ich. „Und daneben war die Uhr und der Lautsprecher des Radios, der uns jeden Morgen mit der Nationalhymne empfing,“ Mit gewichtiger Stimme intoniere ich die Anfangstakte, Valentina lacht, und sie bestätigt meine Beobachtung. Jetzt endlich kann ich mich orientieren und weiß das Ausmaß der Neugestaltung des Werkes erst richtig zu ermessen.

Und – als wollte die alte SIS mir noch ein Andenken mit auf den Weg geben – in einer offenen Kiste, die beinahe versteckt in einer Ecke steht, entdecke ich Metallabfälle. Zwischen Stahlspänen, dem Abfall der Fräsmaschinen, liegen unzählige kleine Spiralen, genausolche waren einst als „Eiszapfen" unser Weihnachtsbaumschmuck gewesen. Ich pule mir einige davon heraus, als Andenken an diesen Tag.

Für den nächsten Tag hat der Fabrikdirektor uns wieder einen Wagen zur Verfügung gestellt, Dolmetscherin Nadja ist dabei und Valentina, die sich in der Stadt bestens auskennt. Sie soll mich zu allen Stellen bringen, die ich zu sehen wünsche.

Am brennendsten interessiert mich natürlich die Stelle, an der unser Lager gestanden hat. Daß es nicht mehr existiert, hatte man mir schon gesagt, aber ich hoffe, daß ich vielleicht doch noch etwas Bekanntes entdecken werde.

Genau auf dem Platz wo unsere drei weißgetünchten Baracken gestanden hatten, war eine große Werkshalle hingesetzt worden, die heute Fertigbetonteile produziert; nach beiden Seiten hin, bis zum nahen Wald, ist alles Industriegelände. So ist auch nicht mehr der Weg vorhanden, den wir täglich zur Ploschadka in der Fabrik gegangen sind.

Etwas Bekanntes aber finde ich doch noch: Zwei alte Holzhäuser, an denen die 40 Jahre nicht spurlos vorübergegangen sind, stehen noch unmittelbar neben dem Werksgelände. In dem einen Haus hatte eine ältere Frau gewohnt, von der ich mir, wenn ich mal im Besitz von Rubelchen war, Milch geholt hatte. Gern hätte ich die heutigen Bewohner begrüßt, aber gerade, als ich ein Foto von dem Haus machen will, schaut ein jüngerer Mann ziemlich unfreundlich über das Gartentor, und ich unterlasse es.

Wir besuchen auch die kleine Kirche und gehen ins Innere, der Pope ist gerade dabei, einige junge Leute zu taufen; jedenfalls nehme ich das an, da er deren Köpfe mit Wasser benetzt. Weiterfahrend, erkenne ich sofort die Stadtmitte, die vollkommen im alten Stil erhalten ist und, wie Valentina sagt, als Baudenkmal stehen bleiben soll.

Schadrinsk liegt am Fluß „Isset", und ich hatte die idyllische Partie am Flußufer, gesäumt von den teils bunten Holzhäusern, noch sehr gut in Erinnerung. Des öfteren waren wir früher mit dem LKW über die Brücke gefahren, und jedesmal hatten wir gesehen, wie dort Frauen am Ufer Wäsche gewaschen haben. Und was sehe ich, als wir dort halten.

Eine Frau wäscht ihre Wäsche! Sie schrubbt und walkt auf einem Brett eine Jeans–Hose, stukt sie ins Wasser und schrubbt wieder. Die Zeit scheint hier am Fluß stehengeblieben zu sein, auch die, inzwischen schief stehenden, Häuschen haben der Zeit getrotzt.

Ein Stück weiter aber ist auch hier der Fortschritt zu erkennen, eine neue Brücke überspannt den Fluß. Die alte, die hier gestanden hat, ist abgerissen worden. Die Straße jedoch, die bis zur alten Brücke geführt hatte, endet abrupt, ist weder durch eine Sperre gesichert, noch weist ein Gefahrenschild darauf hin; wo der Asphalt endet, ist gleich dahinter der steile Abhang zum Fluß!

Mein letzter Wunsch ist, den Ort zu sehen, wo unser erstes Lager nach unserer Ankunft in Sibirien gewesen war. Das „Waldlager" hatten wir es genannt. Die Baracken – oder treffender „Erdbunker" gesagt – waren, nur durch den hohen Lagerzaun und den besetzten Wachtürmen getrennt, von hohem Kiefernwald umgeben. Dieses Waldlager lag etwa vier Kilometer außerhalb der Stadt.

Obwohl der alte Waldweg noch existiert, führt eine neu erbaute Straße, am Waldrand lang, dorthin. Wir kommen auch an dem alten Munitionsdepot vorbei, wo damals zwei Soldaten ihren Kameraden erschossen hatten und dafür hängen mußten. Unser Auto hält auf einem freien Platz neben der Straße, die weiterführt.

„Hier gegenüber war das Lager Gradischtsche", zeigt Valentina auf dichten Wald. Offensichtlich ist er vor Jahren neu angepflanzt worden, denn die Kiefern sehen noch jung aus, im Gegensatz zu denen, die ein Stück weiter wachsen. So ist jetzt wohl der gesamte frühere Lagerkomplex eine Waldfläche geworden. Und unsere vielen Toten, die in den ersten Wochen an Typhus gestorben und in einem Massengrab nahe dem Lagertor beerdigt worden sind, haben ihre Ruhe unter Bäumen gefunden. Sie können nicht gestört werden.–

Putsch! –
Wieder Zwangsaufenthalt in Sibirien?

Am Sonntag kommt uns Nadja mit ihrem Mann besuchen. Bei der Begrüßung umarmt sie mich und sagt leise: „Ich habe die ganze Nacht nicht schlafen können, ich habe Ihr Buch gelesen. Was Sie über den Einmarsch unserer Soldaten geschrieben haben – es ist so entsetzlich! Davon haben wir überhaupt nichts gewußt, uns wurde gesagt, daß die deutschen Soldaten so etwas getan haben."

Hier muß ich etwas vorgreifen: Als Walya später mein übersetztes Buch in der russischen Zeitung gelesen hatte, (man hat also diese Passage nicht ausgelassen) schrieb sie mir, daß sie darüber so erschüttert war und daß sie, wenn sie das alles vorher gewußt hätte, mit mir nicht in Kontakt getreten wäre. „Ich schäme mich so", hatte sie geschrieben.

Zurück zum betreffenden Sonntag.

Im Laufe unseres Gesprächs fällt der Name „Gorbatschow". Da fällt mir mein Traum der vergangenen Nacht ein, über den ich aufgewacht war und der mich eine Weile beschäftigt hatte. Ich erzähle ihn den anderen: Ich trete in einen großen Raum, an der linken Seite ist eine Tür die offensteht, und ich sehe im Nebenraum einen Mann von der Decke hängen, aber mit den Füßen nach oben, der Kopf hängt nach unten. Ich gehe näher und will sehen, wer das ist, die um ihn stehenden Leute sagen: „Eto Gorbatschow." (Das ist ...)

Nadja ist erschrocken, ihre Hand führt zum Mund: „Um Gottes willen!" Sie übersetzt den anderen, was ich erzählt habe, die gleichfalls erschreckt reagieren.

Am anderen Morgen erhält Walya einen Anruf, sie solle sofort das Radio einschalten. Das tut sie, und wir hören das Unfaßbare: Gorbatschow ist gestürzt. Mein Traum! Füße oben – Kopf unten.

Walya macht darauf hin gleich den Fernseher an, alle Sender sind gleichgeschaltet, auf allen Kanälen das gleiche Bild: ein Orchester spielt ernste Musik. In Abständen kündigt ein Nachrichtensprecher eine wichtige Erklärung an. Wir drei warten, sprechen kaum ein Wort. Und dann wird der Wortlaut mit der Erklärung der neuen Machthaber verlesen. Etwas davon verstehen Heinz und ich, Walya übersetzt das übrige.

Was nun? Walya ist wie erstarrt vor Angst, ich denke: Sitze ich wieder drei Jahre in Sibirien fest? Ein altes ostpreußisches Sprichwort schießt mir durch den Kopf, „was krauchst auch aufen Maskenball ohne Billet“. Es ist unglaublich: Ausgerechnet in den fünf Tagen, die wir hier sind, muß das passieren! Morgen ist Gott sei Dank unser Abreisetag. Es war ausgemacht worden, daß Direktor Vesitch uns wieder zum Flugplatz bringen läßt. Aber wird er es nun auch unter diesen Umständen?

Für heute hatten wir uns vorgenommen, in der Stadt noch Aufnahmen zu machen, zumal endlich schönes Wetter ist. Ich möchte auch noch den neuen großen Basar sehen, und Walya hat einen Termin für einen Besuch des Heimatmuseums erhalten, obwohl es am Montag eigentlich geschlossen ist.

So gehen wir in die Stadt, Heinz hat seinen Fotoapparat mit dem Tragriemen ums Handgelenk gewickelt. Nach einer Weile sagt Walya gereizt: „Steck bloß den Fotoapparat weg, siehst du nicht wie die Leute gucken? Die sehen doch gleich, daß ihr Deutsche seid!“ So stecke ich ihn in meine Tasche und Aufnahmen unterbleiben.

Der sogenannte „große Basar“ ist es nur noch den Ausmaßen nach: Die Stände in der großen Halle sind leer, nur davor ist ein Stand mit dürftigen Gemüseangebot, wie Zwiebeln, paar Tomaten, Kartoffeln, Gurken und Paprikaschoten. Der zweite Stand hat Blumen aus dem Garten anzubieten, vorwiegend Gladiolen. Am Boden verkauft ein Mann Getreide aus dem Sack, die fleißigsten Abnehmer sind zwei Tauben, die die verstreuten Körner aufpikken. Sonst gibt es nichts. Wenn ich da an den früheren Basar der Nachkriegszeit denke – er war gegen diesen direkt ein Schlaraffenland.

Walya braucht Milch und Brot, und wir begleiten sie in eine Kaufhalle. An der Seite stehen einige Kühlschränke. Ich mache Walya darauf aufmerksam: „Du hattest doch gesagt , daß du dringend eine neuen Kühlschrank brauchst, hier sind doch welche.“

Sie lacht. „Ja, wenn das so einfach wäre! Dafür braucht man einen Bezugsschein. Ich habe ja einen, aber ich bin vielleicht erst in drei Jahren dran!“

Im Museum angekommen, läßt uns ein junger Mann durch die Hintertür ein und begleitet uns, um uns seine Schätze zu zeigen. Es ist sehr interessant für uns zu hören, daß Schadrinsk bis zur Jahrhundertwende ein großes Handelszentrum gewesen ist, bedeutender als Jekaterinenburg, dem derzeitigen Swerdlowsk. So war die Stadt nicht nur der Getreideumschlagort im gesamten Uralgebiet gewesen, es hatte hier auch drei Porzellanfabriken gegeben, aus deren Produktion noch einige Exponate in den Vitrinen stehen. Bis in die zwanziger Jahre hinein hatte es in der Stadt sieben Kirchen gegeben! Was mich am meisten beeindruckt, aber auch betroffen macht, sind die hier gezeigten Zutaten, aus denen in den nachrevolutionären Hungerjahren Brot gebacken wurde. Ich zähle 18 kleine Kästchen, in denen das verschieden aussehende undefinierbare Gemisch liegt. Jedes Kästchen ist beschriftet, und Walya übersetzt es uns. Ich habe nur einiges davon behalten: Grassamen, Sägemehl, getrocknete und gemahlene Kartoffelschalen, getrocknete Kürbiskerne kleingemacht, ja, sogar Torf wurde untergemischt.

Etwa eine Stunde war ich vom politischen Geschehen abgelenkt, jetzt sind sie wieder da, die bangen Fragen. Wird man uns morgen nach Swerdlowsk zum Flugplatz bringen? Wenn ja, was wird in Moskau sein? Hier in der Stadt ist alles ruhig. Man sieht weder diskutierende Menschenansammlungen, noch kann ich in den Gesichtern der Vorübergehenden irgendwelche Reaktionen erkennen.

Am Nachmittag erhält Walya einen Anruf aus der Fabrik, daß wir um neun Uhr mit dem Auto abgeholt werden. Uff – eine Sorge weniger!

Sicherlich hätten wir bei einem normalen Verlauf unseres Besuches am letzten Abend noch bei einem Gläschen Wein oder Wodka beisammen gesessen. Wohl keinem von uns steht der Sinn danach, und so packen wir unsere Sachen in die beiden Taschen und gehen ins Bett. Walya will mit ihrem Mann noch auf die, im Fernsehen angekündigte, Pressekonferenz warten.

Ich kann und kann nicht einschlafen, schaue kurz vor Mitternacht noch einmal ins Wohnzimmer, der Fernseher läuft, aber Walya sagt, daß die Pressekonferenz noch nicht gesendet worden ist.

Pünktlich um neun ist am nächsten Morgen der Wagen da. Als wir die Treppe heruntergehen, begegnen wir zwei Bewohnern des Hauses. Walya tuschelt uns zu: „Habt ihr gesehen, wie die euch angeschaut haben? Solche Augen haben die gemacht. O mein Gott, vielleicht ist, wenn wir zurück sind, schon der KGB dagewesen und hat die Wohnung durchsucht!“ Sie und Wladik begleiten uns zum Flugplatz.

In Swerdlowsk machen wir noch Station bei Walyas Tochter Swetlana, sie hat uns zum Essen eingeladen. Ich möchte das eigentlich nicht annehmen, die Versorgung soll hier noch schlechter als in Schadrinsk sein, so soll es nicht einmal Milch geben, die für ihre dreijährige Tochter so nötig wäre.

Das junge Ehepaar – beide Akademiker mit Doktortitel – leben zusammen mit zwei anderen in einer 3 – Zimmer – Wohnung, teilen sich Küche und Bad mit ihnen. Ihr Zimmer hat bestimmt nicht mehr als achtzehn Quadratmeter. Eine Liege scheint der Schlafplatz des Ehepaares zu sein, für das Kind ist eine Schlafstatt an der Decke, herabhängend, befestigt. An eine eigene Wohnung sei, wie der Mann, der Informatiker ist, erzählt vorerst nicht zu denken. Auf dem freien Markt könne er eine erhalten, aber die kostet um 1 200 Rubel Miete und er verdient zusammen mit seiner Frau nur 1 250 Rubel im Monat.

Swetlana, ein ganz liebenwertes Frauchen, serviert uns einen ganz leckeren Imbiß: In einzelnen Keramikschälchen überbackene Pilze mit Reis in saurer Sahne, mit einem kleinen Stückchen Fleisch. Danach stellt sie eine Platte Gurken, Tomaten, etwas Käse mit Fisch, dazu Brot, auf den Tisch und Tee.

Natürlich drehen sich unsere Gespräche um das aktuelle Geschehen. Der junge Ehemann sagt, daß er am Nachmittag zu einer Demonstration, an deren Zustandekommen er selbst mitgewirkt hat, gehen werde. „Wir müssen jetzt Jelzin Unterstützung geben", sagt er. Er zeigt uns seine Nadel mit der russischen Flagge, die er am Revers trägt.

Swetlana bringt nun auch noch Geschenke für mich: einen wunderschönen Teewärmer und eine schalartige weiße Decke, rot bestickt, deren Zweck ich nicht ganz zu deuten weiß. Sie können es nicht lassen, diese Russen, immer meinen sie, sie müssen Retour–Geschenke geben!

Schweren Herzens verabschieden wir uns, wissen wir doch um die ungewisse Zukunft dieser netten Familie.

Am Flugplatz angekommen, sehen wir Massen von Menschen mit ihrem Gepäck vor der Halle und auf dem davor befindlichen Rasen lagern. „Paß auf", sage ich zu Heinz, „es fliegen bestimmt keine Maschinen!" Er bewahrt – wie meistens – die Ruhe. „Warum sollten keine fliegen? Keine Angst, wir kommen schon weg."

Wir drängen uns durch zum Intourist–Büro, geben unsere Flugtickets ab, und man nimmt sie tatsächlich entgegen! Die Durchschrift erhalten wir zurück, man bittet uns, im Nebenraum Platz zu nehmen. Also werden wir wohl doch nach Moskau kommen!

Die Zeit unseres Abfluges rückt heran – nichts tut sich, niemand kümmert sich um uns. Eigenartig. Walya, die mit ihrem Mann noch bei uns sitzt, geht ins Büro und fragt, warum wir noch nicht eingescheckt werden. Sie erhält zur Antwort, daß das Flugzeug doch erst in zwei Stunden startet!

Was wir nicht wußten: Auf allen sowjetischen Flughäfen gilt die Moskauer Zeit, und dort war es erst 14 Uhr, also zwei Stunden zurück. Das hieß, daß wir nochmals zwei Stunden warten mußten. Und es dauert gar nicht lange, da kommt eine Dame aus dem Büro und bringt die „frohe Botschaft", daß das Flugzeug zwei Stunden Verspätung habe. In Moskau sei morgens starker Nebel gewesen, dadurch hätten sich alle Flüge verspätet. „Vonwegen Nebel", sage ich, „wer weiß, was uns in Moskau erwartet!"

Walya und Wladik müssen uns nun verlassen, der Chauffeur drängt darauf, zurückzufahren. Der Abschied fällt uns allen schwer, wer weiß, ob wir uns je wiedersehen werden. Vor zwei Tagen noch hatte Wladik sich auf seinen Besuch im übernächsten Jahr in Berlin gefreut, er wollte bis dahin sogar fleißig deutsch gelernt haben. Und nun?

Die Dame vom Intourist–Büro bittet uns, in einen anderen Raum zu kommen, dort sei es bequemer. Tatsächlich stehen hier Polstermöbel, und es liegen Zeitungen aus. Sie fragt, ob wir Kaffee und belegte Brötchen haben möchten. Der Kaffee ist uns recht, essen möchten wir nichts. Ich würde der Dame gerne etwas schenken, habe aber nichts geeignetes mehr, so bitte ich sie, für ihre Freundlichkeit, zehn Mark anzunehmen. Wie üblich – erst verlegene Zurückweisung, dann aber sichtliche Freude.

Noch bevor die zwei Stunden um sind, sitzen wir im Flugzeug. Und meine Sorge, daß am Moskauer Flugplatz der georderte Wagen von Intourist nicht kommen wird, war unnötig, der Wagen ist da! In der Innenstadt müssen wir vor einem Tunnel umkehren und einen großen Umweg zu unserem Hotel „Cosmos", das im Norden der Stadt ist, machen.(Am anderen Vormittag hören wir im Fernsehen, daß in diesem Tunnel und gerade zu der Zeit, die drei jungen Leute zu Tode gekommen sind.) Etwas abseits der Straße, in einer unbeleuchteten Ecke, sehen wir einige Panzer stehen. Wie wir gehört hatten, war in Moskau ab 22 Uhr eine Ausgangssperre angeordnet, aber es scheint sich niemand daran zu halten, viele Menschen sind auf den Straßen und es herrscht reger Autoverkehr.

Gegen Mitternacht sind wir endlich auf unserem Zimmer, essen noch ein Stückchen trockenes Brot, das wir noch von Schadrinsk mitgenommen haben und trinken etwas von dem stark salzhaltigen Mineralwasser, das auf dem Tisch steht, und gehen schlafen.

Morgens gibt uns der Blick aus dem Fenster nur eine diffuse Sicht über die Dächer der Stadt, der Himmel ist mit tiefen Wolken verhangen, und es regnet. Nach dem Frühstück gehen wir, um die Zeit bis zum Abflug zu überbrücken, in die Valuta–Bar. Hier ist ein Fernsehgerät eingeschaltet, der amerikanische Nachrichtensender berichtet laufend über die aktuellen Ereignisse, aber auch vom vergangenen Tag und Abend. Eine Crew von der Lufthansa kommt herein, bestellt an der Bar einen Drink. Ich gehe zu ihnen, vielleicht kann ich erfahren, ob der Flugverkehr ins Ausland normal verläuft. „Bei der Lufthansa gehn die Flüge wie bisher“, sagt der eine von ihnen, „wie es bei den anderen Gesellschaften aussieht, weiß ich nicht. Wir kommen gerade von Frankfurt.“ Von der „Aeroflot “, mit der wir fliegen, wußte er auch nichts genaues zu sagen.

Um 15 Uhr soll unser Flugzeug nach Berlin starten, rechtzeitig ist wieder das Fahrzeug von Intourist vor dem Hotel und bringt uns zum internationalen Flugplatz. Problemlos werden wir eingescheckt. Erstaunlich viele Deutsche sind im Warteraum, und natürlich werden untereinander Unterhaltungen über die Situation in der Sowjetunion geführt.

Pünktlich wird unser Flug aufgerufen, nach guten zwei Stunden hat uns Berlin wieder. Da wir nur Handgepäck haben, sind wir schnell aus dem Flughafen, steigen ins Taxi, das uns nach Hause bringt. Erste Handlung zu Hause ist der Griff zum Telefonhörer, ich rufe unseren Sohn an. Petra, unsere Schwiegertochter ist am Apparat. „Mutti!“, ruft sie aus, „Gott sei Dank, daß ihr da seid! Aber nun ist ja alles vorbei …“ „Wieso vorbei?“, frage ich. „Na, der Putsch ist doch gescheitert, das wurde vorhin im Radio durchgegeben.“

* * *

Oft bin ich nach dieser Reise gefragt worden, was ich empfunden habe, als ich den Ort meiner Leidenszeit wiedergesehen habe. „Es muß doch schrecklich für Sie (oder dich) gewesen sein“, folgt meistens darauf.

Nein – es war nicht schrecklich!

War es anfangs, als der Wunsch aufkeimte, alles wiederzusehen, wirklich nur eine pure Neugier gewesen, so weiß ich heute, daß es gut war, hinzufahren, daß es gut war , die Zeit noch einmal in Erinnerung zu rufen, und daß es gut war, den Menschen dort vermitteln zu können, daß ich und alle Frauen, mit denen ich noch heute Kontakt habe, deren Hilfe nicht vergessen haben. Und es tat wohl, Menschen der nachfolgenden Generation zu begegnen, um festzustellen, daß in ihnen die russische Seele weiterlebt.

Im vorhin genannten Protokoll heißt es:

„Wozu sich eigentlich, so fragt man sich, an all das Schlimme erinnern, das man durchmachen mußte? Nur dank der Fähigkeit des menschlichen Gedächtnisses, das Schlechte wie das Gute zu behalten, können wir einen Sinn finden in dem, was im Leben vorsichgeht.“

Vergeben ja – vergessen nie!

LAGERGEBIET: KURGANSKAJA OBLAST/RSFSR

Lagerbereiche:
KURGAN (K)
SCHUMICHA (Sch)

Lager:
Gradischa (K)
Jkowka (K)
Katajsk (K)
Kurgan (K)
Passjanow (K)
Schadrinsk (K)
Schumicha (Sch)

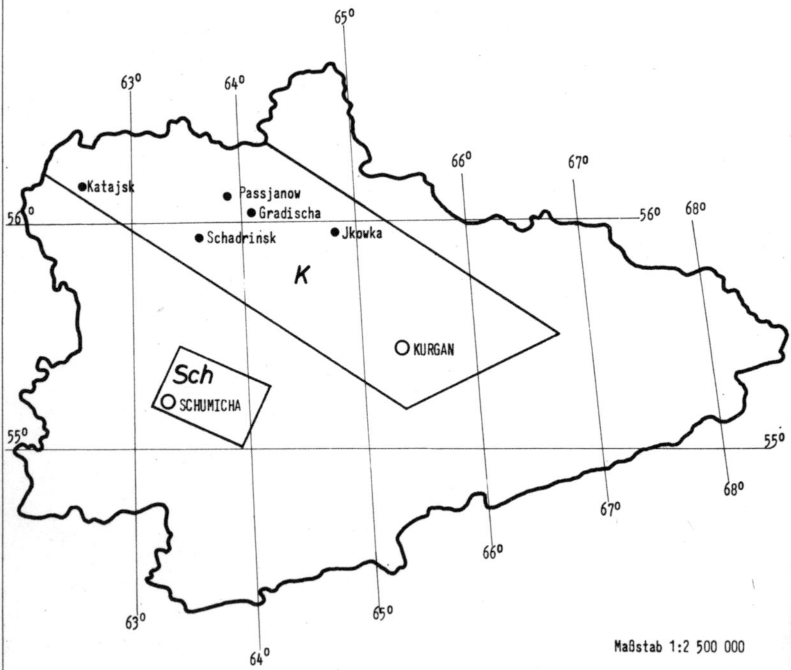

Maßstab 1:2 500 000

1962/63

ZEICHENERKLÄRUNG:
ZWANGSARBEITSGEBIETE
ZENTREN DER ZWANGSARBEITSGEBIETE
KONZENTRATIONSLAGER, DER LOKALEN MWD BEHORDE UNTERSTELLT
Atlantischer Ozean
Barents-See
Nördliches Eismeer
Bering-Meer
Ochotskisches Meer
Japanisches Meer
Stiller Ozean
Schwarzes Meer
Kaspisches Meer
Aral-See
Ost-See
Nord-See
MANDSCHUREI
MONGOLEI
CHINA
KOREA
PERSIEN
AFGHANISTAN
INDIEN
TÜRKEI
SYRIEN
IRAK
SAUDI ARABIEN
POLEN
SCHWEDEN
NORWEGEN
FINNLAND
ALASKA
ZWANGSARBEITSLAGER EISENBAHNBAU

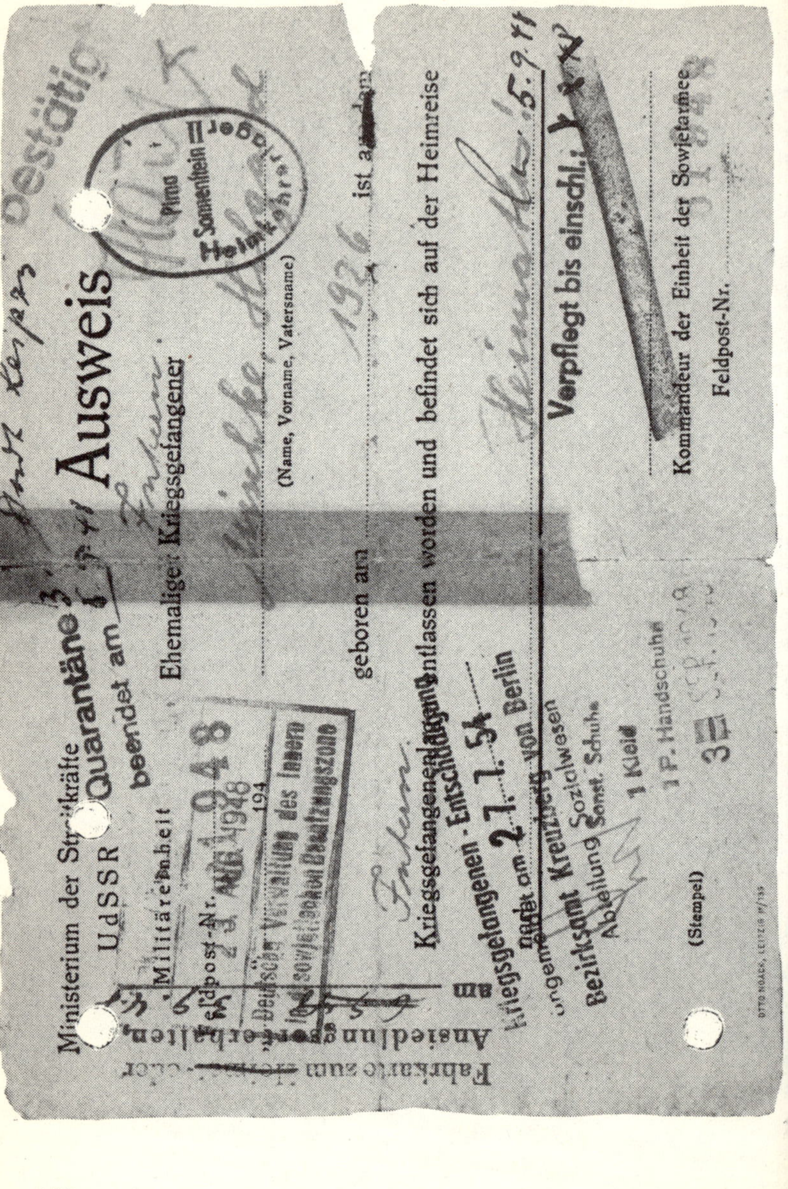
Ministerium der Streitkräfte UdSSR

Quarantäne beendet am

Ausweis

Militäreinheit Feldpost-Nr. 194

Deutsche Verwaltung des Innern in der sowjetischen Besatzungszone

Ehemaliger Kriegsgefangener

(Name, Vorname, Vatersname)

geboren am ist aus dem

Kriegsgefangenenlager entlassen worden und befindet sich auf der Heimreise

nach

Verpflegt bis einschl.

Kommandeur der Einheit der Sowjetarmee

Feldpost-Nr.

(Stempel)

Fahrkarte zum Heimat- oder Ansiedlungsort erhalten, am

Kriegsgefangenen - Entschädigung ungemeldet am 27. 7. 54

Bezirksamt Kreuzberg von Berlin Abteilung Sozialwesen

Pirna Sonnenstein II Heimkehrerlager

Sonst. Schuhe

1 Kleid

1 P. Handschuhe

bestätig

OTTO NOACK, LEIPZIG

Das Ostpreußenblatt, 12. August 2000

In Deutschland vergessen – in Sibirien geehrt

Hildegard Rauschenbach besuchte Schadrinsk – Ort jahrelanger Zwangsarbeit

„Nur wer die Herzen bewegt, bewegt die Welt“, sagt Ernst Wiechert in seinem Roman „Die Jerominkinder“. Nun habe ich zwar die Herzen bewegt, aber nicht die Welt, sondern eine Stadt. In Sibirien. Genauer gesagt in Schadrinsk, der Stadt mit heute 88000 Einwohnern, am Fluß Isset liegend, wo ich einst mit vielen anderen verschleppten Frauen Zwangsarbeit geleistet habe.

Vom derzeitigen Generaldirektor der Fabrik „SCHAAZ“ (früher SIS), für die ich dreieinhalb Jahre gearbeitet hatte, war ich mit meinem Mann eingeladen worden. Er hatte mein ins Russische übersetzte Buch über meine Verschleppung gelesen, das – wörtlich – „einen unvergeßlichen Eindruck in vielen Seelen hinterlassen und einen riesengroßen Schritt für die weitere Entwicklung in den Beziehungen zwischen unseren Völkern machen würde...“, auch wollte er uns kennenlernen, und außerdem sollte ich zu den Menschen der Stadt sprechen.

Diesem Wunsch konnte ich nicht widerstehen, und so flogen wir, trotz meiner gesundheitlichen Probleme, von Frankfurt direkt nach Jekaterinburg, wo uns Nadja (die Übersetzerin des Buches) mit Sohn Gleb und Walya, durch die ich 1988 den Kontakt nach Schadrinsk geknüpft hatte, mit Enkelin Stassia in Empfang nahmen. Mit dem Wagen, vom Fabrikdirektor auch für die sieben Tage unseres Aufenthaltes samt Chauffeur zur Verfügung gestellt, fuhren wir dem 240 km entfernten Schadrinsk entgegen. Unzählige Birkenhaine mit ihren leuchtendweißen Stämmen säumten unseren Weg und verschlafene Dörfer mit den altbekannten Blockhäusern, die phantasievoll geschnitzte farbenfrohe Fensterläden zierten – sonst die schier endlose Weite Sibiriens.

Die Dunkelheit hatte schon längst eingesetzt, als wir die Stadt erreichten. Wir wurden zum „Profilaktorium“ gebracht, einem Haus, das den Werksarbeitern unter ärztlicher Betreuung vorbeugende Gesundheitsmaßnahmen bietet. Dort sollten wir auf Wunsch des Werkdirektors wohnen. Wir bezogen ein wohnlich eingerichtetes Zimmer mit Dusche und WC und einem mit Mineralwasser, Säften und Joghurt gefüllten Kühlschrank, dazu ein Heißwasserkocher zur Teebereitung samt Geschirr; wir sollten Vollpension haben. So erhielten wir, nach russischer Sitte, bereits zum Frühstück Reis- oder Hirsekascha mit einem Steak oder Bratklops, Weißbrot, Butter, Marmelade, Käse oder Wurst. Mittags gab es immer drei Gänge, und alle Mahlzeiten wurden uns aufs Zimmer gebracht; alles appetitlich angerichtet, schmackhaft und so reichlich, daß wir darum baten, uns nur die Hälfte der Portionen zu bringen. Übrigens war das Haus während der Schulferien mit Kindern aus ärmeren Familien belegt, die sich dort erholen sollten – es wurde also für uns nicht extra gekocht.

Als Nadja, die uns während der Zeit unseres Aufenthaltes begleiten würde, uns das für uns zusammengestellte Programm zu lesen gab, schoß es mir durch den Kopf: Hoffentlich stehe ich das alles durch! Detailliert mit Tag und Uhrzeit hieß es: Rundgang durch die Stadt – Empfang beim Generaldirektor der Fabrik – Konferenz in der Werkszeitungs- und Rundfunkredaktion mit Treffen von Zeitzeugen – Rundgang durch das Werksgelände – Besuch im Museum des Werkes – Empfang beim Bürgermeister – Konferenz mit der Stadtöffentlichkeit im Lesesaal der Bibliothek – Reise zur Kolchose „Budjonny“ – Besuch der Gedenkstätte/ Friedhof – Besuch im Altenheim und im Kinder-Erholungsheim – am Sonntag Besuch der drei Stadtkirchen – Rundgang durch das Stadtmuseum – Ehrengäste beim Stadionkonzert – Konferenz in der Zeitungsredaktion „Isset“ – Fahrt zu einem Kloster mit Treffen der Äbtissin – Abschiedstreffen mit dem Generaldirektor der „SCHAAZ“.

Bei unserem Rundgang durch die Innenstadt stellten wir fest, daß sich das Stadtbild seit unserem letzten Besuch 1991 wesentlich verändert hatte. Zwar waren außer einem Bankgebäude keine Neubauten entstanden, jedoch belebten mehr Autos die Straßen, und es gab viele Geschäfte. Eigentlich konnten wir sie nur an den Überschriften wie „Magazin“, „Produkte“, „Foto“ usw. erkennen, Schaufenster gab es höchstens ganz winzige. Auf dem Basar aber, 1991 wie leergefegt, gab es jetzt ein geschäftiges Treiben, und er bot mit seinen vielen Ständen nahezu alles: Kleidung, Reinigungsmittel und Kosmetika – größtenteils westliche Markenartikel, Gemüse. Obst bis hin zu exotischen Früchten. In der großen Halle präsentierte sich ein ansehnliches Fleisch- und Wurstangebot, Molkereiprodukte, mehrere Brotsorten sowie Kuchen und lecker aussehende Törtchen.

Ja, zu kaufen gab es alles, nur – den Leuten fehlte dazu das nötige Geld! Wie wir erfuhren, verdienten Angestellte etwa 1000 bis 1500 Rubel im Monat, ein Kilo Fleisch aber kostet 30 bis 40 Rubel, ein halbes Pfund Butter 8 Rubel, eine etwa 60 qm große Wohnung um 170 Rubel. Zudem sollen ab 1. August die Mieten, Strom und Gas erhöht werden. So kann sich jeder Stadtbewohner glücklich schätzen, wenn er einen Garten um sein Haus oder außerhalb der Stadt gelegen besitzt.

Am ersten Nachmittag empfing uns Generaldirektor Kolotuschkin, unser eigentlicher Gastgeber. Mit Umarmung und Kuß! (Hätte mir solches jemand vor 50 Jahren prophezeit!...) Zunächst drehte sich unser Gespräch, das Nadja übersetzte, um den Inhalt meines Buches „Verschleppt nach Sibirien“, dessen Schilderungen ihn sehr beeindruckt hatten. Ich spürte Anteilnahme und Wärme in seinen Worten. Und was ich im folgenden hörte, läßt mich vermuten, daß hier ein Mensch einem Betrieb vorsteht, der ein offenes Ohr und ein Herz für seine Mitarbeiter hat, unter dessen Leitung jeder gern sein Tagwerk verrichtet.

Danach wurden wir in der Werkszeitungsredaktion empfangen, mit Tee und Gebäck. Dazu waren auch ehemalige Zeitzeugen und Frauen geladen, mit denen wir früher Kontakt hatten. So erzählte eine Frau, daß sie damals einen Wintermantel von einer Frau erworben hatte, der immer so angenehm duftete und den sie noch jahrelang getragen hätte. Und daß muß mein Mantel gewesen sein, denn nicht nur die Beschreibung paßte, er duftete auch. Nach Rosenwasser. Mit diesem hatte ich mich, da es 1944 kein Parfüm zu kaufen gab, reichlich „besprenkelt“. Meine Cousine, die in Königsberg in einem Apotheken-Großhandel dienstverpflichtet war, hatte es heimlich besorgt. Anwesend waren auch Tochter und Enkelin unseres leider schon verstorbenen Transport-Natschalniks. Sie überreichten mir eine kleine Kissenplatte mit einem gestickten Bernhardinerbildnis. „Opa hat es gestickt, als er Rentner war, das sollen sie jetzt haben“, sagte die Enkelin. Als Bild gerahmt hängt es jetzt neben meinem Bett.

Bei all unseren Begegnungen offenbarte sich uns die oft zitierte „russische Seele", wir erlebten eine schier überwältigende Herzlichkeit. Diejenigen, die mein Buch schon gelesen hatten, zeigten Mitleid, Bewunderung und Dankbarkeit fürs Aufschreiben. In wenigen Worten drückte es der Bürgermeister in seiner Widmung eines Buches über die „Stadt am Isset" aus, das er uns schenkte: „Für Hildegard Rauschenbach zum Zeichen der tiefen Anerkennung und Dankbarkeit für die wahrheitsgetreue Wiedergabe von Geschehnissen der Kriegs- und Nachkriegsjahre. An sie, die sie die Leiden, Schwierigkeiten und Entbehrungen der Zwangsarbeit erfahren hat, für ihre Liebe und ihr Verständnis des russischen Menschen und unsere Landsleute im Nach-Uralgebiet. Hochachtungsvoll ..."

Was nicht im Programm enthalten gewesen war: Das russische Fernsehen war, wie bereits im „SCHAAZ"-Werk, im Rathaus dabei, und ich sollte noch extra zu den Schadrinskern sprechen. Da mich danach im Lesesaal der Bibliothek Publikum erwarten würde und ich mich darauf vorbereitet hatte, machte es mir keine Mühe, die richtigen Worte zu finden. Ja, ich war erfreut, noch mehreren Menschen sagen zu können, daß wir Frauen aus dem Lager ihre offene Hand und ihr Mitleid nicht vergessen haben, daß jeder Krieg nur Leid und Verderben bringt, daß das Volk immer der Verlierer ist, daß wir, das Volk, uns verstehen müssen und uns nicht von machtbesessenen Herrschern in einen Krieg hetzen lassen dürfen.

Im Stadt-Museum stellten wir erfreut fest, daß uns Verschleppten eine ganze Ecke gewidmet ist mit Kennkarten und anderen Dokumenten, die uns bei der Gefangennahme abgenommen wurden, ein Holzkoffer und auch mein Buch, in Deutsch und Russisch, ist dabei. Leider gibt es kein einziges Foto von unseren beiden Lagern, auch nicht in den Archiven. Das sagte uns ein Pädagoge der Finanzschule, der sich nach unserem ersten Besuch intensiv um Informationen bemüht hat. So hat er u.a. durch Befragen von Zeitzeugen die Stelle herausgefunden, an der ein Massengrab unserer Toten ist, die im Mai 1945 nach einer Typhus-Epidemie verstorben waren. Ihm ist es zu verdanken, daß dort jetzt eine Gedenkstätte mit einem etwa einen Meter hohen Granitstein ist; die Inschrift in Deutsch und Russisch besagt, daß hier deutsche Frauen und Mädchen ruhen, die von 1945 bis 1948 interniert waren. (Das OB berichtete darüber.) Doch diese hochherzige Tat, für die er sich extra drei Monate Urlaub nahm, brachte ihm beinahe eine Gefängnisstrafe ein – er wurde beschuldigt, den Stein gestohlen zu haben! Während der gute Mann, der mit uns hierher gefahren war, erzählte, kamen zwei Frauen, die anscheinend beim Erdbeersammeln waren, und blieben am Stein stehen. Sie sahen meine am Stein abgelegten Seidenrosen und sagten, daß sie hier fast jeden Tag vorbeikommen und auch des öfteren Blumen niederlegen, und sie würden aufpassen, daß die Blumen nicht gestohlen werden.

Der nächste Tag führte uns noch einmal zu der Grabstätte und sollte zu einem besonders bewegenden Moment werden.

Etwa einen Kilometer von dem Gedenkstein für die Toten im Lager entfernt, umgeben vom Wald, befindet sich ein großes Erholungslager mit winterfesten Häusern des „SCHAAZ"-Werkes, das jetzt während der Schulferien mit 400 Kindern belegt war. Hier befanden sich auch die Kinder aus dem Waisenhaus, das wir eigentlich besuchen wollten, um unseren Obolus zu entrichten. Anläßlich unserer goldenen Hochzeit hatten wir unsere Gäste gebeten, anstatt uns zu beschenken, für derartige Zwecke zu spenden. Bald war ich von einem dicken Knäuel Kinder umringt, unzählige Händchen streckten sich mir entgegen, um nach meinen Kaugummis und Lollis zu greifen. Was hat ein Kind schon vom empfangenen Geld der Heimleitung! Drei Kilo Süßigkeiten hatte ich dabei, gespendet von einer lieben Nachbarin. Nachdem ich ein paar Worte an die älteren Kinder gerichtet hatte, u.a. mit der Bitte nicht gewalttätig zu werden, sagte die Heimleiterin, ein richtiger „Mama-Typ": „Wir sind das Lager der Liebe."

Und 12 Kinder aus diesem „Lager der Liebe" begleiteten uns in einem kleinen Bus zu unserer Toten-Gedenkstätte. Alle hatten sie Feldblumen gepflückt und legten diese, unter Trommelwirbel von fünf kleinen Knaben, am Stein nieder!

Beeindruckt hat uns auch der Besuch im Altenheim. Gemüse und Kartoffeln werden hier auf einem heimeigenen Acker angebaut, Tomaten und Gurken reiften bereits in einem Gewächshaus, und die alten Leutchen, die noch rüstig genug sind, dürfen hier arbeiten; jeder ist für sein Stückchen zugewiesenen Ackers selbst verantwortlich. Gestattet ist die Arbeit allerdings nur in den Morgen- und Abendstunden, wenn es noch nicht oder nicht mehr so heiß ist. Im Kulturraum war die große Bühne mit gesammelten Kräutern bedeckt, die zum

Trocknen lagerten. „Sind besser als Pillen", meinte die Ärztin, die uns, gemeinsam mit dem Direktor, durch das Haus führte. So sahen wir auch das „Zimmer der Stille". Über mehreren kleinen Kommoden mit Spitzendeckchen und Leuchtern hingen ringsum an den Wänden Ikonen, mehrere Sessel luden zum Verweilen, ein faszinierender Raum. „Hier verweilen unsere Menschen im Schweigen und gehen gestärkt hinaus", erfuhren wir.

Für den Sonntagvormittag war der Kirchgang angesagt, wir besuchten alle drei Kirchen während des Gottesdienstes, der sich über mehrere Stunden erstreckt. Es gibt dort keine Bankreihen wie in unseren Kirchen, die Leute stehen, und es ist ein Kommen und Gehen. In jeder Kirche standen die Menschen dichtgedrängt, in der Mehrzahl waren es junge und solche mittleren Alters. Gab es 1991 immer nur noch die Kirche, die ich schon während meiner Gefangenschaft besucht hatte, so sind jetzt auch die beiden anderen in der Stadt vollkommen restauriert und mit einer wunderschönen, beeindruckenden Innenausstattung versehen worden. Zuvor war eine von ihnen als Frauengefängnis mißbraucht worden.

An den Eingängen der Kirchen holte mich die Vergangenheit ein, als ich die Bettler in ihrer demütigen Haltung sitzen sah; war ich doch einst selbst dankbar für jede erbettelte Kartoffel gewesen. Heute konnte ich die Gebende sein, und das erfüllte mich mit Dank. In der Kirche Nikolskoje befindet sich die Suppenküche, die den Armen der Stadt täglich eine Suppe ausgibt, und wie wir nach dem Gottesdienst vom Pfarrer erfuhren, kommen die Zutaten, Gemüse, Obst und andere Nährmittel, aus Spenden zusammen, auch abgelegte Kleidung wird hier gesammelt und verteilt.

Noch eine Besonderheit gibt es im Zusammenhang mit dieser Kirche. Ihr ist in einem etwa 15 km entfernten Dorf ein altes Blockhaus überlassen worden, das jetzt eine Äbtissin zu einem Kloster umbauen läßt. Nadjas Mann Sascha meinte, daß wir das sehen müßten, und er fuhr mit uns hin. Der Ort war in einer idyllischen leicht hügeligen Landschaft eingebettet. Am Ende, auf dem höchsten Punkt, präsentierte sich eine mächtige Kirche, etwas abseits davon standen Ställe und Silos einer ehemaligen Kolchose – aber alles dem Verfall preisgegeben! Von Sascha erfuhren wir, daß hier während der Zarenzeit ein blühender Handelsplatz für Getreide gewesen war. Mit dem Bau der

Eisenbahnlinie (1912) war damit Schluß. Im Dorf selbst werden einige Häuser noch als Datschen von den Schadrinskern genutzt. In dieser, wörtlich genommen, verlassenen Gegend sollte nun das kleine Kloster entstehen. Wir trafen die Äbtissin in Arbeitskleidung an, die sich deshalb genierte, uns zu empfangen, dann aber führte sie uns schließlich durch das Haus. Im größten Raum zeigten kleine goldverzierte Säulen bereits Ansätze vom Aussehen der Kapelle, alle anderen Räume waren noch ein einziges Chaos, in denen ein intensiver Farbengeruch uns fast den Atem nahm. Und die tapfere Äbtissin wohnte und schlief hier, ja, sie bereitete hier sogar das Essen für die Bauarbeiter, die, wie sie sagte, ohne Entgelt arbeiteten. Eine bewundernswerte Frau mit einer gütigen Ausstrahlung, die sich mit Würde paarte, als sie, zu einem Foto bereit ihr Ornat überstreifte.
Es erstaunte uns immer wieder, welche Welle der Hilfsbereitschaft unter den Menschen dieser Stadt praktiziert wurde. Auch kommt mir erst jetzt so recht zu Bewußtsein, daß sie trotz ihrer eigenen Sorgen und Probleme noch Interesse an einer ehemaligen „Njemka“ und deren Schicksal haben.
Am vorletzten Tag erwartete man uns in der Zeitungsredaktion „Isset“. Dort hatte man mein ins Russische übersetzte Buch „Verschleppt nach Sibirien“ herausgegeben. Nadjas Mann Sascha ist dort Redakteur. Es freute mich zu hören, daß, als nach unserem Besuch 1991 übersetzte Folgen meines Buches in der Zeitung veröffentlicht wurden, die Auflage um ein Drittel anstieg. Daraufhin machte ich den Vorschlag, jetzt auch aus meinem, in Königsberg in Russisch erschienen Buch „Zuhause in Pillkallen“ (von der LO finanziert) Auszüge über unser Leben in Ostpreußen zu bringen.
In der Redaktion war auch ein Herr im Sonntagsstaat erschienen und stellte sich als „Willi“ vor. Er hatte mein Buch gelesen und wollte von mir wissen, ob ich wüßte, wo Kurt wohnt. Der Kurt, der mir, wie ich im Buch geschrieben habe, ein kleines Messingherz geschenkt hat. Er hat einst neben ihm an der Werkbank gestanden, und Kurt hatte ihn gebeten, ihm eine Feile zu besorgen, damit er in das Herz etwas eingravieren konnte. So kam also „ Dein Kurt“ in mein Herz, dessen Inschrift ich aber immer, verschämt, nach innen gekehrt trug. Willi schenkte mir dann noch ein Büchlein mit einem von ihm enthaltenen Beitrag und (!) vier große Kartoffeln.

Es gab in diesen Tagen keine Begegnung, von der wir ohne ein Andenken verabschiedet wurden: Sei es mit einem Buch, informativen Schriften, Anstecknadeln, einer kleinen Taschenikone, zwei Sportmützen beim Besuch des Konzertes im Sportstadion und sogar einem antiken Rechenbrett, dem „Abakus", dessen rasante Handhabung mich schon früher fasziniert hatte

Ich gestehe, unmittelbar nach den überwältigenden Eindrücken dieser sieben Tage herrscht in meiner Gefühlswelt noch ein kleines Chaos. Ausgerechnet an dem Ort, an dem ich die schwersten Jahre meines Lebens verbringen mußte, schlug mir eine Welle der Herzlichkeit und des Mitgefühls entgegen, Ehrungen wurden mir zuteil und immer wieder Dankesworte, das Geschehen der Nachkriegszeit den nachfolgenden Generationen ins Bewußtsein gerückt zu haben. Schließlich: Im Museum wird an uns Deportierte gedacht, unseren Toten ist eine Gedenkstätte errichtet. – Gibt es eine in Deutschland? Meines Wissens nicht. Und in jedem historischen Museum wird man bei uns vergeblich nach einer Ecke ausschauen, die diese Problematik behandelt. Was mich aber besonders empört, ist, daß während der Verhandlungen um die Entschädigung der Zwangsarbeiter nie ein Wort für die deutschen Zwangsarbeiter gefallen ist, die mit ihrer Arbeitskraft Reparationskosten für Deutschland geleistet haben und auch vom deutschen Staat dafür entschädigt werden müßten. Verlautet ist davon jedenfalls nichts.

Bitte, mir persönlich geht es nicht um eine Entschädigung! Aber uns Verschleppte überhaupt nicht zu erwähnen, uns totzuschweigen – das haben wir nicht verdient, und das schmerzt tief.

Oft stehe ich jetzt vor meinen zwei Birken-Reliefbildern aus sibirischem Stein, zum Abschied vom Werksdirektor und der Ärztin des „Profilaktoriums" erhalten, die mich an die stille Landschaft und die mitfühlenden Menschen erinnern. Können sie das verstehen, liebe Landsleute?

„Autoaggregat“ – Werkszeitung von AG „SCHAAZ“

„Erinnert Ihr Euch noch an die Galja Myschka? – Das bin ich!“

Aber an Sie, Frau Hildegard Rauschenbach, die 1945 zusammen mit anderen Frauen und Mädchen nach Schadrinsk interniert wurde, erinnern sich tatsächlich die, die damals in den schweren Zeiten neben den Deutschen im Werk „SIS“ gearbeitet haben. Nun wurden sie damals für die Bequemlichkeit des Verkehrs nach den russischen Namen umbenannt. Der Mädchenname von Hilde war Mischke, der in Myschka (Mäuschen) transformiert wurde – so dünn und durchsichtig war das 18jährige Mädchen.
Heute kennen Frau Rauschenbach viele Schadrinsker, da nach dem kurzen Besuch der Eheleute Rauschenbach 1991 in einigen örtlichen Zeitungen, vor allem aber in unserer Zeitung, die Erinnerungen von Hildegard an jene tragischen, aber so erinnerungsvollen Zeiten für ihr Herz, veröffentlicht wurden. Gerade sie bilden die Grundlage des Buches von H. Rauschenbach „Verschleppt nach Sibirien“. Damals wurden viele unserer Landsleute von Offenbarungen der deutschen Frauen betroffen, die zusammen mit ihren Landsleuten einen zu hohen Preis für die verbrecherische Politik der Führenden ihres Landes zahlen mußten. Im Krieg waren zwei ihrer älteren Brüder gefallen, die den Faschismus gehaßt hatten, aber die gezwungen waren, sich unter sein Hakenkreuz hinzustellen. Hier in Sibirien sind mehrere ihrer Freundinnen für ewig geblieben, die in der Vorstadt von Schadrinsk begraben liegen. Unter dem Eindruck von den erhaltenen Informationen aus den Zeitungen und aus Mitleid zu den unschuldig Verstorbenen haben einige Einwohner unsere Stadt einen Grabstein an der Stelle, wo die verstorbenen deutschen Frauen begraben waren, errichtet. Hier wird heute von den Stadteinwohnern die nötige Ordnung gehalten und ab und zu der Besuch abgestattet.
Das Programm des Besuchs der ausländischen Gäste ist sehr vielseitig gewesen, und als erstes war das Treffen mit dem Generaldirektor von OAO „SCHAAZ“ – Wladimir Sergejewitsch Kolotuschkin – vorgesehen. Im Laufe ihres ersten Besuchs in unserer Stadt waren die Eheleute Rauschenbach auch

herzlichst vom Empfang mit dem damaligen Direktor des Betriebes Wesitsch Wladimir Grigorjewitsch aufgeregt. Wie letztes Mal und auch diesmal hat Frau Hildegard immer wiederholt:

Hätte ich mir damals, wo ich in einer verölten Wattejacke und in Schuhen auf Holzsohlen durch das Werk gelaufen war, nur vorstellen können, daß mir nach so vielen Jahren so ein festlicher Empfang selber vom Werksdirektor erwiesen wird!

In der Redaktion der Zeitung „Autoaggregat" sind Frau Hilde und Herr Heinz auch gewünschte Gäste gewesen. Und unter den Eingeladenen sind auch die Menschen gewesen, mit denen sich die Rauschenbachs vor neun Jahren hier getroffen haben. Das sind: ehemalige Mitarbeiter der Personalabteilung – A. Schamonina, Mitarbeiterin der Kantine – A.K. Bratzewa. Aber es sind auch die gewesen, deren Treffen eine Überraschung für Frau Rauschenbach sein sollte. Das sind die Tochter und die Enkelin vom leider schon verstorbenen Leiter der Transportabteilung Boris Wladimirowitsch Trussow, unter dessen Leitung die internierten Deutschen damals gearbeitet haben. Hilde ist bis auf die Tränen von den Geschenken betroffen gewesen – eine Stickarbeit, die selber Boris Wladimirowitsch gemacht hatte und die zum Andenken an den Vater und Großvater an Hilde von Nadeshda Borissowna Moltschanowa und Jelena Wladimirowna Malejewa überreicht wurde.

Alexandra Stepanowa Suworowa hat mehrere Jahre den damals sehr modischen Mantel, parfümiert mit Rosenwasser, getragen, den ihre Mutter bei Hilde gegen das Brot getauscht hatte. Den Mantel gibt's schon nicht mehr, das Andenken an seine erste Besitzerin ist fester gewesen. Alexandra Stepanowa hat bei Hilde nach dem Schicksal von einem anderen deutschen Mädchen gefragt, das hier als Katja genannt wurde. Sie hat so gut Akkordeon gespielt. Jetzt wohnt diese Katja in Kanada und im Mai war sie nach Berlin gekommen, um sich mit den am Leben gebliebenen Frauen aus dem Lager Nr. 6437 zu treffen.

Da kam in der Zeitungsredaktion zum Treffen auch die ehemalige Kantinenchefin Jewdokija Jefimowna Alexandrowa, die es sehr bedauert hatte, daß sie Hilde während ihres ersten Besuchs in Schadrinsk nicht sehen konnte. Jewdokija Jefimowna hat gemeint, daß die Zeit sich auf das Aussehen von „Galja Myschka" ausgewirkt hatte, aber ihre Geselligkeit, schnelles

Denken und Emotionalität sind dieselben geblieben. Sicher, es war für alle interessant, wie sich das Leben von Hilde damals nach der Rückkehr nach Hause gestaltete.

All diese Jahre nimmt Hilde aktiv am gesellschaftlichen Leben teil; sie macht Sendungen im Radio, im Fernsehen, arbeitet mit Zeitungen zusammen, schreibt Gedichte und Erzählungen, komponiert viele Lieder. Zur Zeit arbeitet sie an ihrem fünften Buch. Der Titel dafür ist ihr hier in diesen Tagen während so vieler Treffen mit den Stadteinwohnern eingefallen. Aber wollen wir uns nicht beeilen, da das neue Buch von Hilde Rauschenbach zu einem Grund für das nächste Treffen werden könnte. Die Hauptthemen ihres Schaffens sind Friede und Liebe zum Nächsten, Sorge um die Kinder und gegenseitige Verständigung unter den Menschen. Sie hat im Gedächtnis viele Gedichte und Erzählungen, viele Folklorelieder, Kinder- und Jugenderinnerungen beibehalten. Sie ist eine richtige Aufbewahrerin vom Kulturerbe ihrer Heimat – Ostpreußen.

Der Sohn der Eheleute Rauschenbach befaßt sich auch mit Literaturtätigkeit. Er schreibt originelle Werke in einem neuen Stil, findet neue Worte in der heutigen schönen Literatur.

Am 24. Juni haben die Rauschenbachs die goldene Hochzeit gefeiert – schon ein halbes Jahrhundert gehen Hildegard und Heinz zusammen durchs Leben. Auf dem Foto unten sehen sie die „Jungverheirateten“ an diesem festlichen Tage bei sich zu Hause. Und wie eine Hochzeitsreise sollten die beiden noch diese weite Reise nach Sibirien unternehmen. Aber heute sind sie schon wieder zu Hause und das Treffen mit den Schadrinskern hat bei ihnen viele angenehme und aufregende Erinnerungen hinterlassen, von denen sie sicher ihren Freunden berichten. Zum Abschied wünschte Frau Hildegard allen Gesundheit, viele Lebensjahre, wo sie Sicherheit zum Ausdruck brachte, daß es in unserem Leben unbedingt Änderungen zum Besten gibt.

Jelena Sytschugowa

SCHADRIN – GORODOK
(„Städtchen namens Schadrin" – Anlage zur Stadtzeitung „Isset", wird völlig von Sascha zusammengefaßt und redigiert. Da werden die Materialien zu der Geschichte und Kultur der Stadt und ihrer Umgebung veröffentlicht.)

Ehemalige Gefangene – wieder in Schadrinsk

Am Montag ist die Redaktion der Zeitung „Isset" von der deutschen Schriftstellerin Hildegard Rauschenbach und ihrem Ehegatten Heinz Rauschenbach besucht worden. Die Mitarbeiter der Zeitung u.a. ihre Leser haben diese Frau noch 1991 (fern) kennengelernt, als in der Zeitung ihr Buch mit Erinnerungen über das Leben im Schadrinsker Lager, in dem sie von 1945 bis 1948 war, veröffentlicht wurde.
Vor kurzem erschien das Buch von Frau Rauschenbach in Schadrinsk in Russisch. Die Anreise in unsere Stadt war eigentlich dadurch hervorgerufen – diese Auflage den Schadrinskern vorzustellen. Aber das Hauptziel des Besuchs war die Festigung der Freundschaft und gegenseitigen Verständnisses zwischen unseren Völkern. Der Krieg hat viele Leiden und Entbehrungen für Hilde gebracht: bei ihr sind die zwei Brüder gefallen, sie selber war in ein Arbeitslager in Sibirien geraten, ihre Familie hat ihr Haus verloren. So ist ihre schriftstellerische und gesellschaftliche Tätigkeit in Berlin gegen alle Kriege gerichtet, die die Politiker anfangen, aber bezahlen muß das einfache Volk. Sie selber glaubt, daß das beste für die Festigung des Friedens die Kontakte zueinander und die Freundschaft unter den Menschen aus verschiedenen Ländern ist. Ja, es gab schwere Zeiten in der Geschichte unserer Länder, als unsere Völker in die einander vernichtenden Kriege einbezogen waren. Aber jetzt sind andere Zeiten gekommen. Es ist schon längst die Zeit da, von Feindseligkeiten zu guter Nachbarschaft und Zusammenarbeit überzugehen. Und ein beredtes Beispiel dafür ist gerade die Tatsache, daß H. Rauschenbach vom Autoaggregatenwerk eingeladen worden ist, dem Werk, das einmal für den Krieg gearbeitet hatte und die Arbeit der deutschen Verbannten nutzte. Aber jetzt werden da die friedlichen Erzeugnisse produziert und das Werk selber arbeitet erfolgreich mit den deutschen Firmen zusammen. Die ganze

Welt vereinigt sich und arbeitet zusammen. Es ist auch für uns die Zeit da, in die Weltwirtschaft einzufließen.
Hilde hat den Journalisten von ihrem Leben und ihrem Schaffen erzählt, sie hat dabei auch ihre schöpferischen Pläne mitgeteilt. Sie hat vor, ein neues Antikriegsbuch zu schreiben, in dem sie über ihre Eindrücke von diesem Buch auch berichten wird. Sie ließ viele herzliche Grüße an die Schadrinsker ausrichten, deren Güte und Herzenswärme ihnen in den schwersten Verbannungsjahren zu überleben geholfen haben. Mit Freude hat Hilde festgestellt, daß die heutige Generation der russischen Menschen diese Eigenschaften auch besitze. Man kann nur darauf hoffen, daß dieser Besuch der Freundschaft eine gute Spur in den Seelen von Schadrinskern hinterlassen wird.

Alexander Deshnjow

SCHADRIN – GORODOK
(Anlage zu der Stadtzeitung „Isset", wird von Sascha zusammengefaßt und redigiert.)

„Vergeben ja – Vergessen nie!"

Im Kulturleben unserer Stadt ist ein außergewöhnliches Ereignis vorgekommen: Im Schadrinsker Druckhaus ist ein ungewöhnliches Buch herausgegeben worden. Sein Autor ist Bürgerin von Deutschland – Hildegard Rauschenbach, die dreieinhalb Jahre ihres Lebens im Schadrinsker Lager 6437 verbringen mußte.

Im Jahre 1984 erschien dieses Buch in Deutschland. Der Autor konnte nach 36 Jahren das nicht vergessen, was in der Gefangenschaft erlebt wurde. Und obwohl Hildegard, wie selber behauptet, keine Schriftstellerin sei, hat sie ein Buch zusammengefaßt, das den Leser zusammen mit haupthandelnden Personen nachdenken, miterleben, mittrauern und mitfreuen läßt. Das Buch ist von Anfang an bis zum Ende autobiographisch, aber das Schicksal von Hildegard ist identisch den Schicksalen vieler anderer deutschen Frauen-Gefangenen, und nicht nur deren.

Die Geschichte von Hildegard, einem deutschen Mädchen, hat sich kaum durch irgendwelche Außergewöhnlichkeit unterschieden. Sie wohnte in einer arbeitsamen Familie in Ostpreußen (heute Kaliningrader Gebiet), sie hat sich dem Dorfleben gefreut... Und plötzlich ein Krieg hat sich grausam und hart in ihr Schicksal eingedrungen, und die Jugendfreuden sind weggenommen worden. Die Sowjettruppen, die das Ostpreußen besetzt haben, haben die junge Hildegard und Hunderte andere deutsche Frauen in das weite sibirische Städtchen Schadrinsk verbannt, wo sie ein bitteres und tragisches Leben kennenlernen mußte. Schwerste Arbeit, Hunger, antisanitäre Lebensbedingungen haben nicht nur das Mädchen nicht gebrochen, sondern haben es klüger gemacht, haben es gelernt, die menschliche Güte besser zu verstehen, die von der Seite der Einheimischen zu ihr geäußert wurde. Gerade sie, indem sie die letzte Kartoffel oder ein Stück Brot von sich selber weggenommen hatten, haben der jungen Gefangenen zu überleben geholfen. Möglich, dafür, daß sie später solch' ein Buch schreibt, daß jeden zu denken läßt, der es liest.

Trotz des tragischen Inhalts besitzt das Buch viel Optimismus. Es lehrt, wie jeder Mensch das Leben schätzen und die Freundschaft aufbewahren muß. Und noch es wird von Hildegard Rauschenbach behauptet: „Man muß verzeihen können, aber vergessen nie!“ Wahrscheinlich deshalb liest sich dieses Buch so leicht, weil es keinen Haß und nichts Böses drin gibt ...
Die russische Variante des Buches, seine Übersetzung ist von der Dolmetscherin N. Deshnjowa gemacht worden. Es ist für Nadeshda Alexandrowna gelungen, die innere Dynamik des Buches, die Einfachheit des Erzählens wiederzugeben. Unserer Meinung nach ist dem Dolmetscher das Maßgefühl geblieben: all die Überlegungen, Gefühle, Humor und Zurückhaltung des deutschen Autors entsprechen dem Original. Es ist schön, daß es in unserer Stadt so eine gute Sprachkennerin gibt, und wir können auf die Übersetzungsmeisterschaft stolz sein. Die Übersetzung ist von A. Britwin und A. Deshnjow redigiert worden. Man möchte sich bei ihnen recht herzlich bedanken, da das Buch gelungen ist. Ich bin sicher, daß das Buch viel dem Schadrinsker Leser gibt.

W. Iwanichin
Professor des Lehrstuhls für Literatur
SchGPI (Schadrinsker Pädagogisches Institut)

Nr. 144-145; den 5. Dezember 2001; „Schadrinsker Kurier"

Erinnerungen ohne Grenzen

Und der kalte Stein kann auch Herzen erwärmen

In Deutschland ist das erste Grabmal den verbannten Frauen eingeweiht

Man könnte heutzutage weniger als im Laufe eines Tages aus der hinter-dem Ural-Region die Hauptstadt von Deutschland erreichen. Aber einmal bewegte sich der Güterzug mit armen deutschen Frauen 21 Tage nach Osten, nach Sibirien. Viele von ihnen kehrten nie wieder nach Hause zurück...

Vor kurzem besuchte eine kleine Delegation aus Schadrinsk, zu deren Mitgliedern auch Ihr gehorsamer Dienstbote angehörte, auf Einladung des Volksbundes für Kriegsgräberfürsorge, Berlin, wo man an den festlichen Veranstaltungen anläßlich des Volkstrauertages teilgenommen hatte. Wir haben unsere Stadt bei der Einweihung des Grabmals an die deutschen Frauen und Kinder – Opfer des Krieges und der Gewalt – vertreten. Dieses Denkmal ist dem Grabmal in Schadrinsk nachgeahmt, das an dem Massengrab der internierten deutschen Frauen und Mädchen errichtet ist, die von Krankheiten, Hunger und Kälte in der Zeit von 1945 bis 1948 hier verstorben waren. Darüber berichtet die Anschrift auf einer der Seiten des Marmorgrabmals. Gerade die Errichtung von solch' einem Grabmal in Sibirien hat die Aufmerksamkeit der öffentlichen Kreise in Deutschland auf das schwere Schicksal der deutschen Bürger gelenkt, die infolge des Krieges viel leiden mußten und weit über die Grenzen ihrer Heimat hinaus verstorben waren. Die aktive publizistische Tätigkeit von Frau Rauschenbach hat dazu viel beigetragen. Sie selbst war damals nach Schadrinsk verbannt, hat viel gelitten und heute sieht sie die wichtigste Aufgabe ihres Lebens in der Verewigung des Andenkens an ihre damals verstorbenen Freundinnen, in der Festigung der Freundschaft und gegenseitiger Verständigung zwischen unseren Völkern und im Kampf gegen jegliche Kriege und Gewalt. Gerade ihr Artikel in der Zeitung „Das Ostpreußenblatt" – „In Deutschland vergessen, in Sibirien geehrt", wo sie über ihre Reise nach Schadrinsk im Sommer 2000 erzählt hatte und wie hier die internierten Deutschen geehrt werden, hat das ganze Ding in Bewegung gebracht.

Hilde hat sich gefragt: wie ist es in Deutschland möglich? Warum während der Verhandlungen über die Bezahlung der Entschädigungen an die Zwangsarbeiter nirgends und niemals kein Wort über die deutschen Verbannten gesagt worden war, die mit ihrer Arbeit Reparationsschulden von Deutschland ausgezahlt haben? Für sie ist nicht die Entschädigungsfrage wichtig, sondern, daß dieses Thema überhaupt verschwiegen wird.
Es sollte hier auch erwähnt werden, daß bei uns das Thema der Ausnutzung der Zwangsarbeit der deutschen Bürger früher auch verschwiegen wurde. Das Licht auf die Geschichte des deutschen Lagers Nr. 6437 wurde erst durch die Veröffentlichung 1991 in Schadrinsker Zeitungen des übersetzten Buches von Hildegard Rauschenbach „Ich war verschleppt nach Sibirien" gegeben. Es hatte einen Effekt der explodierten Bombe, es wurde viel geschrieben und diskutiert darüber. Das diente auch als ein Anstoß zum Errichten des bescheidenen Grabmals auf dem Massengrab der verstorbenen deutschen Frauen.
Schon am ersten Tag unseres Aufenthalts in Deutschland brachte man uns in Neukölln-Stadtviertel in Berlin, zum Friedhof in der Lilientalstraße, wo das Denkmal an deutsche Frauen und Kinder, die im Laufe des Krieges gestorben waren, eingeweiht wurde. Die Zeremonie wurde vom Herrn Lange, Präsidenten des deutschen Volksbundes für Kriegsgräberfürsorge angefangen. Er hat die Geschichte von Frau Rauschenbach erzählt, wie sie zum Abschluß des Krieges nach Rußland kam; daß dort die Einwohner der weiten sibirischen Stadt Schadrinsk aus eigener Initiative ein Grabmal den verstorbenen deutschen Frauen errichtet haben und heute es pflegen.
Hildegard Rauschenbach ist eine von 250.000 deutschen Frauen, die 1945 aus Ostpreußen und Pommern in die Sowjetlager deportiert waren. Inzwischen hat diese Deportation den Bestimmungen von Den Haag von 1907 über die Landkriege widersprochen, aber die Welt hat darauf die Augen zugemacht, da der Krieg von Hitler auch keinen Regeln entsprochen hat. Ein Drittel von den Gefangenen konnte diese Zeit nicht überleben. Bis heute gelten Zehntausende von den Menschen als vermißt. Daran erinnert jetzt diese heilige Stelle auf dem ehemaligen Garnisonenfriedhof – das erste Grabmal in

Deutschland an die verschleppten und verstorbenen Frauen und Kinder.
Im Namen von all' den Frauen, die in Zwangsarbeitslagern in fremden Ländern gelitten hatten, trat Frau Rauschenbach auf. An der Zeremonie der Einweihung des Grabmals haben auch Frau Bundesministerin Dr. Bergmann und viele andere offizielle Persönlichkeiten teilgenommen. In ihren Reden hörte man oft das Wort „Schadrinsk". Schade nun, daß unsere Stadt gerade auf solch' eine traurige Weise mit dem Leben von Deutschland zusammen verbunden wurde – als Ort der Verbannung und Entbehrungen der deutschen Frauen. Das ist ein schwieriger Moment, und er ist, zum Glück, in der Vergangenheit geblieben. Aber es freut sehr, daß gerade in unserer Stadt, der ersten in Sibirien bzw. auch in Rußland, solch' ein Grabmal nach dem Willen der Menschen erschienen ist. Wahrscheinlich folgen unserem Beispiel auch die Einwohner von anderen Städten und Siedlungen, wo es ähnliche Friedhöfe gibt. Das ist auch ein Zeichen der Hoffnung und Zuversicht, daß unsere Völker nie mehr zu Feinden werden. Und als Bestätigung von diesem Gedanken schien die Sonne gerade an diesem Tag inmitten des trüben deutschen Winters, und am klaren, blauen Himmel gab es gar keine Wolke. Man möchte sehr, daß der Himmel über unseren Ländern nie mit Wolken bedeckt wurde.

Alexander Deshnjow (Fortsetzung folgt)

Nr. 147-148, den 12 Dezember, „Schadrinsker Kurier“

Erinnerungen ohne Grenzen

Das brauchen nicht die Gefallenen, das brauchen die Lebenden

Die Gräber der Sowjetsoldaten sind in Deutschland nicht vergessen

(Anfang in Nr. 144-145)

Zur Zeit ruhen auf Berlin's Friedhöfen in 120 Td. Gräbern ca. 150 Td. Opfer des Krieges. In der deutschen Hauptstadt sind 220 Friedhöfe, viele Gedenkstätten, Denkmäler, Obeliske und Stelen, darunter sind drei große Gedenkstätten den Soldaten der Roten Armee, die beim Kampf um Berlin gefallen sind. Auf einem davon – in Pankow – sind wir am 17. November, dem Samstag, der Kranzniederlegung an die Soldaten der Roten Armee, die an den letzten Tagen des Krieges gefallen waren, beigewesen. Hier ruhen über 13 Td. Soldaten der Sowjetarmee, unter ihnen 120 Frauen. Die Gedenkstätte ist 1947-1949 nach dem Projekt der Sowjetarchitekten errichtet worden.

An der Zeremonie haben die Leiter und Aktivisten des Deutschen Volksbundes für Kriegsgräberfürsorge, Vertreter der Bundeswehr, die bei der Pflege dieses Friedhofes mithelfen, Vertreter der Streitkräfte von Rußland und des Russischen Veteranenbundes und auch die Delegationen vieler Länder teilgenommen. Es muß vermerkt werden, daß die Gräber und Friedhöfe für unsere Soldaten in Deutschland in einem Musterzustand gehalten werden. Man könnte sogar sagen, daß die Deutschen die fremden Gräber besser pflegen, als wir unsere. Wir sind auch auf den gewöhnlichen Stadtfriedhöfen gewesen. Überall herrschen Ordnung, Ruhe, Sauberkeit. Trotz des Krieges sind viele alte Denkmäler heilgeblieben. Niemand hat hier nie versucht etwas kaputtzumachen. Alles wird sorgfältig gepflegt.

Der Deutsche Volksbund für Kriegsgräberfürsorge wurde 1919 gegründet. Zu den weitesten Aufgaben von dieser nicht kommerziellen Organisation gehören die Zusammenstellung der Listen und Pflege der Friedhöfe, u.a. die Sorge um die Verwandten der im Kriege Gefallenen. Nur in der Nachkriegszeit haben sie ganz schnell über 400 Gedenkstätten errichtet. Der Volksbund pflegt 724 Friedhöfe mit Kriegsgräbern in 43 Ländern, wo ca. 1,9 Mio. Soldaten begraben sind. Die Mitglieder des Volksbundes konsultieren unter anderem auch die Stadtverwaltungen, wie die Friedhöfe und die Kriegsgräber eingerichtet werden sollten. Es wird auch von ihnen alljährlich der Volkstrauertag veranstaltet und durchgeführt. Sie organisieren eintägliche ausbildende Fahrten zu den Kriegsgräbern und Gedenkstätten. Der Bund ist sehr vielzählig. Nur in Berliner Abteilung sind ca. 7 Td. Mitglieder und 35 Td. Wohltäter einregistriert, insgesamt zählt der Bund 1,3 Mio. Mitglieder und Sponsoren. Ungefähr 120 Jugendliche aus Berlin werden während der Ferien in die Sommerlager geschickt und arbeiten auf den Friedhöfen in Frankreich, Belgien, Tschechien, Polen und Rußland (Rshew), wo sie alles in Ordnung bringen und die Gräber pflegen. Solch' eine Arbeit und die freundlichen Beziehungen mit der örtlichen Bevölkerung bilden einen großen Beitrag in die Sache des Friedens und gegenseitiger Verständigung zwischen den Völkern. Aktiv beteiligen sich auch die Jugendlichen an den Veranstaltungen zum Volkstrauertag. So haben die Jugendlichen vom Volksbund völlig selbständig die Feierstunde am Plötzensee veranstaltet, der Stelle, wo die Teilnehmer des Anti-Hitler-Widerstandes hingerichtet wurden. Es wurde ihnen anvertraut die ganze Vorbereitungsarbeit durchzuführen, Reden während der Feierstunde zu halten, Führungen zu machen. Solch' eine Politik ist ganz richtig: die Jugend wird in einem antimilitaristischen Geiste erzogen, sie bereitet sich vor, die Arbeit der Erwachsenen in Andenken an die während der Kriege und vom Terror Gefallenen fortzusetzen. Das ist ja, wahrscheinlich, sehr wichtig, damit sich die Grausamkeiten der Diktaturen und des Krieges nie wiederholen.

Auf dem Friedhof in der Lilientalstraße, wo die Kopie des Grabmals an deutsche Frauen, die in der sibirischen Verbannung verstorben waren, aufgestellt ist, befindet sich auch die zentrale Gedenkstätte an Opfer des Krieges und Terrors. Hier fand am Abend des selben Samstags eine feierliche Zeremonie der Kranzniederlegung, an der Vertreter verschiedener Länder teilgenommen haben. Obwohl alles sehr streng und lakonisch gestaltet war, verlief alles sehr beeindruckend und rührend. Von den Scheinwerfern beleuchtet ging die Kolonne der Soldaten-Fackelträger, die auf beiden Seiten vom Obelisk antraten, und oben über dem ganzen Komplex befanden sich das große Militärorchester und die Ehrenwache mit Karabinern. Mit kurzen Reden traten der Präsident des Volksbundes, Herr Lange, Staatssekretärin des Verteidigungsministeriums Frau Schulte und der Bürgermeister von Berlin auf, die von schönen Musikstücken ab und zu begleitet wurden. Hier waren Vertreter unterschiedlicher Länder, Parteien und öffentlichen Organisationen Deutschlands anwesend, die alle ihre Kränze in der Gedenkstätte niedergelegt hatten. Von Rußlands Seite nahmen an der Zeremonie der Militärattache in Deutschland teil und Vertreter des Veteranenrates mit General Goworow an der Spitze. Nach Beendigung der Zeremonie gingen all' die Teilnehmer in eine nahliegende Gaststätte, wo leichte Getränke angeboten wurden. Alle, die den Wunsch hatten, konnten Sekt bzw. Bier genießen, entweder eine Tasse Kaffee, eine Cola trinken, aber das Wichtigste – man konnte ganz frei miteinander sprechen, besser einander kennenlernen, Eindrücke tauschen. Und diese praktisch unterstützte Prozedur trägt sehr stark der Annäherung der Menschen bei. Wenn wir aber so was bei uns organisieren, man sollte in Betracht ziehen, niemand war dabei besoffen.

Zu den größten Eindrücken des Tages gehörte auch das schöne Konzert in der Adventskirche, an dem die Knabenchöre aus Tschechien, Litauen und Berlin teilgenommen haben. Es wurde auch vom deutschen Volksbund für Kriegsgräberfürsorge veranstaltet und hat das volle Samstagsprogramm abgeschlossen. Die Kollektive haben die klassischen Werke bearbeitet von den modernen Komponisten mit großem Elan vorgetragen. Trotz Unterschiede in Ausführungstechnik war der Eindruck von all' den drei Chören sehr beeindruckend. Sie haben mit ihrer Kunst ein riesengroßes Vergnügen den Anwesenden bereitet. Kein Wunder, daß sie am nächsten Tag am Hauptereignis der ganzen Woche – dem Volkstrauertag im Reichstag teilgenommen haben. Na ja, der nächste Tag wurde für uns auch sehr aufregend. Wir haben das Hauptregierungsgebäude Deutschlands, den historischen Reichstag besucht!

Alexander Deshnjow (Fortsetzung folgt)

Nr. 150-151, 19. Dezember 2001

Erinnerungen ohne Grenzen

Bevor die Gefallenen in Frieden nicht ruhen, wird die Vergangenheit nicht zur Geschichte

Vom Rednerpult des Bundestags hört man jetzt nur die Worte vom Frieden

(Anfang in Nr. 144-145, 147-148)

Jedes Jahr wird der Volkstrauertag in Deutschland im November begangen. Seine Hauptveranstaltung ist die Feierstunde im Bundestag. Dieses Jahr wurden zu dieser Veranstaltung 1380 Menschen von ganz Deutschland eingeladen. Unter ihnen viele prominente Persönlichkeiten wie Bundespräsident, Minister, hohe Bundesbeamte, Präsident und Aktivisten des Volksbundes für Kriegsgräberfürsorge und Vertreter der Öffentlichkeit. Für uns war es sicher ganz phantastisch in Kreis der Elite der deutschen Gesellschaft im Hauptregierungsgebäude Deutschlands zu gelangen. Selbstverständlich haben wir uns bemüht dieses historische Gebäude besser kennenzulernen.

Eine der wichtigsten Sehenswürdigkeiten, die täglich hier viele Touristen anlockt, ist da die neue Glaskuppel. Von hier aus eröffnet sich ein reizendes Panorama auf Berlin, das beeindruckt sogar mehr als der Blick vom neuen Wolkenkratzer auf dem Potsdamer Platz. Durch die Glasdecke kann man in den Sitzungssaal des Bundestags einblicken. Man sieht – alles ist gut durchdacht. Auf solche Weise trennt sich die Macht vom Volk nicht, andererseits kriegt man das Geld für die Unterhaltung des Riesengebäudes nicht nur aus dem Staatshaushalt, sondern auch von den Rundgängen. Für uns, Russen, war es in erster Linie besonders interessant die Anschriften an den Reichstagswänden mit eigenen Augen zu lesen, die unsere Soldaten am Kriegsende hier hinterlassen haben. Voll sind sie sicher nicht aufbewahrt worden, es ist ja kein Museum, sondern ein staatliches Institut, aber teilweise sieht man doch diese Anschriften in der erneuerten inneren Ausstattung vom Reichstag.

Vor dem Beginn der Feierstunde haben wir bei der Frau Rauschenbach gefragt, was sie in diesen Minuten fühle, sie sollte ja einen Vortrag in der Feierstunde halten:

Es ist eine große Ehre für mich, ich bin mit Dankgefühlen an mein Schicksal überfüllt, daß ich so eine Chance habe, meine Worte über die Versöhnung allen Anwesenden und dem ganzen Land vorzutragen. Das konnte ich mir nie in meinem Leben vorstellen. Und sicher, als ich vor 50 Jahren in der Lagerbaracke weit von meiner Heimat entfernt gefroren habe. Aber man könnte im Leben viel erreichen, wenn man sich danach strebt. Für mich ist es wichtig, daß es jetzt ein Grabmal an meine verstorbenen in der Verbannung Freundinnen in Berlin endlich errichtet worden ist. Bis jetzt war es für mich sehr peinlich vor ihnen gewesen, daß dies nicht gemacht worden war. Ich habe sogar einen Artikel in der Zeitung „Das Ostpreußenblatt" veröffentlicht – „In Deutschland vergessen – in Sibirien geehrt". In Schadrinsk haben die Menschen so ein Grabmal an unsere Landsleute gestellt, bei uns aber nicht... das hat mich sehr traurig gemacht. Aber ich hab' immer gehofft, daß man sich an die unglücklichen Frauen erinnert, die so weit von ihrer Heimat gelitten haben. Und heute bin ich sehr froh, daß man sich an uns erinnert und ein Denkmal errichtet hat. Das ist noch ein Schritt zur Versöhnung zwischen unseren Völkern. Und das ist das Hauptziel in meinem Leben – es zu erreichen, daß unsere Völker nur in Frieden miteinander leben. Ich fühle es, wir haben viel Gemeinsames, uns vereint ja sehr viel. Wahrscheinlich sollte man alles viel früher anfangen: das Buch schreiben, das Denkmal errichten? ... Ich hab' versucht, etwas zu notieren. Aber bis zu einem bestimmten Augenblick konnte ich es nicht vom Erlebten schreiben, da war ich innerlich nicht bereit. Sehr schmerzhaft waren noch alle ertragenen Leiden und Entbehrungen. Alles hat seine Zeit, es sollte alles reif werden.

Na ja, so ist es. Aber eins steht fest, wenn nicht Hilde, dann würde keine Zeit helfen. Es ist inzwischen die dritte Ausgabe des Buches „Ich war verschleppt nach Sibirien" erschienen. Der Hauptinhalt ist derselbe geblieben, wie in der ersten sowie in der russischen Ausgabe, aber da erschienen zusätzlich Kapitel mit Eindrücken über die letzte Reise nach Rußland, Veröffentlichungen in der Presse über dieses Buch, Artikel in den deutschen Zeitungen. Jeder Teilnehmer der Feierstunde in dem Reichstag hat dieses Buch bekommen.
Der Präsident des Volksbundes für Kriegsgräberfürsorge, Herr Lange, der die Hauptveranstaltungen dieser Woche eröffnet hat, hat auch die Leitlinie für diese Feierstunde festgelegt.
Das spricht über die wichtige Rolle, die der Volksbund im Leben der Gesellschaft spielt u.a. über die Achtung, die er in Deutschland und weit über seine Grenzen hinaus genießt. Aber

Herr Lange hat nicht über die vollbrachten Taten gesprochen. Er hat einfach über zwei Schicksale der im Kriege gefallenen Soldaten berichtet. Der eine – Isaak Schaljapjan aus Armenien, ist im April 1945 an der Oder gefallen. Nach 50 Jahren sind seine Überbleibsel entdeckt worden und auf dem sowjetischen Friedhof begraben worden. Das Wichtigste aber – sein Name ist aus der Vergangenheit zurückgeholt worden, man berichtete über sein Schicksal in seine Heimat. Das Grab vom Major Heinrich Abel, jemaligen Zahnarztes, ist bis jetzt nicht gefunden worden. Im Februar 1943 war er schwer bei Stalingrad verletzt. Er kam aber in einem überfüllten Flugzeug nicht mit, er hat seinen Platz an den schwer verletzten Gefreiten Ioseff Tier, dem Vater von drei Kindern gegeben. Der wurde gerettet, und Heinrich Abel starb. Sein Grab ist bis jetzt unbekannt. Die Geschichte seines Todes, die Geschichte von einer großen Liebe zum Nächsten wird nie vergessen. Aus unserer Trauer und Erinnerung an die Opfer des Krieges, an ihre Leiden und ihr Tod, meinte Herr Lange, bekommen wir Kraft zur Versöhnung, die den Frieden sichert.
Sehr beeindruckend war der Vortrag von Frau Rauschenbach, anscheinend war es die Folge ihrer Leiden – jedes Wort wurde gelitten, durch Jahre einer schweren innerlichen Arbeit geboren, schwere Überlegungen vom Erlebten und Zukunft, eine große Lebenserfahrung, viele Treffen und Zusammensein mit Menschen aus unterschiedlichen Ländern.
Wenn sie sagt, daß jeder Krieg ein Verbrechen gegen die Menschheit sei, in dem sogar der Sieger verliert, da kann man daran glauben. Es gibt keine Zweifel, daß sie überall gehört wurde und ihre Worte wirklich einem ewigen und festen Frieden zwischen unseren Völkern dienen.

Alexander Deshnjow (Fortsetzung folgt)

(Auf den Photos: Sowjetsoldaten in dem Reichstag (aus dem Archiv); wir stehen auf den Stufen vom Reichstag)

Nr. 153-154; 26. Dezember 2001/„Schadrinsker Kurier"

Ade Berlin, es leben die Birken!

Es sind schon einige Tage nach unserer voller an Ereignisse und Treffen Reise nach Berlin vergangen. Man könnte schon ruhig einatmen, die Photos mit Ansichten der deutschen Hauptstadt und unseren glücklichen Gesichtern anschauen, eine Videoaufnahme vom Erinnerungsereignis im Reichstag nicht eilig durchsehen und nochmals das aufgeregt-festliche Gesicht von Hildegard Rauschenbach anschauen, die auf dem Hauptrednerpult Deutschlands auftritt. Sie bleibt tapfer-ruhig, obwohl man sieht, daß sie aufgeregt ist. Ohne Zweifel macht ihr Vortrag, in dem einige Male der Name unserer Stadt genannt wird, den stärksten Eindruck auf die Anwesenden. Nicht zufällig sieht man nach der Sitzung eine lange Schlange aus den Menschen, die den Wunsch haben ihr Autogramm auf ihrem Buch zu haben.

Aber, mein Gott, wie mager sie geworden ist! Als ob sie wieder aus dem Lager zurückgekehrt ist... Das sind Krankheiten, Alter... Bald muß sie wieder zum Arzt, um wieder unangenehme und komplizierte medizinische Prozeduren zu erledigen. Die Ergebnisse der Analysen sind sehr schlecht und Hilde verschweigt ihre schlimmsten Vorahnungen nicht. Aber trotz alledem, benimmt sie sich tapfer und versucht möglichst mehr nachzuholen, als ob sie es eilig habe, sie arbeitet sehr viel. Sie ist ja Vertreterin von vielen-vielen, die gefallen sind, die schon nichts mehr sagen können; ihre Empörungen mit Handlungen der Politiker, die die Weltschlacht angezündet haben, nicht zum Ausdruck bringen können, sowie über ihre ertragenen Leiden und Entbehrungen; die ihre Stimme zum Schutz des Friedens und Festigung der Freundschaft zwischen den Völkern nicht mehr erheben können.

Vor kurzem ist die dritte ergänzte Auflage des Buches von Frau Rauschenbach „Ich war verschleppt nach Sibirien" erschienen. (Das Buch heißt inzwischen „Verzeihen – ja, vergessen – nie!".) Sie tritt aktiv in Massenmedia zu den Friedensthemen auf, sie versucht die Aufmerksamkeit der Öffentlichkeit ans Problem der internierten Bürger zu lenken. Dank ihrer Initiative ist in Berlin das Grabmal an die verstorbenen deutschen Frauen und Kinder, Opfer des Krieges, eine Nachahmung des Grabmals in Schadrinsk errichtet worden. Hildegard hat an den Aufnahmen des vierteiligen Dokumentarfilms „Die große Flucht (???)", der den Folgen des Krieges gewidmet ist, teilgenommen. Es wird da auch über ihr Schicksal erzählt. Obwohl sie sehr beschäftigt und sehr krank ist, hat sie unser Team noch zum Abschiedsessen zu sich ins Haus eingeladen. Da hat sie die leckersten Gerichte von der alten preußischen Küche zubereitet. Das fällt ihr nicht leicht, ab und zu muß sie sich kurz aufs Sofa im Wohnzimmer legen, damit sie wieder zu Kräften kommt.

Auf ihren feinen Händen sieht man überall blaue Flecken – das sind Spuren der unzähligen medizinischen Prozeduren zur Besserung des Blutzustandes. Aber unsere liebe Hilde macht sich unermüdlich Sorgen um uns, sie schiebt ständig etwas Leckeres in unsere Teller, als ob wir im voraus satt sein sollten... Da macht sie sich gar keine Gedanken, daß wir nicht ins Lager zurückkehren, daß wir es nicht sollten, wie sie einmal – hungern in Sibirien!

In der Zeit, wo wir in ihrer gemütlichen Wohnung in einem der ruhigen Viertel Berlins waren, haben immer bekannte und unbekannte Menschen angerufen, die ihren Auftritt im Reichstag per Fernsehen miterlebt haben. Sie haben ihre Begeisterung mit Hildegards Mut ausgesprochen, haben nach dem Buch gefragt u.a. über tragische Schicksale von ihren Nächsten erzählt. Einige waren zu Rauschenbach's nach Hause gekommen, um das Buch direkt von Hilde zu bekommen. Es freut sehr, daß die Deutschen zu den Geschehnissen jener weiten Zeit nicht gleichgültig bleiben, daß sie auf solche Weise ihre Geschichte und Erinnerungen an ihre Väter und Großväter aufbewahren.

Es sollte gesagt werden, daß wir während der Reise immer Glück an gute Menschen hatten. Alle, mit denen wir in Berlin in Kontakt kamen, waren sehr gut und freundlich zu uns. Unsere Treffen verliefen sehr herzlich, nach denen wir viele neue Eindrücke und gute Gefühle bekamen. Es stimmt ganz genau, die Russen haben viel Gemeinsames mit den Deutschen, was uns vereint; wir sollten unsere Beziehungen auch weiter in einer so freundlichen und entgegenkommender Richtung aufbauen. Und, ehrlich gesagt, sollten wir viel bei diesem fleißigen, arbeitsamen und intelligenten Volk lernen. Es gibt da nichts skrupelloses – man sollte das Beste übernehmen, was die

Anderen haben, damit man von all' dem Schlechten, was man im Überfluß bei sich zu Hause gibt, loswird.
Obwohl man schon Heimweh gegen Ende der Woche bekommen hatte, tat Scheiden von diesen herzlichen Menschen weh. Und wir wußten auch nicht, ob wir uns nochmals mit unserer unvergleichbaren Hildchen (Gott schenke ihr viel Gesundheit!), ihrem Ehemann Heinz und vielen-vielen anderen so guten Menschen sehen, mit denen wir Glück hatten, uns im Laufe dieser Zeit zu treffen. Aber trotz alledem waren wir mit Hoffnung abgeflogen, daß wir uns noch sehen. Wir hatten das Gefühl, daß trotz der riesigen Entfernung, die uns von einander trennt, sind wir näher geworden. Wir flogen ab, um viele Grüße von Hildegard Rauschenbach auszurichten, die sich sehr oft an Schadrinsker erinnert, an ihre Wärme und Hilfsbereitschaft.
Ade, Berlin, es leben die Birken!

Alexander Deshnjow
(Übersetzung von N. Deshnjowa)

Auch kalter Stein kann Herzen bewegen

Zeugnis vom Leid unzähliger Frauen und Kinder

Zunächst möchte ich, stellvertretend für viele namenlose Frauen, Dank sagen.

Dank all denen, die zur Entstehung des heutigen Projektes beigetragen haben, den Damen und Herren, die mit der umfangreichen Organisation befaßt waren, den Steinmetzen, die dem Granit Form und Inhalt gaben, allen sei Dank!

Jedoch – unser tiefster Dank – und auch mein persönlicher – gilt Ihnen, verehrter Herr Präsident Lange, der Sie vor einem Jahr sofort ein offenes Ohr für mein Anliegen hatten, unseren toten verschleppten Frauen, die in fremder Erde ruhen, einen Gedenkstein zu errichten.

Und für Sie, einen Mann der Tat, gab es kein Wenn und Aber, kein „man müßte, man könnte", heute stehen wir vor dem Resultat: Ein Granitstein, dem Schoß unserer Erde entnommen, gibt Zeugnis vom Leid unzähliger Frauen und Kinder, denen ein verheerender Krieg tiefe Wunden geschlagen oder das Leben gekostet hat.

Aber dieser Stein ist mehr: er ist nicht nur der erste dieser Art in Deutschland, er wird – wörtlich genommen – seiner Aufgabe als Denkmal gerecht, liest man die seitliche Aufschrift, die besagt, daß dieser Gedenkstein einer Stele nachempfunden ist, die die Bürger der Stadt Schadrinsk im Ural-Gebiet für unsere toten verschleppten Frauen, die dort im Lager verstorben sind, errichtet haben. Dieser Granitstein steht im Wald auf dem ehemaligen Lagergelände, mit der Inschrift in Russisch und Deutsch, daß hier deutsche Frauen und Mädchen ruhen, die im Lager verstorben sind. Wie gesagt, von russischen Menschen! Und der Initiator ist heute hier! Ich begrüße Herrn Alexej Britwin und mit ihm Nadja Deschnewoi, die mein Buch, das ich über meine Gefangenschaft geschrieben habe, ins Russische übersetzt hat, und ihr Mann Sascha, der dafür gesorgt hat, daß es in Sibirien verlegt ist. Er ist Journalist und wird auch über die heutige Feierstunde und zusätzlich über die Aktivitäten des Volksbundes Deutsche Kriegsgräberfürsorge in den dortigen Zeitungen berichten.

Ja, mein verehrten Damen und Herren, auch ein kalter Stein kann Herzen bewegen und zu einem verbindenden Glied für Verständigung und Versöhnung werden.

Und nun noch ein Wort des Dankes an Sie, verehrte Frau Ministerin Bergmann. Ich bin sehr glücklich, daß wir unseren Erstling in Ihre Obhut geben dürfen. Wir könnten uns keine bessere Schirmherrin für unseren Schützling wünschen, und ich hoffe, daß er Ihnen keinen Kummer bereiten wird und daß ihn keine Schmierfinken besudeln.
Nochmals von Herzen Dank!
Stein, der du aus dem Schoß der Erde geboren, bleibe standfest und wahre die Worte, die Zeugnis geben unseren Kindern und Kindeskindern und Mahnung sind zugleich: Haltet Frieden!

Hildegard Rauschenbach

Dokumentation:

»Was wurde den Müt

Hildegard Rauschenbachs Berlin

Auf der zentralen Veranstaltung zum Volkstrauertag im Plenarsaal des Reichstagsgebäudes in Berlin, an der auch Bundespräsident Rau und Bundesinnenminister Schily teilnahmen, hat – wie bereits berichtet – die Ostpreußin Hildegard Rauschenbach eine eindrucksvolle Rede gehalten. Nachfolgend dokumentieren wir den Text ihrer Ansprache:

Ich bin Hildegard Rauschenbach, geboren in Ostpreußen, Kreis Pillkallen. Bei Kriegsende bin ich, nach unzähligen Demütigungen durch die sowjetische Soldateska, nach Sibirien verschleppt worden. Nach dreieinhalb Jahren Schwerstarbeit wurde ich entlassen.

Daß ich heute hier stehe, verdanke ich dem Mitleid der Menschen aus dem Ural-Gebiet.

Bereits 1984 habe ich über meine Gefangenschaft ein Buch geschrieben, das, ins Russische übersetzt, zur Jahrhundertwende in Sibirien erschienen ist. Mein Vorwort, extra für diese Ausgabe, lautet:

Liebe Menschen in Schadrinsk, schon 1984, als dieses Buch entstand, hatte ich geschrieben: „Ein stiller Dank sei den russischen Menschen gesagt, die uns halfen, obwohl sie selbst nur das Nötigste zum Leben hatten..." Heute kann ich dieses nur mit ganzem Herzen wiederholen, und ich bin glücklich, daß Sie dieses lesen können.

Ich glaube, mir war damals Ih Mitgefühl ebenso wichtig wie ei Stückchen Brot oder ein paar Kartof feln. Es tat so gut zu hören: „Mäd

»Ihr Mitgefühl war ebenso wichtig wie ein Stück Brot«

chen, du tust mir so leid. Krieg is sehr schlecht, aber wir haben nich Schuld und ihr habt nicht Schuld."

Dieser Satz hat mich oft beweg und vielleicht hat er bewirkt, daß ic jede Möglichkeit wahrnehme, fü Verständigung zwischen unsere

:rn nur angetan?«

.ede zum Volkstrauertag

Völkern zu werben. Wir, das Volk, nüssen lernen, uns zu verstehen, ınd wir dürfen uns nicht von machtbesessenen Herrschern in einen Krieg hetzen lassen! Oh, was habe ch vor zwei Jahren die russischen Mütter bewundert, die nach Tschetschenien fuhren und ihre Söhne aus dem Krieg holten!

Die schweren Jahre in Sibirien haben bewirkt, daß ich heute immer wieder dankbar bin für alles Gute, das mir das Leben bietet. Ich bin nicht reich, aber ich habe einen lieben, verständnisvollen Mann, und wir haben einen wunderbaren Sohn und eine liebe Schwiegertochter, wir sind eine glückliche Familie. Ich bin für alles Leid tausendfach entschädigt worden, dafür bin ich sehr, sehr dankbar.

Ich wäre glücklich, wenn ich mit meinem Buch einen kleinen Mosaikstein zum gegenseitigen Verstehen beigetragen habe, und hoffe von Herzen, daß unsere Kinder und Enkel in ein neues, friedliches Jahrhundert gehen.

Das Buch hat in der Stadt enormes Aufsehen erregt. Und – obwohl ich darin ihre so ruhmreiche Rote Armee entglorifiziert habe – sind mir die Menschen dankbar fürs Aufschreiben. Und – sie zweifeln es nicht an!

Der derzeitige Direktor der Fabrik, für die ich damals gearbeitet habe, lud mich nach dem Lesen des Buches sofort mit meinem Mann ein, und wir haben in den acht Tagen von allen Seiten eine überwältigende Herzlichkeit erfahren.

Das russische Fernsehen filmte unseren Besuch, im voll besetzten Bibliothekssaal lauschten die Menschen meinen Worten, und meine bereits seit 1991 bestehende Verbindung nach dort hat dazu geführt, daß 1996 von Bürgern der Stadt ein Gedenkstein gesetzt wurde, mit der Inschrift in Russisch und Deutsch: „Hier ruhen deutsche Frauen und Mädchen, die von 1945 bis 1948 im Lager verstorben sind." Der Stein steht im Wald an der Stelle des nicht mehr existierenden Lagers, an einem Massengrab, und, wie man mir sagte, legen Leute dort öfter Feldblumen nieder. Und – man staune – im Stadtmuseum ist uns verschleppten Frauen mit einigen Dokumenten und Exponaten gedacht worden!

In meinem letzten Buch habe ich meinen beiden gefallenen Brüdern (beide hatten sie zur gleichen Zeit Fronturlaub vom Nordabschnitt der Sowjet-Union erhalten) ein Kapitel gewidmet. Daraus zitiere ich eine Passage:

„... Es folgten für uns alle zwei unvergeßliche Wochen. Meine Mutter war glücklich, ihre Jungs mit allem, was in Speisekammer, Keller und Räucherkammer vorrätig war, zu verwöhnen. Hühner wurden geschlachtet, diverse Weckgläser geöffnet, Mamachen stand am bullernden Herd, kochte, backte und briet, und sie summte vor sich hin; was ich schon lange nicht von ihr gehört hatte. Sicher haben sich meine Brüder auch über das Kriegsgeschehen unterhalten, mit uns sprachen sie darüber nicht. Aber Alfred hatte Fotos mitgebracht, die ihm ein Frontberichterstatter überlassen hatte, die zeigte er uns kommentarlos. Sie bedurften auch keines Kommentares, sie zeigten überdeutlich die gräßliche Fratze des Krieges: gefallene sowjetische Soldaten im Morast liegend, einige mit aufgedunsenen Gesichtern, fehlenden Gliedern, anderen war das halbe Gesicht weggerissen. Ich weiß nicht mehr, ob oder was ich gesagt habe. Hier konnte man nur sprachloses Entsetzen empfinden. Den Anblick der Fotos konnte ich nie vergessen, wie auch nicht Werners nachdenkliche Worte: „Ich wünsche mir nur einen anständigen Kopfschuß."

Wie schwer muß meiner Mutter nach diesen vierzehn Tagen der Abschied von ihren beiden Söhnen gewesen sein! Welch ein Gefühl der Ohnmacht muß sie umfangen haben, ihre Söhne an die Front gehen lassen zu müssen, mit der Furcht, sie nie wiederzusehen.

Was wurde – und was wird – den Millionen von Müttern der ganzen Welt nur angetan? Der Staat befiehlt – und die Mutter muß ihren Sohn hergeben. Sie ist machtlos. Als in den achtziger Jahren die Friedensbewegung mit dem Satz von Bertolt Brecht „Stellt euch vor, es ist Krieg und keiner geht hin ..." versuchte, die Menschen aufzurütteln, habe ich mir mit heißem Herzen gewünscht: Wenn das doch einmal wahr werden könnte – alle, a l l e Männer der Welt verweigern dem jeweiligen Regime, in den Krieg zu ziehen.

> »Das Volk ist immer der Verlierer – auch das des Siegers«

Jeder Krieg ist ein Verbrechen – und das Volk ist immer der Verlierer, auch das des sogenannten Siegers. ■

Raum für Eintragungen